U0625598

# 科尔沁区图书馆史
# （1929—2016）

王　黎　刘锦山　主编

国家图书馆出版社

图书在版编目(CIP)数据

科尔沁区图书馆史:1929—2016 / 王黎,刘锦山主编. --北京:国家图书馆出版社,2018.7
ISBN 978 - 7 - 5013 - 6424 - 4

Ⅰ.①科…　Ⅱ.①王…　②刘…Ⅲ.①图书馆史—史料—通辽—1929—2016
Ⅳ.①G259. 272. 63

中国版本图书馆 CIP 数据核字(2018)第 079522 号

书　　名　科尔沁区图书馆史(1929—2016)
著　　者　王　黎　刘锦山　主编
责任编辑　高　爽　王炳乾
封面设计　耕者工作室

出　　版　国家图书馆出版社(100034　北京市西城区文津街 7 号)
　　　　　　(原书目文献出版社　北京图书馆出版社)
发　　行　010 - 66114536　66126153　66151313　66175620
　　　　　　66121706(传真)　66126156(门市部)
E-mail　　btsfxb@ nlc. cn( 邮购)
Website　www. nlcpress. com ——→投稿中心
经　　销　新华书店
印　　装　北京华艺斋古籍印务有限责任公司
版　　次　2018 年 7 月第 1 版　2018 年 7 月第 1 次印刷

开　　本　787×1092(毫米)　1/16
印　　张　14. 5　　　　彩插　0. 5
字　　数　300千字

书　　号　ISBN 978 - 7 - 5013 - 6424 - 4
定　　价　100. 00 元

《科尔沁区图书馆史(1929—2016)》编委会


**主编:** 王　黎　刘锦山

**编委:** 张艳玲　孙童妹　王艳萍　吴松岩　李　莉

　　　　李雪飞　魏　军　薛　光　郭　宏　张洪禹

## 所获荣誉：

1984 年,获得内蒙古自治区文明卫生科普橱窗评比展览一等奖

1989 年,获得文化部颁发的"文明图书馆"称号

1991 年,获得内蒙古自治区文化厅群众文化工作"金牛奖"

1999 年,获得通辽市"先进基层党组织"称号

2006 年,获得内蒙古自治区"十佳图书馆"称号

2008 年,获得通辽市首届"通盛担保杯"我与世纪同行——全市图书馆工作
    者爱岗敬业演讲比赛组织奖

2010 年,在第四次全国公共图书馆评估定级工作中被评为一级图书馆

2011 年,获得通辽市科尔沁区"先进基层党组织"称号

2013 年,获得通辽市科尔沁区"文化文艺工作先进集体"称号

2015 年,被内蒙古自治区图书馆学会评为 2010—2014 年度"先进集体"

2017 年,获得通辽市首届"十佳阅读先进单位"提名奖

2017 年,获得内蒙古自治区 2016 年度"十佳图书馆"称号

2018 年,获得科尔沁区"巾帼文明示范岗"称号

馆员签名

# 科尔沁区图书馆沿革表

| 沿革 | 通辽县立图书馆 | "兴安南省"图书馆① | 通辽县立图书馆② | 通辽县民众教育馆③ | 通辽县施介教育馆④ | 通辽县施介文化馆⑤ | 通辽市文化馆⑥ | 通辽县文化馆⑦ | 哲里木盟图书馆⑧ | 通辽市图书馆⑨ | （通辽市文化馆）⑩ | 通辽市文化馆⑪ | 通辽市文化馆⑫ | 通辽市文化馆⑬ | 通辽市图书馆⑭ | 通辽市图书馆⑮ | （通辽县图书馆）⑯ | 科尔沁区图书馆⑰ |
|---|---|---|---|---|---|---|---|---|---|---|---|---|---|---|---|---|---|---|
| 地区 | 辽宁省 | "兴安南省" | 辽北省 | 辽北省 | 辽北省 | 内蒙古自治区 | 内蒙古自治区 | 内蒙古自治区 | 内蒙古自治区 | 内蒙古自治区 | 内蒙古自治区 | 内蒙古自治区 | 内蒙古自治区 | 吉林省 | 吉林省 | 内蒙古自治区 | 内蒙古自治区 | 内蒙古自治区 |
| 级别 | 省级 | 省级 | 县级 | 县级 | 县级 | 县级 | 县级 | 县级 | 地市级 | 县级 | 县级 | 县级 | 县级 | 县级 | 县级 | 县级 | 县级 | 县级 |
| 时间 | 1929 | 1934 | 1945 | 1948 | 1948 | 1949 | 1951 | 1953 | 1956 | 1958 | 1958 | 1959 | 1965 | 1969 | 1978 | 1979 | 1986 | 1999 |

①1931年12月，通辽县沦陷，属伪满洲国"兴安南省"。1934年，"兴安南分省"改为"兴安南省"。

②1945年8月，苏联红军进驻通辽县，9月国民党接管通辽县。此后通辽县在国共两党中数度易手，直到1947年5月通辽县彻底解放。

③1948年5月，成立通辽县民众教育馆，图书馆的馆藏由民众教育馆管理使用，民众教育馆行使图书馆的职能。

④1948年5月之后，为纪念中共通辽县委书记施介，将通辽县民众教育馆更名为通辽县施介教育馆。

⑤1949年5月，通辽县施介教育馆更名为通辽县施介文化馆。

⑥1951年7月，通辽县城关区划出设立通辽市。11月，通辽县施介文化馆更名为通辽县文化馆，文化馆设有图书部。

⑦1953年3月，余粮堡、钱家店、大林三个文化馆合并组成通辽县文化馆，以解决通辽县施介文化馆转为通辽市文化馆后，通辽县没有文化馆的问题，新成立的通辽县文化馆设有图书组。

⑧1956年9月，哲里木盟人民委员会文教处决定成立哲里木盟图书馆，图书馆是在通辽市文化馆图书部基础上成立的。

⑨1958年6月，哲里木盟图书馆由哲里木盟移交县级通辽市，更名为通辽市图书馆。

⑩1958年10月，通辽县并入通辽市，通辽县文化馆并入通辽市文化馆，合并后的通辽市文化馆设有图书组。

⑪1959年，通辽市图书馆与通辽市文化馆合署办公，通辽市展览馆合署办公。

⑫1965年，县分设，通辽市文化馆和通辽县文化馆分设；通辽市图书馆、通辽市文化馆合署办公。

⑬1969年，通辽市随哲里木盟划归吉林省；通辽市文化馆结束合署办公，通辽市图书馆合署办公。

⑭1978年12月，通辽市图书馆与通辽市文化馆结束合署办公，通辽市图书馆正式挂牌。

⑮1979年7月，通辽市随哲里木盟划归内蒙古自治区。

⑯1986年12月，通辽县合并，通辽县图书馆并入通辽市图书馆。

⑰1999年1月，撤销哲里木盟，改为地级通辽市，原县级通辽市改为科尔沁区，县级通辽市图书馆更名为科尔沁区图书馆。

王黎馆长当选中国共产党内蒙古自治区第十次代表大会代表

图书馆负责人刘喜蓉和刘春砚在书库(1975 年)

建馆三十周年全体职工合影（1986 年）

庆祝建馆三十周年座谈会合影留念（1986 年）

图书馆荣获文明图书馆国家奖挂匾大会(1987年)

科技下乡——图书馆辅导部到大林镇送书(1987年)

为农业生产服务——薛增祥、孟庆英、刘冬梅在太平乡田间(1988年)

庆祝建党70周年合影留念(1991年)

余粮堡镇图书馆(1992 年)

图书馆报刊阅览室(2010 年)

阅读推广活动之"通辽百年回眸"图片展览（2014年）

图书馆文化长廊（2016年）

马玉祥展馆(2016年)

图书馆业务学习——薛丽红为职工讲解《中国图书馆分类法(第五版)》(2016年)

# 序

文化是民族凝聚力和创造力的重要源泉,是综合国力竞争的重要因素,是经济社会发展的重要支撑。构建现代公共文化服务体系,是保障和改善民生的重要举措,是促进文化事业繁荣发展的必然要求,是建设社会主义文化强国的重大任务,也是夺取新时代中国特色社会主义伟大胜利的重要内容。而图书馆作为一个专门收集、整理、保存、传播文献并提供利用的机构,是公共文化服务体系中的重要环节和载体。

"十八大"以来,科尔沁区按照中央、自治区党委、通辽市委部署要求,将公共文化服务体系建设纳入国民经济和社会发展总体规划,纳入党委、政府目标管理责任制,纳入政府财政预算,相继制定了一系列扶持文化事业发展的政策,建立健全了公共文化投入保障机制,先后出台《科尔沁区文化广播事业发展总体规划》《科尔沁区促进文化产业发展行动计划》和《科尔沁区公共文化服务标准化建设试点实施方案》等,还多次组织召开专题工作会议,研究部署公共文化体系建设工作。自2014年科尔沁区被确立为自治区级"公共文化标准化、均等化"旗(县)级试点单位和"基层综合性文化服务中心建设"试点地区以来,全面推进"万千百十"公共文化服务模式,先后投资近3亿元,不断完善三级公共文化服务体系的基础设施建设,大力实施文化惠民工程,丰富人民的文化生活,深入推进公共文化服务体系建设,覆盖城乡的各类图书馆(室)的作用也日益凸显。

公共图书馆承载着保存人类文化遗产、开展社会教育、传递科学情报、开发智力资源、提供文化娱乐的社会职能,也一直是科尔沁区公共文化服务体系建设的重中之重。科尔沁区图书馆是通辽地区最早成立的公共图书馆,是科尔沁区的文献信息中心,是全区公共图书馆服务网络的中心馆,担负着规划、指导和协调全区公共图书馆事业建设和发展的任务,对全区公共图书馆建设发挥着引领和示范作用,在推进公共文化服务体系建设中不遗余力,承担了大量工作,为科尔沁区文化事业的建设和发展做出了重要贡献，连续四次被评为国家一级图书馆。近几年来，科尔沁区图书馆集中力量建设苏木(镇、街道)、嘎查(村、社区)图书分馆、服务点，建成科尔沁区马玉祥展馆，同时主办或者协办了"百年情·中国梦"通辽百年回眸大型图片展、"辉煌70年——科尔沁区纪实图片展览"等活动，大力开展阅读推广活动，为丰富人民群众文化生活做出了突出贡献。

科尔沁区图书馆的办馆历史可以追溯到1929年所建的通辽县立图书馆。1956年，在整合文化馆、盟文教局等多个单位图书资源基础之上，哲里木盟图书馆正式建立。1958年，图书馆由哲里木盟移交通辽市，因而更名为通辽市图书馆。1999年哲里木盟撤销，设立地级通辽市，原县级通辽市更名为通辽市科尔沁区，图书馆随之更名为科尔沁区图书馆。1984年之前，通辽地区一直没有盟(市)级公共图书馆，因此，科尔沁区图书馆虽然是旗(县)级图书馆，但一直发挥着盟市级图书馆的作用，对内组织业务培训、工作辅导，对外开展业务交流、组织行业会议。从1956年至今，科尔沁区图书馆从只有400多平方米的小馆发展成为现在拥有近4000平方米的综合性现代化图书馆，不仅保存了科尔沁地区大量宝贵的文化资源，也见证了科尔沁区文化事业的繁荣发展。

了解过去，有助于我们总结经验和教训，从而更好地思考和把握未来。此次编撰科尔沁区图书馆史，喜逢内蒙古自治区成立70周年，也正值全国县级以上公共图书馆第六次评估定级工作全面展开，刚刚胜利闭幕的党的"十九大"更是提出"完善公共文化服务体系，深入实施文化惠民工程，丰富群众性文化活动"的重要要求。科尔沁区图书馆抓住这一契机，对全区图书馆事业进行了一次全面梳理，以史为鉴，研究探索科尔沁区图书馆事业发展规律，以期为未来图书馆事业的发展提供有益的借鉴和启示。

回眸科尔沁区图书馆88年的发展历史，我们更加深刻地理解公共图书馆事业在社会发展中的重要地位。展望未来，希望科尔沁区图书馆秉承优良传统，勇于改革创新，为全区文化事业繁荣发展继续添砖加瓦，百尺竿头，更进一步！

2017年12月

# 目　　录

# 前　言

通辽市科尔沁区图书馆,原名通辽市图书馆,最早可追溯至1929年2月通辽县创立的县立图书馆。回首往昔,我们看到了科尔沁区图书馆发展历程百转千回,时而跌宕起伏,时而柳暗花明。百年来,图书馆的兴衰与科尔沁的命运紧密联系在一起。伪满统治时期,社会不安,馆址几次变更;中华人民共和国成立以后,哲里木盟群众文化事业不断发展,图书馆事业出现了繁荣局面;然而十年浩劫对正在起步的图书馆带来沉重的打击;改革开放的新时期,图书馆各项事业又迅速发展,读者活动、科研活动、业务建设齐头并进,势不可挡,为地区经济、文化发展做出了积极贡献。

日月如梭,时光留痕。88年,对于整个人类长河来说,不过是弹指一瞬间;然而对于一座图书馆来说,却是漫长而又曲折的历程。这88年来,科尔沁地区的面貌可谓日新月异,一个名不见经传的边陲小镇,发展为一座省域副中心城市。可以说,图书馆的历史就是这座城市历史的缩影。88年来,科尔沁区图书馆的业务水平、服务理念、技术水平、馆藏数量、活动规模,都位列内蒙古自治区县级图书馆前茅。88年来,科尔沁区图书馆在普及科学知识、提高居民文化水平、服务工农业生产等方面发挥了重要作用,并且已经成为公共文化服务体系的重要组成部分,成为居民终身学习的重要场所。

科尔沁区图书馆先后有丁世中、阿力亚、刘喜蓉、张文琴、许斌等兢兢业业的实干家担任馆长或者主要负责人,他们不但有过硬的业务能力,更有极强的人格魅力和管理能力,培养了一代又一代图书馆人才。众多在一线默默奉献的普通职工,爱岗敬业,吃苦耐劳,甘为人梯,支撑起科尔沁区图书馆伟大的事业,也形成了代代相传的科图精神。

编修一部翔实的馆史,一直是科尔沁区图书馆同人的迫切愿望。2016年,馆史编修工作正式展开。动笔之前,我与刘锦山博士、图书馆相关同志对编写进程、目录框架等问题进行过多次探讨,最终确定现在的编修框架。图书馆的老馆长、老职工听说要编修馆史都非常兴奋,有的同志虽已步入花甲之年,但仍然积极配合采访。他们以真挚的情感投入,用口述方式,客观真实地反映了图书馆每个时期的各项业务,为馆史编写提供第一手资料。为了多渠道地搜集资料,编委会走访了科尔沁区档案馆和通辽市档案馆,并在通辽市档案馆复印了大量资料。当然,最原始、最丰富的资料来源地还是科尔沁区图书馆档案室。打开卷宗的一刻,大家深深地被震撼了。图书馆竟然还保存着 20 世纪六七十年代的业务档案,虽然年代已久,纸张破损,字迹不清(当年资料大部分为手写),但仍然能从泛黄的纸张和苍劲的书写中感受到历史的厚重和沧桑。

如今,《公共文化服务保障法》《公共图书馆法》相继颁布并实施,科尔沁区图书馆发展将迎来新的机遇。展望未来,在加强文化自信、重视文化建设的今天,科尔沁区图书馆将一如既往地发扬科图精神,在图书馆领域书写新的篇章。

王黎

2018 年 1 月 1 日

# 第一部分　编年史

　　科尔沁区地处内蒙古自治区东部,耸立在美丽富饶的科尔沁大草原。科尔沁区素有"七省通衢"之美誉。今处于华北、东北两大经济区的交汇地带,扼华北、东北之咽喉,联京津冀、黑吉辽之枢纽。科尔沁区与沈阳、长春在空间上形成了规则的等边三角形,是内蒙古东四盟市的中心,是通辽市政治、经济、文化的中心。科尔沁区行政区域面积为 2821 平方公里,辖 10 个镇(苏木)、5 个国有农牧场、11 个街道,居住着蒙古、汉、满、回、朝鲜等民族的 80 万草原儿女。

　　内蒙古通辽市科尔沁区图书馆(以下简称图书馆),原名通辽市图书馆,最早可追溯至 1929 年 2 月通辽县创立的县立图书馆。1999 年 1 月 13 日,经国务院批准,撤销哲里木盟和县级通辽市,设立地级通辽市。通辽市设在科尔沁区,以原县级通辽市的行政区域为科尔沁区的行政区域。图书馆因之更名为科尔沁区图书馆。

　　自创建至今,科尔沁区图书馆的发展历程可以分为 4 个阶段,即发源阶段(1929—1949 年)、缓慢发展阶段(1950—1978 年)、稳步发展阶段(1979—2011 年)、快速发展阶段(2012 年至今)。

## 一、发源阶段(1929—1949 年)

　　中国古代图书馆事业源远流长,而近代图书馆的发展,依赖于两大条件:一是西方公共图书馆制度的传入,二是西方思想在中国学术界的普及。

　　鸦片战争以后,中国的有识之士开始探索救亡图存之路,掀起了向西方学习的高潮。他们不仅学习西方的经济、军事、政治制度,也注意学习西方先进的文化,西方的图书馆也是他们关注的重要内容。

　　西方图书馆事业已有 4000 多年的发展历史,大致可划分为古代、中世纪初期和中期、文艺复兴时期、16 至 18 世纪、1789 至 1870 年和 1870 至 1945 年 6 个历史时期。

　　西方国家的大学图书馆发展比较早,公共图书馆起步晚、发展速度缓慢,然而就发展水平来说,要远远超过中国的图书馆。近代欧美比较著名的图书馆有:英国剑桥大学三一学院图书馆(1590 年落成)、英国剑桥大学王后学院图书馆(17 世纪中叶落成)、英国牛津大学万灵学院科德林顿图书馆(1751 年落成)、葡萄牙科英布拉大学若安妮娜图书馆(1728 年落成)、美国宾夕法尼亚大学费舍尔艺术图书馆(1891 年落成)。

西方国家近代图书馆的先进性不仅体现在场馆建设方面,还体现在规范制度、服务设施、运营理念、理论研究等方面。例如,1850 年前后,美国马萨诸塞、新罕布什尔等州先后公布了公共图书馆法,认可州内各市镇建立的公共图书馆。在图书馆研究方面,艾伯特曾任德累斯顿的王室图书馆馆长,著有《论公共图书馆》(1811)和《图书馆员的教育》(约 1821);佩茨赫尔特编有《目录大全》(1866)、《德意志、奥地利和瑞士图书馆总览》(1844)、《图书馆学问答》(1856)等。

随着图书馆事业的迅速发展,各国出现了一大批杰出的图书馆学家和事业家。在他们的倡导下,各国建立了图书馆协会。美国于 1876 年成立了世界上第一个图书馆协会——美国图书馆协会。1876 年,英国图书馆协会也宣告成立。许多国家相继建立图书馆协会或学会,并在 1927 年成立了国际图书馆协会和机构联合会。

中国人对图书馆建设最早的探索者,要数 1867 年被清政府派往西方国家的外交使团。外交使团游历了美、英、法、俄、普等国家,对各国的图书馆事业进行了考察。郭嵩焘曾在《伦敦与巴黎日记》中记载了参观英、法图书馆的所见所闻和心得体会。"凡藏书二百二十万余册,分二十九类如化学、医学、律学、史学之类。"①国家图书馆藏书之多令郭嵩焘目不暇接,甚至准备日后再次考察。

戊戌变法失败后,梁启超流亡日本,并去美国和加拿大进行政治考察,参观了华盛顿、波士顿、芝加哥三地的图书馆。梁启超对波士顿市立图书馆给出了很高的评价,并认识到图书馆的"公立"和"公共"性质②。美国图书馆有关图书馆经营的各种理念,都取自于英国、德国等国家。然而梁启超看到了美国图书馆的独特之处,即努力寻求"理论"与"实用"之间的平衡,并认识到美国图书馆在世界图书馆事业中的地位和作用。

清朝末年,风起云涌的革命使清政府的江山处于风雨飘摇中。在内忧外患的形势下,清政府逐渐意识到"变革"的重要性和紧迫性。1901 年,清政府终于宣布实行"新政"。之后又推出"预备立宪"。试图通过法律的变革和"宪政"的允诺最终实现"皇位永固"。为实行"预备立宪",清政府派出以戴鸿慈为首的"五大臣"出洋考察。戴鸿慈考察了德、美、俄、意等九个国家的政治,并顺便注意到了西方国家图书馆事业的发展情况。

在朝廷重臣、民间学者前往西方考察的同时,国内人士也通过报纸杂

---

① 郭嵩焘. 伦敦与巴黎日记[M]. 长沙,岳麓书社,1984:625—653.

② 李致忠. 中国国家图书馆馆史:1999—2009[M]. 北京:国家图书馆出版社,2009:3.

志等方式宣传图书馆理念。林则徐的《四洲志》和魏源的《海国图志》是最早介绍西方图书馆的专著。光绪二十二年(1896),李端棻在一份奏折中提到了西方图书馆的运作模式。光绪三十年(1904),浙江人徐树兰上奏朝廷,提出建立古越藏书楼,他所提出的古越藏书楼,已经具备了近代图书馆的特点。新式图书馆是服务全体民众的机构,和旧式的藏书楼有很大的不同。在戊戌变法活动中,全国各地纷纷建立起了新式图书馆。1909 年,王国维翻译了《世界图书馆小史》,系统地介绍了世界图书馆事业的发展情况。

20 世纪初,中国出现了大量图书馆著述,这些著作大多译自日本,如孙毓修的《图书馆》、顾实的《图书馆指南》。顾实的《图书馆指南》全面地对图书馆做出介绍:第 1—8 章讨论图书馆的由来、必要、效果、种类、创立及经费、职员及其职务、建筑、器具等主题;第 9—16 章讨论了普通图书馆、儿童图书馆、学校图书馆、图书选择、图书购置、图书目录及种类、书牌目录计入法(即卡片目录著述)、分类法等主题;第 17—24 章分别讨论图书整理及排列法、阅览及出纳法、分馆、巡回文库、家庭文库、图书检点及曝书、图书消毒及废弃、今后图书馆之希望等主题①。

随着变法思想和图书馆理念日益深入人心,各地的学会、学堂逐步开始开办图书馆,建立借阅制度。与此同时,各省也为建立公立图书馆做准备。从光绪三十四年(1908)起,奉天、山东、山西、浙江、云南等省总督、巡抚纷纷上奏,要求建立图书馆。各省之间相互比较、竞争,中国出现了大量地方图书馆。辛亥革命以后,中国近代图书馆事业得到了迅速的发展。1915 年,北洋政府颁布《图书馆规程》《通俗图书馆规程》,促进了各省市图书馆和通俗图书馆的建设。

20 世纪二三十年代,中国图书馆事业发展出现第一个高潮,如今的科尔沁区图书馆(曾经的通辽县立图书馆)就是在这个阶段建立的。

**1929 年**

光绪二十年(1894),由于放荒招垦的缘故,不断有人迁来科尔沁左翼中旗垦荒。光绪二十九年(1903)形成村落,称白音太来(或巴林他拉)。1914 年,建立通辽镇,隶属奉天省辽源县(现郑家屯)。1918 年,经奉天省批准,成立试办通辽县设治委员会,始行县制,改称通辽县,成立县公署,为奉天省管辖②。

经过多年的发展,到 1929 年,通辽县人口已达 10 万,成为一个规模

3

① 王子舟.图书馆学基础教程[M].武汉:武汉大学出版社,2003:42.
② 中共通辽市科尔沁区委地方志编纂委员会.通辽市志[M].北京:方志出版社,2002:18.

不小的城镇。当时中国正处于近代化过程中,在这样的大环境下,通辽的各项经济事业也发展起来。1929年,通辽电灯厂股东吴泰勋购进美国奇异公司制造的500千瓦二联筒串列复动凝结式蒸汽发电机组扩建电灯厂。扩建工程于1930年初竣工投产,全年发电3.7万度,用户达到6000户8000盏灯①。同年,北宁铁路局管内的大通支线修到通辽,在通辽设机务段,有砖石结构修车库、转盘、永久性水塔和上水设备,负责维修和整备北宁路锦州、大虎山和沟帮子等地来的机车②。

通辽县经济事业发展的同时,文化事业也同步发展。1929年2月,通辽县创立了县立图书馆。馆舍设立在县教育会院内,有房舍5间,年经费1100元,藏书130种,每日阅览者不足10人③。

10月19日,先是,沈阳商务印书馆经理苏上达为印行《万有文库》并拟具办理图书馆简易计划上书东北政务委员会。东北政务委员会于是日下达《东北政务委员会第1393号训令》,要求"辽吉黑热各省政府查照饬属采用"。此后,图书馆采购了《万有文库》④。

## 1931年

12月,日本帝国主义侵占通辽。通辽沦陷后,县立图书馆被日伪接收,改设在中街的楼房,藏书1294册,以《万有文库》为主,中文报刊有《康德新闻》《盛东时报》《凤凰》等,日文报纸有《朝日新闻》《每日新闻》等。

## 1932年

2月,日本侵略者在长春建立伪满洲国,通辽隶属于伪满洲兴安省的兴安南分省。

## 1934年

伪兴安南分省改为伪兴安南省,通辽县隶属伪兴安南省,图书馆更名

---

① 哲里木盟地方志编纂委员会.哲里木盟志[M].北京:方志出版社,1998:571.

② 哲里木盟地方志编纂委员会.哲里木盟志[M].北京:方志出版社,1998:419.

③ 哲里木盟地方志编纂委员会.哲里木盟志[M].通辽:哲里木盟文化志编纂委员会,1992:107.

④ 苏上达在上书中首先阐述了图书馆的重要性,"图书馆为文化之渊源,在社会教育上则为普及学术之利器,在学校教育上则为自动研究之基础",然后分析对比了中美图书馆事业之差距,以及国内设置图书馆存在的经费、选书和管理三大困难,而印行《万有文库》则可帮助图书馆解决此三大困难,希望教育界和政府支持此书。——据通辽市档案馆档案《热河省烟酒事务局为伪知热察绥三省省治迁移增建图书馆的训令》。

为"伪兴安南省图书馆"。

## 1935 年

"伪兴安南省图书馆"馆址迁移,详情不明。

## 1939 年

近代社会动荡不安,先有军阀混战、匪患丛生,后有日本帝国主义的侵略。日本帝国主义对通辽的侵略,给通辽的经济、文化、生活带来严重的破坏。与清末民初相比,伪满统治下的通辽更加混乱。在这种极为动荡的环境下,图书馆几经搬迁。到 1939 年,图书馆藏书为 1074 册,平均每日接待阅览读者 75 人次。

## 1945 年

8 月 8 日,苏联对日宣战。

8 月 12 日,苏联红军先头部队进驻通辽,通辽获得解放。

9 月,国民党辽北省党部派人到通辽管辖。

10 月下旬,中国共产党辽北省指派辽源专署接管通辽县,成立通辽县民主政府。

12 月,国民党中央军辽宁省先遣军第七师,策反通辽县保安总队暴乱并得逞,国民党在通辽重建县党部和县政府。

是年,"兴安南省"图书馆更名为通辽县图书馆。

## 1946 年

1 月,中国共产党新四军第三师收复通辽和开鲁,组建中共通鲁工委,成立通辽县民主政府。

2 月 23 日,中共阜新地委接管通辽地区工作,将中共通鲁工委改建为中共通辽中心县委,为辽西省委管辖。

4 月,成立哲里木省,通辽归哲里木省管辖。同时,中共通辽中心县委改建为中共辽西省第五地委(即哲盟地委),在第五地委领导下,成立中共通辽县委员会。

6 月,哲里木省改为哲里木盟,由辽吉省代管。

10 月 22 日,国民党中央军又占领通辽,成立国民党通辽县政府。

## 1947 年

5 月 1 日,内蒙古自治区成立。

6 月,辽吉省改为辽北省,通辽随哲里木盟隶属于辽北省。

**1948 年**

5 月,通辽县成立县民众教育馆。中共通辽县委书记施介①病逝后,为了纪念施介,县民众教育馆更名为通辽县施介教育馆。馆址曾暂设于康桥诊所(今明仁小学道南)。

建馆初期由王焕召、李群、崔玉田 3 人负责,有工作人员 4 名。因正式开馆前馆址未定,图书部暂不开放,工作重点以办夜校、出黑板报、油印启蒙性小册子等形式,向群众进行革命形势宣传和文化普及,允许各级政府机关人员查阅图书部文献②。

**1949 年**

4 月 21 日,通辽随哲里木盟一起划归内蒙古自治区管辖。

5 月,根据辽北省文化馆工作会议将原民众教育馆改为文化馆的决定,通辽县施介教育馆遂更名为通辽县施介文化馆。馆舍在康桥诊所(今明仁小学道南),后迁至万裕和小楼(今中心大街中段),李群任馆长,设有社教部、俱乐部、社会服务部及图书部。文化馆在钱家店、余粮堡和大林设文化分馆后,促进了全县图书阅览、阵地游艺、业余文艺和夜校学习等工作的开展。

5 月 1 日,文化馆正式开馆。馆内设有图书部,开展图书借阅和阅览工作,所藏书刊居全城之首,时有图书 25 类、1026 种、1420 册。当时,开馆 100 天,阅览 7964 人次,借阅图书 1504 册次。报纸除《人民日报》《东北日报》《西满日报》《辽北新报》外,还有外地赠阅的《长春新报》、沈阳《生活报》、哈尔滨《儿童报》。

国内战争时期,文化馆配合党的中心工作,宣传党的路线、方针、政策,通过揭露国民党反动派抢夺抗战胜利果实、准备发动内战的阴谋,清除日伪奴化思想,扩大共产党在群众中影响,教育和鼓励人民大众跟着共产党走向光明,为占领通辽的文化阵地做了大量工作。

## 二、缓慢发展阶段(1950—1978 年)

解放初期,通辽、开鲁先后建立民众教育馆,馆内有一部分图书报刊

---

① 施介,白族,乳名仲山,学名施汝显,中学改名施介,号介庵。云南省洱源县凤羽乡凤翔镇人。1909 年出生在云南省洱源县一户白族家庭。1928 年,施介秘密加入中国共产党。由于长期在艰苦的环境里工作,施介染上了严重的肺病。1947 年 9 月 18 日,施介因病去世,时年 38 岁。

② 索娅.内蒙古图书馆事业 100 年[M].呼和浩特:内蒙古教育出版社,2010:6.

供群众阅览。在此后建立的各旗县文化馆内,也设有阅览室,总共藏书不足一万册。新中国成立后到1966年,哲里木盟群众文化事业不断发展。各旗县市文化馆、图书馆相继建立,哲里木盟图书馆事业发展呈现出欣欣向荣的局面。1956年,哲里木盟图书馆成立,1958年图书馆移交给通辽市。从1949年到1978年,图书馆经历了曲折的发展历程:从盟市级图书馆降为旗县级图书馆,与文化馆合署办公失去了独立性,十年"文革"使图书馆事业发展受到阻碍。即便如此,通辽市图书馆一直是通辽地区图书馆网络的中心,对整个通辽地区图书馆建设发挥着引领和示范作用。

## 1951 年

3月,哲里木盟各旗县派人参加自治区在张家口举办的幻灯学习班,带回幻灯机。通辽县首先开展幻灯放映活动。

7月,通辽县城关区划出设立通辽市,为哲里木盟行政公署所在地。通辽市政府设立教育科,负责管理文化工作,董万山任副科长。

11月,通辽县施介文化馆改名为通辽市文化馆,馆长包殿卿,尹锡荣、邢桂壮任副馆长,工作人员增加到8名,馆内仍设社教、社会服务等4个部门。

1951年,通辽市文化馆继续开展图书阅览活动。

## 1953 年

3月,哲里木盟建制被撤销。所属旗县归内蒙古东部区行政公属管辖[①]。

在"大跃进"时期,哲里木盟在文化建设方面曾提出过不切实的目标,如争取在1958年国庆前乡乡建图书室、展览室,队队有读报组、歌咏队[②]。

1953—1955年,通辽市教育科改称通辽市文教科,负责管理文化工作,闻振朝、贾凤栖先后任副科长。

3月,余粮堡、钱家店、大林3个文化馆分馆合并组成通辽县文化馆,馆址在大林镇,石洪琛任馆长,赵九天任副馆长,有工作人员2名,馆内设图书、文艺和宣传3个组,负责组织全县农村文化艺术活动与辅导工作。

## 1954 年

4月,内蒙古东部区行政公属被撤销。哲里木盟建制恢复,管辖范围

---

① 《嫩科尔沁演变史》编委会.嫩科尔沁演变史·上(右翼等)[M].沈阳:辽宁民族出版社,2016:18.

② 《哲里木盟文化志》编纂委员会.哲里木盟文化志[M].通辽:《哲里木盟文化志》编纂委员会,1992:34.

与撤销前相同。

通辽市文化馆馆藏图书 4966 册,阵地服务借阅 1500 册次,服务读者 6000 人次。设图书流动站 2 处,流动图书 1500 册次①。

**1955 年**

1955—1956 年,在通辽县委、团委、县文教科领导下,由通辽县文化馆负责建立图书室 30 处,配备图书 10 000 余册,阅览达 46 000 人次,并广泛开展图书室的辅导与阅读活动②。

**1956 年**

1956 年 9 月 14 日,哲里木盟人民委员会文教处决定建立哲里木盟图书馆,并明确了哲里木盟图书馆是以书刊对人民进行爱国主义和社会主义教育的文化机构,是党和政府进行宣传教育工作的有利助手,要广泛地开展图书流通,指导读者阅读,充分发挥藏书的作用。

9 月 18 日,在现通辽市明仁大街中段北市场路南平房门口,挂出了"哲里木盟图书馆"的醒目牌匾,正式对外开放,从此宣告了哲里木盟 1945 年 9 月以后没有公共图书馆历史的结束。

图书馆建筑面积为 462 平方米,藏书有 45 700 册,这些藏书来源包括:接管市施介文化馆的图书、盟文教局赠送图书,以及筹集资金自购的图书。

12 月,哲里木盟人民委员会任命丁世中为第一任馆长。

当年有工作人员 3 名,设有成人阅览室、儿童阅览室、借书处等部门。全年活动经费 4400 元,其中购书费 2900 元。共接待读者 14 800 人次,图书流通 15 300 人次。

**1957 年**

7 月,文化科、教育科合并为教育科,副科长于沛水主管文化工作。

**1958 年**

当时群众文艺创作活动活跃,图书馆非常重视为业余作者的创作服务,充分利用馆藏文献,采取面对面、通信、开办讲座等方式开展辅导工作,帮助创作者修改作品,在理论和创作方面为各族文艺骨干提供支持。

3 月 21 日,文化部在北京召开全国图书馆工作跃进会议,制定了民族图书馆工作跃进规划,并通过了一项倡议书。

5 月 29 日,哲里木盟人民委员会下发《关于下放盟图书馆和盟新华

①② 中共通辽市科尔沁区委地方志编纂委员会.通辽市志[M].北京:方志出版社,2002:1075.

书店的通知》,哲里木盟图书馆下放通辽市领导,自6月1日更名"通辽市图书馆"。接到通知后,图书馆于6月13日完成交接工作并更名为"通辽市图书馆"。

9月,许景轩代表图书馆参加内蒙古图书馆举办的全区图书馆联席会议。

10月,通辽县并入通辽市,市县文化馆合并。全馆有工作人员17人,馆内设图书、美术、文艺辅导、文艺创作、阵地活动5个组。

**1959 年**

通辽市文化馆、图书馆、展览馆合署办公,有工作人员33名。哲里木盟群众艺术馆和各旗县市文化馆,为了给业余作者提供发表作品的园地,都分别创办了内部交流的文艺期刊或小报。是年,通辽市文化馆编印民歌专辑《辽河》,以蒙、汉、朝鲜三种文字印发16期。

**1960 年**

7月,文化馆图书室负责人阿力亚参加内蒙古图书馆举办的图书馆业务学习班。

**1961 年**

春,图书馆借书处房屋倒塌无法办公,馆舍由原电机社迁到文化馆四合院,即北市场南侧。图书馆与文化馆合署办公,业务各自独立,丁世中任馆长,曹景山任副馆长。

**1963 年**

由于国民经济状况基本好转,群众文化事业随之逐渐兴旺,群众业余文艺会演、观摩演出等活动不断开展,鼓舞振奋了各族人民群众的精神,图书馆发展也遇到新的机遇。

**1964 年**

丁世中卸任馆长,由副馆长曹景山主管图书馆工作。图书馆开始改用《中小型图书馆分类表草案》①分类,书次号采用个别登录号。

3月,受内蒙古自治区文化局委托,内蒙古图书馆与呼伦贝尔盟文化

9

---

① 《中小型图书馆图书分类表草案》(简称《中小型表》),是1956年4月由文化部社会文化事业管理局和北京图书馆组织力量编制的,这部适合中小型馆使用的分类法于1957年8月开始公布试用。该分类法是继1948年8月东北图书馆(现辽宁省图书馆)所编的《图书分类法》(简称《东北法》)和《中国人民大学图书馆图书分类法》后的又一部图书馆分类方法,根据该草案,图书分为21个大类。

局联合举办呼伦贝尔盟、哲里木盟、昭乌达盟图书馆(室)工作人员训练班。学期2个月,学员71人①。

## 1965 年

1 月,通辽市、县分设,随之分设通辽市文化馆和通辽县文化馆。通辽市文化馆、图书馆合署办公。李洪庆为副馆长,主持工作。通辽市、县文化馆的建立,使城乡基层文化生活更加丰富、文艺活动更加活跃。

## 1966 年

1966 年"文革"开始以后,文化艺术事业受到严重破坏。图书馆除了"红宝书",就是以阶级斗争为题材的作品,很少有人光顾②。

是年,图书馆藏书达 105 000 册,从 1957 年到 1966 年每年平均购书费达 2100 元。1957 年以来,藏书建设主要注重于图书的积累,对图书没有进行系统的分编加工。工作人员在图书借阅过程中,除了凭记忆、靠印象找书外,还相应创造些"土"办法,藏书管理科学化只处在萌芽状态。

读者工作主要局限在阵地活动,当时设有一个成人借书处,成人、儿童两个阅览室。借书处只有文艺图书外借,科技书限馆内阅览。阅览室订有报纸、杂志各十几种,每周定期向读者开放。1957 年以来,一方面受本地区工、农牧业比较落后的制约,另一方面当时社会的文化水平还比较低,所以为科研、生产服务并没有引起社会上的认识和重视,图书馆也未作为主要工作去抓。读者工作在方式方法上基本是封闭型的,即所谓的"借借还还",年复一年,成就有限。

## 1967 年

在极"左"路线的统治下,由于对"为工农兵服务"含义的曲解,图书馆的藏书建设受到不利的影响。有价值的科技著作、中外文艺著作遭到冷遇,充斥书架的多是以抓阶级斗争、忆苦思甜为内容的小册子、单行本,许多图书被批为"毒草"封存了,图书流通种类十分有限,读者工作受到干扰。

尽管如此,当时图书馆已有一支比较成熟、尽职尽责的工作人员队伍做着艰苦的努力,有热心的读者、正直的人民的支持,图书馆发展仍取得了一定的成绩。

从 1967 年到 1972 年,图书馆的领导班子五次易人。1967 年由阿力

① 索娅.内蒙古图书馆事业 100 年事典:1909—2009[M].呼和浩特:内蒙古教育出版社,2010:124.
② 《哲里木盟文化志》编纂委员会.哲里木盟文化志[M].通辽:《哲里木盟文化志》编纂委员会,1992:3.

亚负责图书馆工作。

**1968 年**

1 月,哲里木盟"革命委员会"成立,文化工作归属政治部下设的文教组管理。

**1969 年**

7 月,通辽市、通辽县随哲里木盟划归吉林省。当年,白屹负责图书馆工作。

**1970 年**

文化馆将 1958 年创办的《辽河浪花》更名为《辽河文艺》,不定期出刊。

自左至右依次为:张季平、张志杰、白清文、刘喜蓉、吴桂香、李凤珍、刘春砚

图 1-1  通辽市图书馆 1970 年全体女职工

**1971 年**

6 月,兰尚直任文化馆馆长,工作人员有 15 名,设有文艺组、美术组、财会室等。孙祥任文化馆领导小组组长兼管图书馆工作。

**1972 年**

11 月 30 日,通辽市"革委会"政治部文化局成立,于沛水任副局长,主持文化工作。

是年,刘喜蓉任文化馆副馆长兼管图书馆工作。在此后的 14 年间,刘喜蓉一直是市图书馆的主要负责人。

**1973 年**

于沛水任文化馆馆长,刘喜蓉仍任副馆长兼管图书馆工作。图书馆工会成立,李凤珍任工会主席。

## 1974 年

十年动乱期间,虽然活动阵地越缩越小,最后只剩一个借书处,但图书馆一直维持正常开馆,从未间断过读者借阅,并尽最大努力想方设法为读者服务。从 1966 年到 1974 年,在这 8 年中,共接待读者 48 600 人次,借阅图书 54 700 册次。

从 1956 年到 1974 年,图书馆馆舍面积一直只有 462 平方米,书库饱和,借书处拥挤,只能开设一个综合阅览室,许多人被拒之门外,严重影响了图书馆读者服务工作的开展。这样的馆舍条件,对于一个拥有 20 多万人口、6 个公社、数百个工厂、39 所中小学、流动人口较多的中等城市而言,已经远远不能适应社会发展的需求,为此,有关部门决定重新修建馆舍。

整个建馆过程中遇到了来自各个方面的困难。首先是拆迁,原有 12 家住户、3 个单位(包括商业局食堂、照相馆、机电社),共计 100 多间房屋需要拆迁。这对于一个缺少人力、物力、财力的单位来说,困难很大。第二是设计,按照实际需要,设计一座 3000 平方米的三层楼,但由于经费不足,不得不忍痛重新设计第二稿,将面积压缩到 2700 平方米。第三是请示经费、联系采购材料。按合同是施工方包工包料,但在实际工作中,图书馆首当其冲承担各项工作。

因旧馆拆迁,图书馆暂借新华书店房屋作为馆舍,面积为 126 平方米。由于兴建新馆舍和拆迁旧馆舍,图书馆不得不停止对外借阅,把业务工作重点放在馆内图书整理和馆外基层图书馆(室)的建设、业务辅导方面。这时大家认识到科学管理的重要性,馆内自学业务风气开始兴起。此后,图书馆多次派人到外地学习相关经验,不断改进图书馆业务工作。

5 月 7 日至 6 月 7 日,李凤珍、张志杰去天津、北京、山海关等地参观学习。

8 月 19 日,成立基建领导小组。

9 月 21 日,内蒙古自治区文化局在集宁市召开全区图书馆(室)工作会议。参加会议的有盟市、旗县文化主管部门、盟市图书馆和部分旗县文化馆负责人 75 名。

10 月,开始动迁占地居民,文化大楼正式兴建动工。

10 至 11 月,办理文化大楼的委托书、图纸设计、拆迁等工作。

12 月 11 日,地下室开始动工。

长期以来,图书馆事业底子差、队伍小、技术落后。因此,在长达 7 年的馆舍建设期间,重点开展了以下工作:一是收回外借图书,保证图书的完整性,尽量减少国家损失;二是加强图书馆网建设,在全市帮助有关工厂和社队建立 30 多个图书馆,并对原有的图书室进行巩固和提高;三是对全部藏书做了调整,并按照《中国图书馆图书分类法》重新分类编目;四是有计划、有组织地抓了业务提高工作。

**1975 年**

刘喜蓉任文化馆书记兼管图书馆工作。

3 月 22 日,图书馆全体员工去党校听中国革命史教育课。

截至 1975 年底,图书馆藏书 99 000 册,年购书经费 5900 元,工作人员 7 名。这段时期藏书建设主要是注重图书的积累,对馆藏图书没有系统分编加工,藏书科学化管理尚处于萌芽状态。

**1976 年**

"文革"期间,藏书建设有所发展。在"文革"初期破"四旧"的劫难中,图书馆保护了 4 万多册图书没有遭到大规模的损坏,且以平均年入藏3930 册速度递增。截至 1976 年底,图书馆藏书达到 105 000 册。

1976 年,图书馆有 7 名员工。

于沛水任文化馆馆长期间,开始筹建文化大楼。1976 年 5 月,地下室封盖。由于资金不足、材料短缺及设计、施工等多种原因,文化大楼基建陷入窘境,主体工程的施工处于暂时停滞状态。

"文革"十年,图书馆工作受到"左"的路线干扰破坏,出现过许多曲折和挫折,但仍有一些成绩。

**1977 年**

4 月,由内蒙古自治区文化局主办、内蒙古图书馆协办的全区公共图书馆负责人与业务骨干训练班开课。学期 60 天,学员 77 人。此次培训根据岗位的纵向分层设计,以学员的岗位工作为依据,结合岗位发展趋势,提供层次分明、内容丰富、适于操作的培训内容。这次培训突破了传授已有知识、学习滞后于发展的局限,注重知识理论的应用和实际工作能力的提高。

7 月 15 日,文化大楼主楼开始动工。

11 月 13 日至 23 日,薛增祥去白城市参加吉林省图书馆业务学习。

**1978 年**

1 月,图书馆开始对全部馆藏进行整理,采用《中国图书馆图书分类法》分编图书,采用《普通图书统一著录规则》著录,书次号为"著者号汉语拼音首字法"。同时,编制了部分分类目录和以笔画笔顺为检索途径的书名目录,在图书馆管理科学化、规范化方面迈出了可喜的一步。

6 月 2 日至 12 日,薛增祥、白清文、李凤珍、张季平等去长春、哈尔滨、天津、北京等地学习参观。

12月，通辽市文化馆和通辽市图书馆正式分开。通辽市图书馆单独挂牌，结束与文化馆合署办公。刘喜蓉任图书馆馆长兼支部书记，李凤珍任副馆长。馆内设立成人借书处，成人、儿童两个阅览室。

# 三、稳步发展阶段（1979—2011 年）

党的十一届三中全会以来，群众文化事业步入振兴和新的繁荣时期。在"加强领导，积极发展，因地制宜，稳步前进"方针指导下，多层次、多体制、多功能的群众文化网，以前所未有的规模和速度发展，群众艺术馆、文化馆、文化站（中心）、文化室（大院）四级群众文化网络基本形成。随着改革开放的深化和经济的发展，许多苏木乡镇文化站（中心）和嘎查、村文化室（大院）阵地扩大，设施增加，活动内容多样化、日程化。有的苏木乡镇还创造性地举办了农民艺术周、农民文化节、八月盛会，成为农牧民群众的文化盛事。在城镇，包括演出、书刊、音像、娱乐等多形态的新兴文化市场迅速发展，文化娱乐产品和服务越来越丰富，满足了人们新的文化生活需求。许多厂矿企业在抓物质生产的同时，加大精神文明建设方面的投资，建起较高标准的工人文化室、员工俱乐部、图书室、阅览室、技术夜校、体育场或球场等文化体育设施，成立员工业余艺术团等文体组织，每逢重大节日，或举办文艺演出，或举办体育竞赛，或举办灯展，既活跃、丰富了职工精神文化生活，又增强了厂、矿企业的凝聚力，发挥了企业文化的独特作用①。

**1979 年**

改革开放初期，馆内主要工作是业务学习和业务训练。

在业务建设方面，重新分编全部馆藏图书。党的十一届三中全会决定把全党的工作重心放在经济建设上，图书馆原来的状态——目录不全、排架混乱，无法为"四化"服务，必须尽快改变。在基建任务繁重、人力不足的情况下，图书馆对馆藏 12 万册图书进行清理登记，重新分类著录，重新编目排架，当年完成 45 000 册。

重点对通辽一中图书馆进行辅导。该馆原有 12 万册图书，曾经是通辽地区最大、藏书最多的图书馆，但在"文化大革命"中图书几乎全部丢失，剩下不足 1 万册。经过一段时间的辅导，通辽一中图书馆李老师虽然

---

① 《哲里木盟文化志》编纂委员会.哲里木盟文化志[M].通辽:《哲里木盟文化志》编纂委员会,1992:34.

从未做过图书加工和排架工作,也能够独立完成工作,做法和通辽市图书馆相同,只是简化了一些手续。

3月6日至21日,王秀珍、白清文参加在白城举办的吉林省图书馆业务辅导课。

图书馆采用的分类法是《中国图书馆图书分类法》,书次号为《汉语拼音首字法著者号》。共设5套目录,书名目录按汉语拼音字母顺序排列,排法与《新华字典》相似,为了编排和使用各目录和著者号,7名员工将440多个音节全背下来,运用起来得心应手。

1979年3月10日至1980年7月15日,程淑华在内蒙古大学图书馆专修班进修。

4月16日至30日,刘恨敌、薛增祥、李凤珍等参加在敦化召开的吉林省图书馆馆长会议。

6月9日至24日,刘喜蓉、刘恨敌、李凤珍、薛增祥、白清文、张怀连、王秀珍等参观日本图书展览,并参观长春市图书馆。

图1-2 参加日本图书展览会

7月,通辽市、通辽县再次随哲里木盟划归内蒙古自治区。

11月22日至27日,刘喜蓉、薛增祥赴开鲁县参加全盟图书馆会议。

12月17日,内蒙古自治区图书馆学会成立,受内蒙古哲学社会科学联合会、内蒙古科协、内蒙古文化厅领导。第一次代表大会于12月在临河市召开,出席会议代表70余人,会议讨论并通过了《内蒙古自治区图书馆学会章程草案》,收到书面学术交流论文20余篇。选举产生了第一届理事会:席宜政为第一届理事会理事长,阿日贡、克尔伦、冀森、李桂春为副理事长,乔瑞泉为秘书长①。

① 常作然,冉龙质.内蒙古自治区图书馆学会的基本情况[J].内蒙古图书馆工作,1997(3):36-37.

## 1980 年

图书馆自 1958 年由哲里木盟划归通辽市后,哲里木盟一直没有地区馆。多年来,通辽市图书馆起到全盟图书馆的业务中心作用。1980 年以后,曾多次对兄弟旗(县)如科尔沁左翼中旗、科尔沁左翼后旗、通辽县等图书馆以及驻市大、中专学校如内蒙古蒙医学院、内蒙古民族师范学院、哲里木盟财贸学校、哲里木盟师范学校等图书馆进行业务辅导。每年定期在馆内举办业务培训班,共培训全盟各旗(县)及驻市有关单位图书馆(室)的图书管理员 700 多人次。

是年,基本处于基建竣工的收尾阶段。

1 月 18 日至 2 月 2 日,刘恨敌、陈新军、苏艳秋、王秀珍等去北京、呼和浩特等地参观。

3 月,吉林省图书馆和通辽市图书馆在通辽市联合举办吉林省图书馆函授学校中专班(通辽辅导站第一期),学制两年,培训全盟学员 83 名。

3 月 26 日至 30 日,副馆长李凤珍参加在四平召开的业务工作会议。

6 月 30 日,历时 6 年之久的市文化大楼工程竣工。7 月 3 日验收交付使用。整个大楼建筑面积 2686.69 平方米,经过协商,大楼东半部划归图书馆,面积 1300 平方米。在大楼建设过程中,馆长刘喜蓉付出了很多心血。初期,政府只给 10 万元拨款,最终完成整栋大楼的建设共花费 65 万元,不足的部分大多是刘喜蓉馆长想办法解决的。

为了保证开馆,全馆职工积极创造条件,发扬苦干实干精神,仅用 3 天时间(每天早上 5 点到晚上 7 点连轴转),在没有任何机械动力的条件下,用肩膀将馆藏的 12 万册图书、积存 20 多年的报纸杂志和办公用品全部搬上楼,并迅速完成楼内外的清扫工作。同时为了加快制作各种设备,全馆职工一起动手,为角钢除锈达 500 余米。在经费紧张、材料短缺的条件下,图书馆采取自力更生为主、外协为辅的方针,与外协单位密切合作,做了以下五件事:

一是印制借阅证 5000 张、图书证 3000 张、书条 6000 片、读者登记卡 3000 本。

二是搬入新楼以后,原有的少得可怜又破旧的桌椅板凳实在无法应付新的环境。一个具有 20 多年历史的老馆面临着重置家业的问题。由于经费严重不足,单靠购买成品的路子基本堵死了。图书馆发扬自力更生的精神,全馆动员,请一名老工人设计、指导,其他职工配合制作,用了 9 个月时间,共制作书架 64 个,利用率比原来的书架提高了近一倍;制作目录柜 4 个、杂志柜 8 个、阅览桌 40 张、椅子 60 把、办公桌 10 张。这些设备基本都采用铁木结构,美观、耐用、造价较低,据不完全统计,仅以上几项就为国家节省经费 1000 多元，初步解决设备不足的困难。

三是将积存 20 多年的报纸杂志进行整理。

四是清扫和布置期刊阅览室和儿童阅览室，并出宣传窗 1 期。

五是为了保证开馆后工作开展顺利有效，派专人到外地学习兄弟馆的管理办法和经验，并结合本馆的实际情况，建立阅览室和各部门的工作规则，基本做到有矩可守、有章可循。

7 月 3 日至 5 日，副馆长李凤珍参加在长春召开的业务工作会议。

8 月 5 日，哲里木盟文化局主编的《文化工作简讯》第 9 期介绍了通辽市图书馆的业务开展情况，报道了图书馆主办的吉林省图书馆函授辅导站对哲里木盟图书馆事业做出的突出贡献。

8 月 25 日至 31 日，刘恨敌、刘喜蓉去沈阳、鞍山等地参观学习。

9 月 25 日，《哲里木报》发表王秀珍写的《通辽市图书馆积极开展活动》一文。文中报道图书馆积极主动争取时间，在人员少、任务重的情况下，仅用 3 天时间将 12 万册图书搬进新楼，保证开馆时间，受到群众欢迎。

为满足广大读者的需求，图书馆采取"成熟一个开放一个"的方法，于 10 月 1 日国庆节将已经具备开放条件的儿童阅览室综合阅览室对外开放（后因为没有暖气而闭馆）。在开放的 50 多天中，共接待读者 4000 余人，借出期刊及儿童读物 12 000 册次。

12 月 12 日至 27 日，薛增祥参加在临河召开的业务工作会议和内蒙古自治区图书馆学术讨论会，会上被选为自治区图书馆学会理事。

1980 年，图书馆购进图书约 2 万余册，上半年登书 3 万余册，整理目录 5 套，编目上架的图书 7 万多册，对由于分类法修改而造成差错的 5000 多册图书进行再次编目，清点库内藏书 7 万多册，并将外借图书做了清账、收归工作。由于紧紧抓住开展业务这一环节，全馆职工没有因为搬家和改造环境而放松业务学习，职工的业务水平都有不同程度的提高。划归内蒙古以后，图书馆非常注意购进蒙文图书，派专人到北京等地采购蒙文图书 600 册。

1980 年冬天，在书库没有取暖设备的条件下，采取轮流到收发室取暖的方法，在滴水成冰的书库里，将包括新书在内的 8 万余册图书整理上架，进行了清点。

是年，图书馆首先根据现有的业务能力，采取"走出去、请进来"的方法，对哲里木盟党校、哲里木盟运输公司等单位的图书馆工作进行业务辅导，同时又有许多兄弟馆主动到本馆参观学习，交流怎样做好图书馆工作。在此基础上狠抓函授学校辅导站的组织工作，一年来对包括本馆职工在内的盟内各地区 85 名学员进行两次重点辅导，并进行考核，效果比较好。

**1981 年**

1 月 19 日至 2 月 3 日,薛增祥赴通辽县图书馆进行业务辅导。

2 月 24 日至 3 月 2 日,李延智、刘万凯、吴桂杰、张桂芝去沈阳、鞍山等地参观学习。

3 月 27 日至 4 月 2 日,薛增祥赴内蒙古蒙医学院图书馆进行业务辅导。

4 月 1 日,通辽市图书馆工作制度开始执行。

4 月 2 日,图书馆在完成搬迁后正式开馆。图书馆重新开馆后,内部机构增设为采编组、辅导组、借阅组、办公室;李延智任阅览组组长,贾敏任外借组组长,薛增祥任辅导组组长,刘恨敌任宣传组组长,王秀珍任采编组组长,刘春砚任办公室主任。馆内工作人员共 21 名,藏书 13.4 万册(件),年接待读者 14 万人次。

4 月,图书馆恢复对外借阅,设立一个借书处,分自然科学和社会科学两个借书口,当年发展读者 2000 名,接待读者 4000 多人次,借阅图书6300 册次。

1981 年购进新书包括:马列著作 46 册、哲学书 72 册、文艺书 3885册、工业图书 1416 册、农业图书 231 册、自然科学图书 1068 册、蒙文图书38 册、社会科学图书 2693 册,共计 9449 册。新书进馆及时登记、分类、加工、编目、过给书库,一年来除分编新书外,还分编旧书 2195 册,加上因《中国图书馆图书分类法》修订而改编的旧书,共分编 12 000 多册。

全年订购杂志 392 种,订购全国各省和哲里木盟地区报纸 51 份。

1978 年到 1981 年三年中,图书馆只购进了 25 000 册新书,购书量已经压到最低,自然科学方面图书的复本由原来的五册减到一两册;社会科学方面,文艺书的复本由原来的 30 册降到 10 册,或由原来的 50 册减到20 册;其余图书也只能保持一两本复本,很多书根本无力购买。1980 年有一个订书单,上面都是比较优质的图书,如:《楚辞集注》《李翰林集》《西厢记》《琵琶记》等,共 16 部 173 本,需要 1000 多元,但没有经费,无奈直接找了市委书记,经戴刚书记批准,才得以订上,但书到了以后,经费没有,只好等到 1981 年借用蒙文图书经费还给书店;《四明丛书》一套1960 元,共 8 集 178 种 1177 卷,图书馆认为这样的书应该采购,但是没有采购费,过期又订不上,向领导请示,领导同意订,但不能解决资金问题,只好先订上。

5 月 17 日,副馆长李凤珍参加内蒙古文化厅文化处举办的图书馆工作会议。

5 月 18 日至 5 月 19 日,薛增祥赴科尔沁左翼后旗进行业务辅导。科尔沁左翼后旗图书馆、科委、党校等图书馆(室)的同志共 14 人参加了 2

次辅导课,他们大多是吉林省函授学院的学员。

1981 年,图书馆重点辅导哲里木盟财贸干校、内蒙古蒙医学院的图书馆,主要目的是使相关人员达到分类编目入门水平。巡回辅导,主要是到通辽县图书馆、通辽一中图书馆、哲里木盟财贸干校图书馆、内蒙古医学图书馆等单位,对他们提出的各种业务问题做出解答。

函授辅导站组织面授 3 次,300 人次听课,组织考试 4 次(包括 2 次补考),解答业务咨询。科尔沁左翼后旗科委杜梅等 3 人带来很多分类方面的问题,在通辽住了 3 天,图书馆函授辅导站帮助解决了问题,杜梅等走时很满意。

5 月 28 日至 6 月 1 日,哲里木盟文化处在市图书馆召开旗县图书馆馆长工作会议,馆长刘喜蓉参加了会议。

上半年与市团委举办"如何加强少儿图书工作"座谈会,共 25 人参加会议,市委领导很重视,市长出席并讲话,出席会议的有各中小学图书管理员和少先队大队辅导员以及盟市妇联的领导,通过座谈会大家交流了意见。

8 月 12 日至 21 日,薛增祥参加在开鲁举办的业务训练班。

8 月 28 日至 9 月 6 日,薛增祥参加华北五省图书馆读者工作专题研讨会。

10 月 6 日至 15 日,受哲里木盟文化处委托,通辽市图书馆举办全盟图书馆编目学习班,由薛增祥、陈新军担任主讲,来自各旗县图书馆及大专院校图书馆的学员 30 人参加学习班,学习班为期 10 天,重点训练"汉语拼音音序""编目规则"。

12 月 6 日至 8 日,刘喜蓉、薛增祥赴开鲁参加开鲁图书馆举办的学术讨论会,与会代表有文化部图书馆管理局图书馆处杜克,内蒙古文化厅文物处处长阿日琨、内蒙古图书馆馆长张相堂、孙宝芹、内蒙古图书馆学会秘书长乔瑞全、四川图书馆学会秘书长张继芳以及盟文化处及各盟市、旗县图书馆馆长等。会后与会代表参观通辽市图书馆。

12 月 12 日,图书馆召开年终读者座谈会,来自社会各界 40 多位读者参加此次座谈会,有干部、工人、教师、学生等,并邀请有关单位的领导莅临指导,副市长修国爱出席会议并讲话。座谈会的目的是征求读者对图书馆各项工作的意见。

是年,图书馆加强了蒙文藏书建设,派 3 名员工(其中 1 名精通蒙文)专程去内蒙古出版社、外文书店、内蒙古图书馆等单位联系购买和协调蒙文图书,发掘书源。并规定每年国内出版的蒙文图书每种必购 3 册。

## 1982 年

2 月 13 日,采编组与辅导组合并,薛增祥任采编组组长、王秀珍任副组长。

由于图书馆经费太少,且一再压缩,新增馆藏很难满足读者需要。

全年订购新书 10 680 册,分编 13 929 册,改编旧书 500 册。财政局每年拨给图书馆业务经费 3 万元,其中购书经费用去 15 000 元,剩余的经费不够工资、业务活动等开销,经过努力,年初从财政局争取经费 18 000 元,年底又争取经费 3000 元。

2 月 25 日,刘喜蓉代表先进集体出席了全盟的双先会,薛增祥作为先进个人参加会议。

4 月 1 日,薛增祥任辅导组组长。王秀珍任采编组组长、贾敏任借书处组长、李延智任阅览组组长、刘春砚任办公室主任、张季平任装订组组长。

4 月 16 日至 30 日,薛增祥到通辽五中重点开展现场辅导,参加的单位有通辽五中资料室、内蒙古民族师范学院图书馆、通辽一中图书馆等单位。

5 月 8 日至 23 日,馆长刘喜蓉带领贾敏、刘永生等四名职工去天津、北京等地兄弟馆参观学习。主要是向几个与本馆规模、工作量大小相仿的图书馆学习,参观回来后,结合本馆具体情况,对人员和机构设置进行了较大的调整,把大量人力充实到读者工作中去,准备开展延长开馆时间和半开架两项工作。

5 月 23 日,哲里木盟报社通讯员王会哲发表内容为通辽市图书馆热情为读者服务的文章。

5 月,为了更好地服务社会,和北京图书馆(今国家图书馆)建立了馆际互借关系。

5 月末,中央美术学院来通辽招生,试题是阅读马拉沁夫作品中的一段话并作画,试题发下来后,有考生提出疑问,中央美院监考老师文国璋也难以解答,而且还是一处很重要的语句漏字,弄不清就会走意,考试将无法进行。文老师非常着急,通辽市文化站张修树,抱着一线希望来到图书馆查找原著《花的原野》。图书馆采编部薛增祥从公开目录找到藏书地点,但正值借书处休息,他立刻骑车去找书库管理员刘万凯。找到图书查出那段话,弄清了疑问。整个过程不过十分钟,使考试得以顺利进行,文国璋对此十分感激,张修树也一直念念不忘,连连赞许图书馆咨询工作的作用。

"六一"儿童节期间,为表示对孩子们的关怀,青少年阅览室准备了丰富的少年读物、科普读物和连环画,敞开阅览室提供服务。哲里木盟报社发表了题为《为后代着想 为祖国未来着想 我盟少年儿童工作战线形势喜人》的文章,报道了通辽市图书馆在少年儿童工作中的显著成绩。

6月6日至6月26日,图书馆受哲里木盟文化局委托举办一次图书分类学习班,薛增祥、王秀珍主讲,除各旗县图书馆各来一名正式学员外,通辽市图书馆有7名工作人员参加学习。另外农牧学院图书馆、通辽五中、通辽一中、哲里木盟文联、哲里木盟艺校等单位管理图书的工作人员14人旁听学习,学员近40人。举办这次学习班加强了图书馆和各单位图书馆、资料室的联系,学习班90%以上的学员都是刚刚接触图书资料工作,考试中学员全部及格,其中有5名学员获得百分以上(总分120分)的优异成绩,80%的学员能初步掌握分类技术。

6月,图书馆将基本书库分为社会科学、自然科学两个书库,解决了文艺图书外借时间长和科技读者查资料难的问题。

综合办公室配合图书馆退休木工,自己动手为自然科学书库和蒙文阅览室、内部阅览室制作设备,木匠活、铁匠活、焊接活一起做,不计较时间,不要报酬,上半年共做了10个十五屉的目录柜(每个成本只要60元,外购需要160元)、书柜5个(每个成本50元,外购需要200元)、阅览桌8张(每个成本9元,外购需要30元)、服务台5个(每个成本20元,外卖需要40元)、半开架书架6个(每个成本60元,外购需要90元)、个人用6屉小目录柜2个(每个成本15元,外购需要70元)、写字台1个(成本75元,外购需要150元),制作铁皮书架隔板130块(可节约手工费256元)。以上设备成本费共用2737元,外购或加工需要5480元,节约资金2743元。制作过程中还充分利用了大量废料,节约不少成本。

7月,图书馆改革了封闭的借阅方法,改为半开架(阅览室全开架)。

7月20日,撤销科技组,成立科技借书处。

8月,接到内蒙古自治区图书馆学会通知,李凤珍、薛增祥正式成为内蒙古自治区图书馆学会会员。

8月,图书馆增加开馆时间,从每周开馆36小时增加到50小时。

8月17日,图书馆邀请内蒙古民族师范学院郭寿君老师做题为"日本侵华史"的报告,参加讲座的有中小学生和社会青年80余人。

10月,图书馆成立科技组,专门接待科技读者。图书馆在不断丰富群众业余文化生活的同时,把为科研、生产服务作为工作重点。

10月4日,为十八级以上干部和退离休老干部成立内部阅览室和借书处,并举行成立仪式。盟市宣传部多位领导参加仪式。阅览室收藏须精心保存不宜外借的资料,如《二十四史》《四明丛书》《永乐大典》《哲里木实剂》《荡寇志》《施公案》,还有一些内部小说、刊物,共5000多册。

10月12日,蒙文科技借书处对外开放。

图 1-3　开架借阅　　　　　　　图 1-4　蒙文图书借阅

10月14日,图书馆邀请内蒙古民族师范学院阎成老师举办"读书指导"讲座,图书馆重点读者及职工80余人参加讲座。

11月21日,图书馆召开年终读者座谈会。

12月10日,第一届吉林省图书馆函授生毕业,共83名学员,其中通辽市图书馆有8名。

12月15日,图书馆青少年阅览室被哲里木盟文化处评为"先进少儿图书阅览室"。

是年,外借部和阅览室每天平均接待读者500人次,因图书馆空间不足,阅览室座位有限,不能完全满足读者需求。

是年,汽车维修厂读者谷秀山因看了图书馆藏《历代文选》一书,在内蒙古电视大学的招生考试中,获得了古文翻译题的全部分数而被录取。有一次他家的四只猪全部生病了,他又翻阅了《养猪与猪病防治》一书,按照书上的方法把四只猪都治好了,特别高兴,四邻为他祝贺,他称图书馆为忠实的朋友,并感叹地说:"图书馆如果需要捐助,我愿意奉献出我一个月的工资。"

## 1983 年

年初,图书馆购进一台复印机,弥补资料库图书不外借的不足。

是年,图书馆采取了一系列措施,提高服务质量。

为满足读者需要,图书馆延长了开馆时间。开馆时间增加到每周55小时,比国家规定的开馆时间多19小时,除星期三、星期五半天政治学习和业务学习外,星期日开馆7小时,其余每天连续9.5小时。

向青少年读者发放阅览证,向少儿读者发放连环画;外借部对少数民族读者发放蒙文图书借书证,得到好评。

根据借书处和阅览室的条件,尽量方便读者、扩大读者群,图书馆把不足6平方米的儿童借书处扩大到40平方米,对社会科学和蒙文图书也是采取开架借阅。

为方便科技读者的借阅和提高科技图书利用率,对科技读者采取"有需要就发借书卡片,不限时间、不限量"的策略;科技图书还书期限放宽一个月,基本满足科研需要。如通辽市第一毛纺厂为提高产品质量,技术人员要进行"可控中频电炉"设计,图书馆为他们提供国外可控中频硅电炉电路样本等图书资料,使他们很快就研究成功并投入生产。

在基层图书馆(室)辅导方面,重点辅导通辽市医院、通辽市农机研究所、通辽市十一中、通辽市十二中、通辽市第一副食商场、通辽市园林处等图书馆室的工作人员。召开基层人员座谈会交流会,交流工作经验,努力办好各级图书馆。此外图书馆还帮助基层图书馆解决4套目录柜、4个玻璃柜、2个期刊架,还有卡片、账页、书证等耗材。

3月22日,副馆长李凤珍、薛增祥等参加吉林省图书馆函授学校的第一届毕业典礼①。

4月1日,刘喜蓉、薛增祥参加哲里木盟图书馆工作会议。

4月22日至5月26日,馆长刘喜蓉随哲里木盟文化处组织的盟图书馆外出参观学习小组赴四川、湖北、北京等地参观学习。

由于经费不足,图书馆藏书的数量和质量都受到限制,有些资料特别是外文资料严重缺乏,为了弥补这一缺陷,图书馆同北京图书馆、内蒙古图书馆、吉林省图书馆、长春市图书馆4个图书馆建立馆际互借关系。例如,通辽发电厂何厥真总工程师在设计"锅炉用水新型除氧方法"时,图书馆提供的热交换手册、相关外文杂志合订本、美国机械工程学会会刊等资料,对何工程师的研究起到很大作用。

7月,苏艳秋、刘万凯、张谊敬参加内蒙古民族师范学院函授班中文专业学习,学期五年。

7月6日至7月12日,首次"全国少数民族地区图书馆工作座谈会"在民族文化宫举行,馆长刘喜蓉代表通辽市图书馆参加会议,与会代表受

① 吉林省图书馆学函授学校由吉林省中心图书馆委员会与吉林省总工会联合创办,1979年10月筹备,1980年5月正式开学,学制暂定两年半。第一期在全省各地(省内设15个辅导站)及内蒙古的两个盟招收1247人,学员由各馆推荐入学,至1983年共有812人毕业。开设课程有:中国图书馆事业史、图书馆事业建设、藏书建设、读者工作、图书分类、图书馆目录、文史工具书、科技文献检索、图书馆科学管理、图书馆现代化展望(阅读课)。所用教材系吉林省图书馆学会编印的《图书馆业务自学大全》。吉林省图书馆函授学校招生人数较多,虽然学习质量参差不齐,但仍然培养了一大批人才,应对图书情报人才紧缺的局面。吉林省图书馆函授学校艰难地迈出了独立办学的第一步,是图书馆进行在职教育的积极尝试,为其他省市提供了参考经验。

到中央领导同志接见①。

9月19日,图书馆召开中学图书馆(室)经验交流会,传达全国少数民族地区图书馆工作座谈会精神。

12月1日,图书馆被通辽市政府授予"八三年度图书馆先进集体和民族团结先进集体"称号。

是年,本着节约办事业的原则,办公室职工亲手制作办公家具,节约资金2000余元。如制作3个借书证存放盘所用的轴心是利用自行车废轴皮和废飞轮做的,既美观,每个又能够节约20余元。

是年,发放读者证3000个,是1982年的1.5倍,这些读者中工人占33%、干部占37.6%、工程技术人员占6%、学生和待业青年占17.6%。

## 1984 年

刘喜蓉任书记兼馆长;薛增祥任副馆长。

是年,采取以下措施,提高服务质量和办馆效益:

图书馆的社会科学、自然科学两书库再度合并,年初图书馆只用了半个月的时间,提取基藏本、工具书、独本书及珍本书6万余册,成立资料室,使过去基藏的"死书"充分发挥作用。资料库一身兼二任,填补图书馆没有基藏库的空白。

为了保证图书流通和为生产科研服务的需要,采编人员深入读者、书库,了解读者需求和生产科研用书,选择购进急需图书,及时加工入库。

为方便广大蒙古族群众的需求,在外借处专设蒙文图书窗口,并发放蒙文图书借书证,受到越来越多群众的欢迎。

办理科技证的读者随到随办,不限制时间,只要有工作证或介绍信等能证明身份的文件,即可办理。蒙文读者、退休干部,都分别给予办证。

改变借书处和阅览室的借阅方式,由原来的闭架借阅方式改为全开架和半开架借阅方式。以往借书处采用的方法是闭架借书,给读者造成很多不便。根据读者的意见和兄弟单位的经验,将闭架式借阅改为半开架借阅。半开架借书处由7个玻璃半开架书架构成,分设社会科学、自然科学、中国文学、世界文学、蒙文图书等7个专架,每架排列近2200册外借图书,排列图书除每天补充外,每月调换一次,这样全年用半开架向读

24

① 首次"全国少数民族地区图书馆工作座谈会"由民族文化宫协助文化部、国家民委、中国图书馆学会召开。来自全国13个省、自治区和直辖市18个民族150位代表参加会议。习仲勋、邓力群、杨静仁、周培源、朱穆之等领导同志出席会议。会议主题是如何加快民族地区图书馆事业建设,并就实现"六五"计划对图书馆提出可行性意见。——参见史桂玲.历届民族地区图书馆会议回顾[C]//吴贵飙.民族图书馆学研究:第九次全国民族地区图书馆学术研讨会论文集.沈阳:辽宁民族出版社,2006:560.

者展开的图书近 25 000 册,占馆藏的 1/8。

文学借书处自全开架以来,深受读者的欢迎,但是由于管理方面存在漏洞,图书破损严重,丢失书卡、书证不符现象较多。为了改变这种状况,图书馆用半个月时间进行全面清理,该修的修,该剔旧的剔旧,登记入账,并补充新书和调整工作人员,进一步完善管理制度,修补破旧书籍,使图书流通率明显提高。

图书馆阅览室主要提供期刊报纸阅览服务,过去采用半开架方式,该年实行全开架阅览。同时,为了方便读者,将过去期刊年终装订改为半年或按季装订,解决当年报刊过刊入库不能借阅的问题,上半年装订成册的期刊被读者查询 200 多册次,使期刊发挥了更大的作用,阅览室全年装订杂志 2000 多册,节约装订费近 1000 元。

改革后,读者可以直接借文献,缩短了选择的时间,加快了文献的流转,提高了工作效率。过去借一本书或刊物,从查目录、写索书条,到借到手阅读,平均要 15 分钟,改革后只需要两三分钟。同时,工作人员也有更充裕的时间进行阅读辅导,编制检索工具。

该年,科技组与外借组合并,成立定题服务的专门机构,设专人负责。

过去的定题服务业务安排在馆内,由借书处兼管。专门机构成立后,配备一名工科专业的馆员,专门配合读者部门工作。馆员在工作中经常深入生产科研部门了解情况,帮助解决生产科研过程中资料不足的困难。全年有定题服务的工业项目 10 个,农业项目 5 个,其中成效显著的重点项目 5 个(工业 3 个、农业 2 个),例如通辽县变压器厂赵毓枫研究"民用余热空调采暖",图书馆向他提供《空调采暖工程》等书;通辽市毛纺厂研究"锅炉控制柜",图书馆为他们提供《工业自动化产品样本》一书;北园子村薛炳如研究暖房栽培西红柿、地热线育秧技术,图书馆向他提供了十几种相关资料,使他的试验获得成功;建国公社西工人屯大队王秀珍急需家兔饲养技术和兔病防治方面的资料,图书馆专门为他送去《家兔的饲养》《兔病的预防与治疗》等书,解决了家兔饲养的技术问题,使他成了养兔专业户。

哲里木盟地方资料很丰富,但是多年来图书馆这方面的资料收藏有限。该年采取交换、征集等手段,搜集的地方资料 50 余种,并复印了《内蒙古游牧记》《察哈尔通志》《钦定外藩蒙古回部王公表传》等 100 多种珍贵的线装书。

儿童连环画册借阅方式由原凭证借阅改为租借租看,用那些优良的读物丰富儿童的业余生活,这样不仅令儿童满意,而且还受到广大群众的好评。

为了满足中学生课外学习辅导的要求,中学生阅览室增设外借图书项目,提取 435 册图书,又从书店购进一批新书,专门投放在中学生阅览室,另外根据中学生读者日益增加的情况,增设 20 个座位,为其办理借书证 110 个。小学生阅览室增设了连环画册租借处,从原有馆藏连环画册中精心挑选,整理出 1600 册,向小朋友开放,得到中小学生及家长的称赞。

图 1-5 小学生作文竞赛现场

4 月 20 日,馆内召开阅读辅导报告会,由通辽市团委书记付泽彬主讲,有青少年读者 50 名参加报告会。

通辽市各系统图书馆、资料室发展很快,仅工会系统新发展的图书室就已经达到 127 个,总藏书量达 38 919 册,但是这些图书室的专职人员只有 18 名,而且大多数没有受过专业训练,这与图书室的发展形势很不适应。针对这种情况,5 月 23 日至 25 日,图书馆为工会系统图书馆举办图书馆业务培训班,刘万凯主讲,同时组织学员参观通辽市政公卫处图书室、通辽市蔬菜公司图书室、通辽市糖果厂图书室。全年举办两期业务培训班,重点辅导 16 个基层图书室,帮助整理书刊 8000 余册,使这些图书室基本实现正规化管理。此次培训共 63 人参加学习,学习内容包括图书分类、图书编目。学习班采用讲课、实习相结合的方法,教学效果良好,通过理论和实践的结合,考试合格率为百分之百,这两次学习班推动许多图书室的科学化管理,如农机研究所、材料所、通辽四中、通辽二中等图书管理人员在学习班结束后,就进行图书重新分编工作,他们都高兴地说这个学习班真是及时雨。

图书馆开展巡回辅导,抓了一厂一校(毛纺厂、通辽四中)两个点,将它们刚刚建立的图书室,有重点地发展为通辽市图书馆的集体读者,以协助其读者服务工作的开展。例如,施介办事处文化站与图书馆建立借书手续,并以每批 300 册的借阅量周转图书,使刚建立的图书室顺利开展读者服务工作。

　　此外,通辽市图书馆还做了支持个人藏书的尝试,把馆内长期压架的复本书、破损不易流通的图书,有重点地转让给个人藏书爱好者,辅助个人藏书的发展,如向王亚文等读者提供图书 500 多册。

　　5 月 4 日,馆内成立图书馆团支部,吴松岩任团支部书记。

　　5 月,图书馆正式开展咨询查询服务,解决许多生产和科研究方面的需求。例如玻璃厂陈晓东翻译一篇法文产品说明书,图书馆向他提供《法汉生活常用词典》《科技法语选读》《科技法语课本》等资料,对他的翻译工作帮助很大。永清办事处木荣培养食用菌,缺乏材料,来图书馆资料室查找《真菌鉴定手册》,解决了许多培养方面的问题。

　　本着服务到门送书到手的服务方式,图书馆帮助农民订购 1500 册(养殖、种植、蔬菜、大棚及有关技术方法和病虫害方面的专业书籍)用户不容易见到的书刊资料。

　　6 月 25 日至 7 月 10 日,为了促进哲里木盟工业经济的发展,通辽市图书馆与盟科技情报研究所联合举办"外国产品样本陈列会",共展出机械、建筑、化工、电子、医学、畜牧业等方面的产品样本 2000 多册,陈列了 15 天,接待参观阅览读者 1000 多人,这次陈列会打开哲里木盟科技工作者的眼界。印刷厂只为学习印刷技术一项,组织了全厂员工参观。这次陈列会的成功,对通辽市的工业经济的管理、科技信息传递起到了很大的推动作用。

　　是年,图书馆为科技生产及辅导工作下基层 290 人次,平均每人每月下基层 12 天。

　　12 月 5 日至 25 日,刘万凯到北京学习文献标准化著录。

　　12 月 14 日,图书馆召开年终读者座谈会。

　　12 月 28 日,馆长刘喜蓉参加通辽市八届人大一次会议。

　　是年,图书馆有职工 30 人,其中正式职工 26 人。职工中党员 7 人;正式职工中 50 岁以上职工 4 人,40—50 岁职工 3 人,39 岁以下职工 19 人;正式职工中大专以上文化职工 24 人,中专文化职工 4 人,高中文化职工 13 人,初中文化的职工 5 人;正式读电视大学、函授大学的职工 5 人,参加函授班的 6 人。

　　是年,图书馆设有辅导组、采编组、阅览组、外借组和行政办公室四组一室。外借组分综合外借处、连环画外借处和内部外借处 3 个外借处,阅览组分为综合阅览室、青少年阅览室、内部阅览室和资料室。

　　是年,馆藏情况如下:社会科学类图书 10 万册,自然科学类图书 7 万册,连环画 11 356 册,蒙文图书 6500 册,历年装订成册的杂志 500 多种、2600 册,1949 年到本年的报纸 3100 多册。

　　是年,图书馆共有读者 5600 名,其中新增读者 600 名,其中科技生产人员为 150 人,占发展总数的 25%;其他读者 300 名,占 50%;退休老干部、老工人和待业青年占 25%。

是年,图书馆有阅览座位 180 个,全年接待读者 14 万人次,平均每天接待读者 400 人次,借阅图书 16 万册次。

全年购书 12 000 册,费用 76 215.91 元,(平均每册图书 6.3 元,给书店拨款 3.5 万元,其余款项以后再还),加工入库 10 453 册,超额完成全年工作任务。

## 1985 年

总结几年来发展读者的经验,并本着将书、证发放给真心用书的读者手中的原则,年初清理死证、呆证,重新换证 2881 个。

该年图书馆在 1984 年的基础上,实行开架和半开架相结合的阅览方式,又将综合阅览室和科技阅览室分开。分开后,科技阅览室增设咨询服务业务,便于适应为生产、为科技服务的新形势的需要,方便了读者,提高了期刊利用率。

1 月 15 日至 2 月 5 日,馆内举办普及文献标准化著录学习班,刘万凯主讲,并派人到山东学习,回来后及时举办学习班,30 人参加,为通辽市图书馆标准化著录的普及做出了贡献,基本实现了本馆图书管理的正规化、科学化。

2 月 2 日,第二届吉林省图书馆函授学校开学,共招生 80 名,通辽市图书馆有 3 名同志入学,并承接学校的教务工作,组织招生、面授、考试。

3 月 5 日,馆内召开工厂、农村有关人员座谈会,落实定题服务项目 45 项,借阅室借书处工作人员每人完成咨询项目 2—3 项,通辽市委宣传部副部长白奎、通辽市文化局副局长王继民等参加了会议并讲话。

定题服务效果较好的项目有:公社西工人屯大队养兔专业户王秀珍养兔过程中缺少饲养技术和防病方法的资料,图书馆向他提供《养兔知识问答》等六本书,使他的养兔业得到发展。红星乡北园子村蔬菜专业户薛炳如是图书馆的老读者,利用图书馆的图书资料解决了很多关于低温生产方面的实际问题,他采用低温生产的西红柿连年丰收,1985 年又投资 8000 元,建立起一个占地 100 亩的钢管架低温室。喜伯艾力苏木嘎查村要为油田生产法兰盘,来图书馆查找资料,图书馆为他提供法兰盘的图纸,使法兰盘得以投入生产。通辽县运输公司技术员杨德福来图书馆查找资料,图书馆为他提供《东风牌汽车使用说明书》《东风牌汽车结构手册》等书,他得到后如获至宝,从中了解该型号汽车在使用调整方面的数据及使用注意事项,这些资料在他的工作中发挥了很大作用。

3 月,馆内开办内蒙古电视大学哲盟分校图书馆专业班,培训学员 40 名。通辽市图书馆的辛勤工作为哲里木盟图书馆事业的发展做出积极的贡献。

图1-6 内蒙古电视大学哲盟分校图书馆专业班毕业论文答辩会

4月21日至7月20日,为了更好地为四化建设服务,为了促进民族地区图书馆事业的发展,国家民族事务委员会文化司特委托中央国家机关和科学研究系统图书馆学会与民族图书馆共同举办一期民族地区图书馆馆长及业务骨干进修班。学习期限为3个月(4月至7月)。凡按计划完成全部学业成绩及格者,发给结业证书。本期培训班的培训重点是提高图书馆工作管理水平。许斌代表图书馆参加此次培训班。进修班聘请北京地区知名图书馆学家及其相关学科(专业)的专家、工作经验丰富的图书情报工作者和有关主管部门的领导,以系统课程和讲座、报告相结合的方式,讲授图书馆概论、图书资料的搜集和整理、读者工作与情报服务、文献检索、参考咨询与工具书使用法、情报资料的编辑、事业组织和工作管理、社会调查与图书馆学论文(包括工作计划、业务总结、报告等)的撰写等课程①。

4月22日至25日,图书馆与"五四三"办公室共同举办《建设文明市、美化、绿化、香化环境》专题图书展览。

7月那达慕大会筹备期间,哲里木盟农牧处甘贵勋等来查找有关大型彩车的资料,在时间紧迫的情况下,馆员及时为他们提供了资料,解决了他们的困难,并使他们提前完成彩车的制作。

哲里木畜牧学院畜牧系81级同学刘国兴制作"煤油灯的孵鸡法"的煤油灯汽化罩,手中没有资料,不知怎么做,图书馆为他找到了相关资料,并复印了一份,他表示非常感谢。

9月1日,广播电视大学图书馆专业班举办开学典礼,广播电视大学

① 华玉玲.民族地区图书馆馆长和业务骨干进修班在京开学[J].图书情报工作,1985(3):46.

图书馆专业班与通辽市图书馆承担哲里木盟地区办班任务,通辽市图书馆负责教务、教学、辅导、住宿等,并配备班主任一名,开设语文和基础业务课等四门课程。全盟共招生46名。通辽市图书馆有4名同志参加(贾敏、陈新军、吴桂香、吴松岩)。程淑华为兼职班主任。

12月9日,《内蒙古日报》报道内蒙古自治区文化厅的决定,表彰和奖励通辽市图书馆,并颁发"自治区文化工作先进集体"证书,自治区文化厅充分肯定市图书馆开展定题服务的成绩,特颁发奖金600元。

该年,同通辽市三所大学图书馆建立正式的馆际互借关系,为发展通辽市图书馆资料资源共享做出努力。蒙文图书馆藏建设持续加强,馆藏蒙文图书已达15 080册。

根据图书馆资料不足和珍贵资料不外借的情况,开展为读者复印的业务,为512个单位和读者复印了39 100份,共10 000万多页的资料,方便了读者。

对通辽市党委图书馆、通辽玻璃厂图书馆、电机厂图书馆、林业研究所图书馆等单位进行重点辅导,都取得了较好效果。

### 1986 年

1986年,通辽市制定了"186工程",即"一个乡、八个村、六十个户,实现三年翻番",了解到这一情况后,图书馆及时制定了配合完成此项工程的服务计划,及时向哲里木盟科委提供农村培训需要的资料,利用图书馆图书编制三期大棚方面的专刊,又同盟科委、畜牧学院图书馆、盟农业科学研究站等单位联系,建立互借关系,互通有无,以保证服务过程的资料、资源。

年初,馆内决定由一名副馆长专抓定题服务工作。定题项目实行目标管理,送书上门,跟踪服务。在深入调查研究的基础上,针对生产的需要,背上书包,带着书下厂、下农村。一本书就等于一个小型书展,深受广大读者的欢迎。例如,根据温室生产形势需要,广大郊区农村缺乏生产技术和经验,图书馆就背上这方面的书和资料送上门,得到乡政府及党政部门和市团委等单位的支持和配合,既宣传图书馆的作用、职能,又为图书找到用武之地。

4月1日,电大班专业课开学,东北师范大学图书馆学系主任符孝左等4人参加开课仪式。

电大及函授学校,按各自的教学进度进行学习,秩序正常,学员思想稳定,学习风气较好,配合电大分校开展文体活动和组织一些社会活动等。1986年有7名同学转为正式学员,全班平均分72分,函授学员平均分92分。

年初组织走访和调查工厂和农村,初步掌握通辽市工厂和农村图书馆(室)发展情况和工农业生产情况,为开展业务辅导及科技情报工作打下基础。

辅导有条件的单位办青年之家,办集体借书证,配合明仁小学开展学生借阅活动,活跃学生的假期生活。施介街道、永清派出所、明仁派出所等单位都办了集体借阅证。

对通辽市委党校等单位的图书馆(室)进行巡回辅导。

4月5日至22日,馆长刘喜蓉和许斌赴呼和浩特市参加全区图书馆馆长会议。

7月3日至19日,苏艳秋、孟庆英、张谊敬、于春兰、郭宏参加哲里木盟图书馆①举办的业务训练班。

上半年对书库进行整理,部分流通和副本量较大的图书下架一部分,对旧书和破损严重的书进行修补,全年修补图书330册,阅览室装订杂志及报刊合订本430册。

8月8日,馆长刘喜蓉当选为中共通辽市优秀共产党员。

由于读者阅读倾向发生变化,金庸、梁羽生、琼瑶的作品火热兴起,其他一些文学作品受到冷落。借阅组设立新书专架,办了四期读者园地,设有新书介绍、读者心得、书评等专栏,扩大图书馆的宣传,方便读者,提高图书的流通率。根据季节变化调整合理的开馆时间,开辟儿童阅览室,全年共接待读者11万人次,借阅图书资料16万册次。

9月18日,通辽市图书馆建馆30周年庆祝大会召开②。参加这次大会的有:副市长修国爱、市人大副主任李树林、市政协副主席赵景云、市委宣传部长牛志伟、市委办公室主任杨玉珂、盟文化处副处长布和德力格尔、市文化局局长闻首龙、市文化局副局长关桂兰、市工会副主席葛春香、市团委书记付泽彬、市党校副校长宋锡武、内蒙古图书馆辅导部齐越,另外还有新华社记者施长江及盟报社、电台、电视台以及有关部门的领导同志。

通辽市副市长修国爱做了重要讲话,他首先肯定了图书馆几十年的发展成就,藏书由1.2万册发展到18万册,设备人员和馆舍面积都比过去有很大幅度的提高,图书馆服务工作不断创新。然而图书馆也存在一定的问题,如规模已不适应全国形势的发展,需要寻找新的出路。图书馆对社会的贡献主要表现在三方面:一是进行社会教育,传递情报资料、促

---

① 此处的哲里木盟图书馆成立于1984年9月,是现地级市通辽市图书馆的前身。

② 1986年建馆30周年馆庆的建馆时间当时定为1956年9月15日哲里木盟图书馆成立之日。20世纪90年代以来,经过调查研究以及梳理馆藏,确认图书馆的馆藏一直承继着1929年通辽县立图书馆的馆藏,其后名称虽有变化,一直没有中断服务。因此,从本书起图书馆建馆时间正式定为1929年。为保存历史,对1986年馆庆活动的记录仍原样保留。

进社会文明的发展;二是丰富人民的文化生活,给人以精神生活的享受;三是保存人类文化典籍,为后人提供史料。图书馆以自学和阅读图书资料为特点,体现最广泛的社会教育功能。办好图书馆是服务四化建设的智力保证。市委、市人大、市政府、市政协已经认识到图书馆在四化建设中的重要战略作用和地位,希望图书馆全体员工,树立全心全意为人民服务的理念,在巩固中再接再厉,努力缩小同各地先进图书馆的距离,要做到热爱读者,改善服务态度,提高服务质量。

图 1-7　1986 年建馆 30 周年庆祝大会馆领导与职工合影

哲里木盟文化处副处长布和德力格尔做题为"总结经验、发扬成绩、开拓前进"发言。他首先赞扬通辽市图书馆的全体同志团结一心,努力工作,为通辽市的繁荣昌盛,做出了出色的贡献。希望并要求通辽市图书馆继续坚持改革,适应形势,更新观念,针对通辽市工农业生产的特点,针对通辽市各族人民文化科技的需求,积极而创造性地开展工作,促进通辽市的经济振兴。要继续坚持并全心全意为人民服务的精神,要继续发扬艰苦奋斗精神,继续加强自身建设,加强思想政治工作,不断提高馆员的政治素质和业务素质,不断总结经验、发扬成绩、开拓前进!

市人大常委会副主任李树林做贺词一首:丙寅建馆三十年,春风秋雨几变迁。革命征程任劳怨,书海育人不畏难。时逢"七五"开盛世,服务四化辟新天。文明建设堪嘉奖,回首创业苦亦甜。

市委宣传部党委副书记、副局长关桂兰做了发言。她讲到,党的十一届三中全会以来,图书馆党支部开拓进取充分发挥全体职工的积极性,开展"跟踪服务""定题服务""预约借书""代查资料""复印资料""馆际互借",举办业务辅导讲座,为工业生产提供科技情报,为广大群众提供丰富的精神食粮,深受社会各方面的好评和上级有关部门的表彰,进入区级先进行列。但是,随着四化建设步伐的加快,整个社会和人民群众对图书事业提出更新更高的要求,目前,图书馆无论从事业规模设备条件,服务质量、干部素质等方面都与形势的发展不相适应,工作中,还有不少困难和问题,重点解决的有两点:一是经费问题,图书馆经费虽有增长,但由于书价上涨等原因,馆内经费仍很紧张,应购的书购不进来,或者购的册数很少。二是房舍问题,由于书库小,有一部分图书不得不打捆存放;阅览室少,青少年阅览室仅仅有 60 个座位,远远不能满足青少年读者到图书馆学习的需求。关桂兰希望市政府能为图书馆及早解决存在问题,发展图书馆事业。

图书馆馆长刘喜蓉做题为"回顾以往,面对现实,展望未来"报告。刘喜蓉回顾图书馆 30 年的历程,分析图书馆的职能和起到的社会作用,列举近年来图书馆在读者服务、为生产科研服务、咨询服务等方面所取得的成就,并对图书馆的未来做规划和展望。刘喜蓉讲到,在未来几年、几十年里,通辽市图书馆还要继续打基础,抓住当前的时机快起飞,开拓新路超过去。

图书馆将领导讲话及通辽市图书馆简介、"大事记""图书馆七五规划(详见附录)"等汇集成册,以此为通辽市图书馆建馆 30 周年纪念。

通过这次庆祝活动,回顾图书馆的历程,总结以往的工作成绩,找出不足,对未来寄予更大的希望,激发广大职工特别是青年职工对图书馆事业的热情,同时扩大图书馆的宣传面,得到各级政府部门及有关单位和领导的重视和关怀。

11 月,张文琴任图书馆馆长,刘喜蓉任党支部书记,薛增祥、许斌任副馆长。

年底,原通辽市与通辽县合并,县图书馆并入原市图书馆。馆内工作人员队伍大幅度增加,有 25 名正式职工。职工的文化、业务素质也得到提高,图书馆业务队伍平均受教育程度超过中专水平。

为了给前来咨询的读者提供方便,设立复印机一台,及时把读者需要的信息资料传递给读者,全年为读者复印资料和图表等 1 万张。

经费不足致使一些书籍采购困难或受限,不能满足当前科学技术迅速发展的需要,特别是"星火计划"需要的书籍无法购置齐全。地方文献收集工作还不够,读者活动规模小,书库不够用,市县图书馆合并后,原县图书馆馆藏图书全部打包,共打包图书五六万册,这部分图书的加入导致书库面积更加不足。

采编工作是图书馆的基础工作,也是图书馆开展各项工作的保证,该年图书馆在人员少、任务重、时间紧的情况下,组织编写了全盟联合目录,完善了采编工作的细则,购书 8623 册,加工 27 912 册。按年初计划 8 月份去外地购书一次。

全年接待参考咨询读者 200 多人次。例如,奈曼旗博物馆馆长查找关于奈曼地区的一些历史资料。在《钦定外藩蒙古回部王公表传》《哲里木实剂》等书中找到了难得的资料,并复印下来。

## 1987 年

该年,通辽市图书馆职工达 30 名,藏书 23 万册。同时,图书馆业务进一步扩大和完善。

3 月,内蒙古自治区图书馆学会在呼和浩特市召开呼、包二市理事扩大会,调整充实了学会领导班子。理事长由席宜政担任,副理事长为齐宝海、乌林西拉、冀森,秘书长由齐宝海兼任。

市、县图书馆合并后,为了便于管理,首先将原县馆读者手中的书证改为市馆的统一书证,到 4 月末这部分书证已经发完,5 月应读者要求又发放书证 500 个,持证读者达到 5000 多个。

读者服务中,通过学习外地经验,将文艺书籍由半开架借阅改为全开架借阅,这样读者借阅可以自由挑选。

图书馆成立蒙文图书和过刊借阅处,方便少数民族读者,发挥过刊的作用。

上半年制定《采编工作细则》,先后派人到外地购书 2 次,购进图书 1 万余册。

为实现全盟图书资源共享、流通,图书馆在人手少、任务重的情况下,发动全馆职工和电大学员,用一个月的时间整理出全馆 20 多万册图书的联合目录。

6 月 1 日,在青少年服务工作上做新的尝试,举行少儿智力竞赛,参加比赛的选手 70 名,竞赛内容涉及语文、数学、地理、常识等方面的知识,经过激烈的角逐,有 6 名选手得到奖励。另外图书馆还举办小学生课文朗诵欣赏会,英语、数学辅导班,这些活动都受到中小学生家长的热烈欢迎。

8 月,图书馆针对基层图书室的图书管理人员专业知识较差、图书管理达不到要求的现象,举办一期业务人员培训班,为来自全市各厂、矿、学校的 30 多名学员进行为期一周的培训。学习期间,图书馆为这些学员讲授分类、编目等有关方面的专业课,为他们管理图书奠定基础。

图书馆在庆祝内蒙古自治区成立 40 周年之际开展"我与好书交朋友"读书活动,在馆藏图书中选取 50 本积极健康、政治意义强,又具有趣味性的可读性强的图书,推荐给读者阅读。为使这次读书活动开展得深入扎实,图书馆还举办专题演讲和读书演讲会,演讲和讲座内容均围绕推荐图书进行。9 月,图书馆和通辽市总工会把演讲会中获奖的 9 名同志组成一个演讲团,在全市巡回演讲 18 场,观众达 4800 多人次,在社会上反响良好。

图 1-8 "我与好书交朋友"读书演讲会

业务辅导工作是图书馆的一项重要工作,全年图书馆对通辽市职教中心、标准计量局、通辽市针织厂等单位的图书室进行个别辅导,使他们的图书管理水平和图书流通率大为提高。

在为生产服务方面,该年图书馆对这项工作从领导和物质上都做了重点安排,确定一名副馆长专门负责这项工作,同时还加强科技辅导组的人员力量,提高科技图书的入藏比例,增大复本量。做到送货上门,代购书刊,邮寄借书,建立科技服务档案和定期跟踪服务。全年为读者、用户送书上门46次,送去科技图书1000多册,代购书刊830余册;走访重点户、专业户和工矿企业76个单位;开展定点服务45项。

清河乡五道木村农民董兴龙根据图书馆送去的图书资料介绍的方法,在自己家的四分地上搭建温室种黄瓜,出售后利润达3000多元,乡民在他家召开科技示范现场会,对他的经验进行推广。

积善屯农民大部分都在自己的庭院里栽种葡萄,但由于缺乏科学管理,遭到病虫害。该年春天开始,图书馆多次送书上门给予指导,使村民们掌握了防治病虫害的方法,秋天全村的葡萄收成非常好。图书馆还通过提供技术资料的方法帮助建国乡农民成功种植春菜花,填补通辽市种植春菜花的空白。

为了充分发挥信息集中知识客体的优势,在跟踪定题的同时,图书馆还创办了《信息摘编》,选择各报刊资料上关于改革方面的动态和经济信息,及时编印给各级领导,使他们更好地为通辽市经济发展做出科学决策,全年编印8期,共发出450份,受到各级领导的关注和好评。

辅导组还编写农业科技用书推荐书目,发给各级文化站站长和重点户、专业户,在管理上,图书馆打破读者不得入库的常规,让科技人员自由选书,不但缩短借书时间,还为他们提供方便。

**1988 年**

该年,通辽市图书馆被内蒙古自治区文化厅推荐为全国先进图书馆。

4 月中旬,一位从扎鲁特旗赶来的老同志要查找他曾在《内蒙古日报》上发过的一篇文章,时间在 1965—1966 年。当时图书馆资料室的人员正在家里养病,其他职工就到资料室工作人员家中取来钥匙,又有两名员工帮助认真查找,终于找到所需要的文章,使这位老人感动不已。

通辽市变压器厂是图书馆定点服务的重要厂家之一,近年由于变压器生产耗电量大,曾被有关部门责令停产。图书馆为其提供了各种技术资料,帮助请来技术专家,成功设计了电容自动补偿控制器,解决了耗电过大的问题。6 月,变压器厂为申报专利又来图书馆查找原始资料,由于图书馆已经有服务记录备查,所以很快就向他们提供了当时所需的几种资料,并帮助复印。后来,通辽市变压器厂的这项设计获得了专利。

6 月 14 日,成立便民书站,向每位读者收取每年 5 元的服务费,敞开办证,使更多的读者获得读书的机会。便民书站借阅手续简便,随取随换,节约时间,受到读者欢迎。内蒙古自治区文化厅的领导视察时,对这个书站给予充分肯定,认为这是一个以文补文的好办法,要在全区推广。

7 月,图书馆购进一台佳能复印机,对贵重图书和藏本图书,为读者提供复印业务,既扩大以文补文的路子,又方便读者。

市委书记戴刚需要查找杂志《现代领导》的有关文章,图书馆当时没有这种杂志,去几个兄弟馆都没有借到,最后在哲里木盟行署资料室找到了,为领导掌握信息、科学决策提供了方便。

哲里木盟党校的一位老同志准备查一份 1956 年的资料,他抱着试试看的心理来到图书馆,却意外地找到了。他非常高兴地说:"真是得来全不费工夫,我本来已经准备去自治区查找了。"

图 1-9　图书馆服务部

图 1-10　图书馆"以文
补文"复印项目

通辽造纸厂安装自动调节设施,在安装过程中遇到了困难,图书馆主动为他们提供服务,在不知道资料出处的情况下,通过查找工具书,同技术员一道磋商,终于查出有关资料,帮助技术员了解该机器的性能构造等问题。

清河乡前五村的几位农民培育大棚蔬菜没有经验,图书馆就为他们提供有关技术书籍 20 多种,使他们的蔬菜获得成功,仅黄瓜一项,这几户农民的收入就达到 3.4 万多元。

哈拉干吐苏木养鱼缺乏资料,图书馆将其列为重点服务对象,并根据该苏木的特点,精选 18 本有关淡水养鱼的科技资料给他们送去。

## 1989 年

该年,通辽市图书馆被文化部命名为文明图书馆。

《图书馆目标化管理方案》于 1989 年 4 月 1 日正式实施。目标化管理即通过建立严格的考核标准和奖惩制度,使各部门各岗位以及每个人都有明确的工作目标和标准。为了保证目标化管理方案的实施,图书馆设立考评委员会,负责日常监督考核及季度考评工作。

辅导部从第一个季度开始,一边以表格的形式对通辽市 28 个乡镇苏木的生产情况以及图书室建设情况进行调查摸底,一边走巷串户,摸清各乡各村的生产特点,例如,有哪些生产项目,有多少养殖户和种植户。同时还走访农村科技站和文化站,将了解的问题一一记录在服务档案中,做到心中有数,针对性地为他们选择图书,送书上门。

在送书上门的同时,还特别注意农村图书室的建设情况,因为村图书室的作用比"送书上门"大得多,但图书馆在走访中发现村图书室普遍存在领导重视不够、图书室兼用、图书管理员兼职、藏书质量低、管理混乱等问题,所以图书馆要决定先搞"点"——建立重点图书室,再带"面"——举办图书管理员培训班,在红星乡的 3 个村——高家窑村、三合村、北畦子村建立重点图书室。根据该乡各村比较分散的特点,该乡图书馆分了 3 个部分:西面的前双、后双、刘屯和北园子村,北面的帮统、草房、新立和魏家村,中间的同德、果园、巴家和张家村,这样按村屯远近,定在一个点办班效果很好。

根据农村的特点和实际情况,通辽市图书馆与图书室的图书管理员一起进行分类、编目、上架等一系列工作,建立必要的规章制度,帮助其提高对农村图书室作用的认识。增强其对图书工作的责任心,然后组织他们走访重点图书室参观学习。办班用了 12 天,骑自行车往返 300 多里,加工书刊 6000 多册,有时还要顶风冒雨,但馆员们仍然精神饱满,使该乡的图书馆事业走向正规化管理。

4 月,图书馆清理开架书库,将 80% 的破损图书进行替换,加强了工作人员的责任心,改变了"书破人报"的毛病。新上架的图书面貌一新,馆员改善服务态度,使读者流通量大大增加。

5月2日至8日,图书馆举办"图书服务宣传周"活动。开展了八项工作:①发放《读者指南》《两户之友》等刊物。②5月3日在图书馆阅览室举行小学生作文比赛,经过评委认真评选,评出前三名。③举办专题书展,选取500册关于工业、农业、轻工业为主题内容的图书,连续展出7天,参观读者达300人次。④5月5日,邀请16名重点读者参加读者座谈会。⑤5月5日,举办通辽市纪念"五四运动70周年"读者演讲比赛,共有四所重点中学派出的8名选手参加,图书馆邀请通辽市宣传部、通辽市工会、通辽市妇联、通辽市团委、内蒙古民族师范学院等有关部门的领导同志,还邀请军民共建的文明单位的部分战士和中学生读者参加,演讲后评出一、二等奖6名获奖者。⑥发放书证650张,办理借书证300多张。⑦图书馆工作人员走街串巷,接待读者咨询百余人,解答有关利用图书馆等问题。⑧销售过期书刊。这项活动深受广大群众欢迎,读者争先恐后地购买低价书刊,旧书摊前人流不息,一些酷爱藏书的读者买到自己可心的书,爱不释手,久久不愿离去。一周之内销售额近千元。

5月,配合图书服务宣传周活动,辅导部在书展上展出有关电工技术、毛纺、造纸技术以及农林等方面的科技图书200余册,接待读者143人次。

5月,辅导部办了一个小型的业务辅导班,通辽造纸厂、通辽市第二造纸厂、职业教育中心老教师活动站和育才职业高中等图书室的管理人员参加了学习,辅导班虽然人数少、时间短,但收效很大,极大推动通辽市工会图书馆的工作。比如通辽造纸厂和育才职业高中这两个单位的图书室条件都很好,一是有专职人员管理;二是藏书量多,藏书质量高。可是在办班之前都存在着管理人员不懂管理又不会管理的问题。在培训班结束后,他们就着手整理图书,领导也非常支持,及时添置设施设备,他们在整理图书过程中,遇到疑难问题就打电话询问辅导部,辅导部立刻派人进行辅导。辅导部的工作从此由原来的"找米下锅",突然转变为到处有人请、有人找的局面,更重要的是,通辽市工会图书馆事业打开了新局面,图书馆逐渐被群众重视,也被领导重视。

角干乡离市区较远,交通不方便,各乡几乎村村都有图书室,但由于缺乏管理知识,图书室近乎瘫痪,乡文化站向图书馆提出办班的请求,图书馆立即接受,但具体时间办始终不能确定,于是图书馆积极主动通过电话或直接派人去联系办班一事。最终决定于6月16日办班,可是这一天遭遇大雨天气,为了守住信用,辅导部只好冒雨出发,文化站和乡领导很感动,30多名学员也都认真听讲、做笔记。

太平乡地处通辽市最西端,比较贫困,文化生活更是匮乏。农民想看书没有地方借,文化站想买书没有资金,特别是有知识的青年农民急需有关科技来指导自己的农业生产。为了使文化站能够更好地开展工作,活跃该乡的文化生活,7月,图书馆为该乡文化站送去价值180元的生产用书,给他们办了集体借书证,并帮助他们想办法、出主意。从图书馆借来的书再外借时可以收取租金,扩大积累,走"以文养文"的路,用滚雪球的办法积少成多。这样通过"借一点""送一点""收入一点",文化站就活跃多了。

8月,图书馆购进一台四通打印机,服务部增加了写牌匾、抄写材料等服务项目,大大提高了服务效率,增加了收入,使服务收入由年初计划的2万元增加到了3.5万元。

9月,许斌任书记兼馆长,薛增祥任副馆长。

1989年9月13日,通辽市举办首届艺术节,历时6天。期间,图书馆举办"迎接建国40周年专题书展图书馆工作成果宣传专栏",开展走向街头售书等活动,共计接待读者1000多人次。

国庆节期间举办一次书展,展出有关企业管理、领导科学、领袖人物传记、各类工具书等社科书刊340册,接待读者150人次。通辽市委书记戴刚等对这次书展非常感兴趣。

辅导工作。辅导部在城乡举办五期图书管理员培训班,50多人参加,重点辅导河西镇坤都庙村、角干乡枕头村、角干一村、红星乡高家窑村、三合村、北畦子村、果园村、通辽造纸厂、育才职业高中、老教师活动站等10个图书馆(室),加工书刊8000余册,这些图书室都达到相当高的管理水平,这期间收到两封表扬信。

图书馆全年下乡290人次,全体馆员平均每人每月下基层12天,查验服务效果,为以后更好地服务于农牧业生产奠定基础。

采编工作。采编部全年采购图书12 000册,加工图书10 453册。

外借工作。外借部共发展发展读者800名,特别是5月份图书工作服务宣传周,一星期多的时间发展读者500名。

科研工作。为了发展通辽市的图书馆事业,辅导部员工积极写论文,有3篇在盟图书馆协会组织的学术研讨会上宣读,向电台、报社投稿,其中报道通辽市图书馆情况的稿件有4篇。

**1990年**

5月27日,图书馆服务宣传周活动拉开序幕,通辽市委副书记李化臣、市委宣传部部长李久春、文化广播局党委书记田淑琴、市文化局副局长王俊英莅临指导。活动周期间开展了期刊展览(销)、农牧业科技图片展览、送书下乡、农业科技咨询、小学生读书演讲会等14项活动,共计接待各方面读者1500多人次,公开发放读者借书卡550个,深受广大读者的欢迎,特别是接待农业科技读者百人以上。中学生的学雷锋读书演讲、小学生的手抄文摘竞赛等活动,促进了图书馆服务水平、服务态度、服务质量的提高,密切了图书馆与读者之间的联系,扩大了图书馆在社会上的影响①。

图 1-11　学雷锋读书演讲会

　　为了加强图书馆与读者的联系,沟通信息,反馈读书阅览效果,图书馆于 8 月 6 日举办"大中专学生暑假联谊会",应邀前来参加联谊会的有多年阅读习惯并考入外地大学的大学生和中专生以及参加高考的高中生。同学们在联谊活动中互相交流学习体会,广大学生要求把每年的 8 月 6 日定为"通辽市大中专学生暑假联谊会"活动日②。

　　9 月 15 日,图书馆辅导部、采编部、外借部和阅览部的负责人在党支部书记刘喜蓉的带领下,来到太平乡做社会调查,了解图书馆的服务效果。图书馆走访乡长、钢窗厂厂长、养鱼场负责人,向他们了解生产情况,征求他们的意见。这次活动不仅了解到图书馆服务成果和生产用户的需求,也体现党组织对服务工作的保障、监督作用,进一步端正了为农业生产服务的思想。为了鼓励这几家生产单位继续走科技兴农、科技致富之路,图书馆赠送了 200 多册种植养殖类图书③。

　　1988—1990 年,图书馆业务不断扩大和深入,坚持"主动服务,送书上门,定题跟踪"的方针,努力为科研生产服务,收到较好的经济和社会效益,并于 1990 年 10 月专门举办全市基层工会图书管理人员培训班,有 30

　　①　1990 年图书馆 5 月 27 日—6 月 2 日开展了"图书馆服务宣传周"活动［内部出版物］.通图通信,1990(1):5.
　　②　1990 年 8 月 6 日图书馆阅览部举办"大中专学生暑假联谊会"［内部出版物］.通图通信,1990(1):6.
　　③　1990 年市图书馆党支部组织党团员、业务骨干深入太平乡反馈服务信息调查用户急需［J］.通图通信,1990(1):7.

名学员参加培训。此项工作被内蒙古自治区文化厅授予"全区文化工作金牛奖"(1991 年颁奖)。

图 1-12　基层工会图书管理员培训班学员合影

业务辅导工作进展迅速,重点辅导哲里木盟党校、通辽市政公路处、哲里木盟设计院等十几个单位的图书馆(室),帮助整理的图书 1 万多册,基本上实现正规管理;辅导部下基层 60 多人次,举办两期业务培训班。同时,同通辽市总工会联合举办"全市基层工会图书馆业务"达标方案,走访调查全市 50 多个图书馆(室)。

12 月 21 日,在天津市召开的"全国公共图书馆为社会主义精神文明建设服务工作经验交流会"上,通辽市图书馆被文化部授予"为社会主义精神文明建设服务工作做出成绩的先进单位",受到大会的表彰奖励。这是通辽市图书馆继 1989 年被评为"文明图书馆"后,又一次获得国家级表彰奖励[①]。

扩建的书库交付使用,图书馆馆舍面积达到 3000 平方米,藏书 27 万册,年购书经费 6 万元,工作人员 29 名。馆内机构设置也随之扩大,设有采编部、外借部、参考咨询部、蒙文部、办公室、服务部(第三产业)。面向社会服务的窗口有 8 个:综合图书借阅处、报纸阅览室、期刊阅览室、少儿阅览室、内部阅览室、科技资料室、文学图书半开架借阅室、复印打字室。

全年购书 6000 册,加工入库 8839 册,完成全年的工作任务,保证全馆各项活动顺利开展。

---

①　通辽市图书馆再次获得国家级表彰奖励[J].通图通讯,1991(1):1.

全年完成一般咨询项目 86 项,接待读者 156 800 人次,流通图书资料 196 010 册次,发展新读者 1500 名。

农村图书馆网络和农业科技服务网基本形成,为科研生产服务工作打开新局面。如红星乡村图书室全面实现了规范化管理,前五村温室由 4 户发展到 9 户,收入已达 10 万余元。1990 年通辽市蔬菜大棚受灾较严重,用户回访信息表明,图书馆服务点上的用户损失轻微,而没有用图书资料的张泰军,一次受灾大棚损失 3000 多元,在事实面前,不得不承认科学种菜才有丰收的保证;太平乡水稻开发已达 7500 亩,平均亩产 700 斤,全年总产可达 52 万多斤。

图书馆全年为农牧民送书上门 954 次,为农牧民订科技图书 4300 多册,另外利用丰富的图书资料,全年编《信息摘编》12 期 600 份,专题书目《药物学》《化工书目》两期 80 份,《图书馆通讯》一期。

当年对职工进行业务考核两次,业务训练一次,制定奖励学术研究和撰写论文制度,增强了职工提高技能的热情,在全盟业务竞赛上取得三个第一名、两个第三名的好成绩,并在省级刊物上发表论文三篇,一篇论文参加全区青年图书馆工作者首次论文研讨会。在业务研究方面取得较往年更好的成绩,给开展图书馆业务研究工作打下基础。

**1991 年**

1 月,馆内增设民族地方文献资料室,10 日正式向读者开放,以原资料室近 10 万册图书资料为依托,突出地方文献特色,为地方经济和社会发展服务。

1 月 19 日至 22 日,在"自治区群众文化工作经验交流暨表彰大会"上,图书馆获得"金牛奖"表彰,馆长许斌在大会上做经验交流发言,受到与会者的好评。同时,馆长许斌获得"金牛奖"馆长称号,并获奖励证书。

1 月 20 日,图书馆扩建的 800 平方米书库正式交付使用,书库共分为四层,一层为社会科学图书资料,二层为自然科学图书资料,三层为资料库,四层为报刊库。

2 月,图书馆于上半月和下半月分别举办两期珠算补习班,培训珠算学员 70 名,均为社会各界珠算爱好者。

3 月 8 日,图书馆创办的集体性质的服务部正式挂牌开业。服务项目有复印、打字、制作各种名片等。

由于进行搬家准备工作,综合借书处从 4 月 10 日开始闭馆,停止外借,只有文学开架库开馆。除闭馆搬迁外,阅览部全年共接待读者 39 090 人,其中中学生读者 19 400 人次、少儿读者 2190 人次、综合读者 17 500 人次,解答咨询 300 多人次。其中,通辽七中严慧男老师班借阅了数学竞赛方面的书籍,并在全盟中学生数学竞赛中获得二等奖。

　　根据新书库的布局及各方面的经验总结,在重新开馆时调整了外借部的结构,将科技辅导部的资料划归外借部管理,增设地方文献收集室,另外资料室自然科学图书、社会科学图书分层管理,在吸收多年教训的基础上变开架借阅为半开架借阅,并根据人员情况和管理的实际调整开馆时间。

　　4月,辅导部门进行一次科技书赶集,带上农业生产用书,赶赴木里图镇,在集市上进行图书展销,直接为农户服务。得知木里图镇在团结村召开水稻生产技术现场会,图书馆认为这是"以书找人"的好机会,带上《水稻生产技术问答》一书赶往现场,直接将书送到各村技术员手中,使他们既看到现场操作,又请来"老师",受到现场人员的一致称赞。农科站站长高兴地说:"你们配合了我们这次现场会,对水稻的开发和种植都非常有用,谢谢你们。"

　　5月,馆内举办为期一个月的美化生活书展,展出服装、裁剪、艺术、摄影、书法知识等图书270多册,参观的读者达2000多人次。

　　5月4日,图书馆少儿工作部举办"中学生学赖宁做党的好孩子读书演讲会",参加活动的中小学生有200余人,从中评出一、二、三等奖。活动受到各学校的好评。

　　5月10日,内蒙古自治区文化厅副厅长赵方志在通辽市委书记戴刚的陪同下,来图书馆视察工作,陪同视察工作的领导还有通辽市文化局局长刘向前、市委宣传部党委书记田淑芹等。

　　5月27日至6月2日,为了配合通辽市的形势教育及党建70周年、建市40周年的庆祝活动,扩大图书馆在社会上的影响,密切图书馆与读者之间的联系,图书馆开展服务宣传周活动。这次活动由于书库搬家,时间安排和人员安排都比较紧张,但图书馆仍然克服困难及时进行有关部署,共接待读者1500多人次,收到预期效果。主要活动有:科技业务咨询、中小学生"学赖宁做党的好孩子演讲会"、以党史和领袖人物传记为主题的专题书展、与二轻大厦员工举办"迎接建党70周年、建市40周年"联谊会、为农牧民送书上门、办理图书借阅卡200个、举办期刊和农业科技图书展销活动[①]。

　　6月10日,石家庄市徒步旅行全国的青年刘玉秋来到通辽,图书馆专门为他举办青年读者座谈会,通辽电视台、通辽报社做专题报道。

　　6月17日,文化部图书馆司的吕国平、内蒙古自治区文化厅社文处处长齐宝海等领导,在盟文化处处长赵九江、副处长布和德力格尔及副市长吕慧卿和市文化局领导陪同下,对通辽市图书馆申评"全国文明图书馆"进行检查验收。吕国平等领导一行先后视察图书馆的借阅部、采编部、对外开放

43

————
　　①　通辽市图书馆九一年服务宣传周活动小结[J].通图通讯,1991(4):3.

的窗口、图书馆服务部等部门,听取图书馆工作汇报,对图书馆在通辽市"两个文明"建设中取得的成绩给予充分肯定。图书馆顺利通过验收。

7月1日,经过一年多的准备工作,大林镇图书馆正式向社会开放。大林镇图书馆藏书近2万册,馆舍面积200平方米。市图书馆帮助加工图书1.6万册,编排两套目录,达到科学化、规范化的要求。图书馆管理制度、图书借阅制度等均健全。开放当天,发放读者登记卡200多张,办证20个,受到当地农牧民的热烈欢迎。大林镇图书馆牌匾由内蒙古自治区文化厅厅长李全垚题字。市领导及近2000名读者参加开馆庆典活动。为了使其进一步巩固和发展,市图书馆采取"发现问题及时辅导,有了问题随叫随到"的方法,使其业务素质不断提高,服务方法和手段不断更新。

图 1-13 大林镇图书馆

7月上半月,图书馆举办党史党建专题书展,共计展出图书200多种600多册,接待读者1000多人次。

7月20日,图书馆少儿工作部举办暑期大中专学生联谊会。参加联谊会的读者有从全国各地大中专院校暑假回通辽的学生30多人。

市政公路处在施工过程中进行技术改造,由于修路有季节性,不是流动施工,借阅资料很不方便,在施工中遇到了难题。得知这一情况,图书馆直接送书到施工工地,一次送去20多册生产施工用书,解决路面沥青油化工艺上的难题,填补自治区一项生产工艺的空白。东北、华北五省公路处情报会议专门参观学习市政公路处的先进工艺,陈新军的论文被评为优秀论文,获自治区级论文奖。

8月,通辽市图书馆科技辅导部组织开展专门的农村乡镇(苏木)图书馆(室)大调查,走访科技专业户10户、10个乡镇(苏木),为开展业务辅导及科技服务奠定基础。

木里图镇、团结村利用图书馆资料的指导,采取水稻旱育秧技术,水稻亩产达到 1100 斤。图书馆全年为乡镇苏木村嘎查及乡镇企业送书 4000 多册,骑车行程万余里,走村串户,下乡 1000 多人次。

9 月,通辽市图书馆科技辅导部分别对哲里木盟党校图书室、通辽市钢窗厂图书室、哲里木盟设计院图书室、通辽市职业中学图书室等进行了业务辅导,促进了各图书室业务的规范化。

10 月 1 日,图书馆增加补文项目,正式向社会开放台球厅。台球厅面积 120 平方米,台球案 6 个,安排职工及待业青年 2 名。

10 月,组织召开"通辽地区首届图书馆学术研讨会",会议非常成功,达到加强联系、增进友谊、共同促进的目的。会议共计宣读论文 13 篇,市图书馆有 2 篇论文在大会上宣读。另外,有 1 篇论文参加"华北五省论文研讨会",有 2 篇论文参加"中国图书馆学会举办的论文研讨会",5 篇论文参加"东四盟市图书馆学术研讨会"。

图 1-14 通辽地区首届图书馆学术研讨会参会人员合影

12 月 20 日,图书馆少儿部举办迎新春大中专学生联谊会,从全国各地回通辽的大中专学生 40 多人参加联谊会。

在人员少、经费紧的情况下,采编部全年购书 8000 册,全部进行分编加工,差错率在管理规定的 3% 以内。预定图书 4521 册,用款 32 000 元左右。

全年接待各方面读者 154 710 人次,流通图书 180 010 册次,办理借书证 600 个,借书证总量超过 3000 个。

全年对十几个单位的图书馆(室)进行辅导,帮助整理图书 2 万多册,下基层辅导 70 多人次,举办业务培训班 2 期。

## 1992 年

1992 年是改革步伐最快、形势变化最大的一年,尤其是在邓小平南巡讲话以后,"更新观念换脑筋"成为思想战线上的重要任务,兴办实体成为主要方向,所以有的乡镇出现"一手硬一手软"的现象,忽视了精神文明建设,给图书馆建立农村图书馆(室)带来一定的困难。馆内资源不足、资金有限,又给下基层服务带来不便,如何适应这些变化,成为图书馆需要解决的课题。

2 月 5 日至 7 日,图书馆面向市区周边地区图书管理员举办农村图书管理员培训班。参加此次培训的学员有 10 名,均为村级图书室管理人员。

3 月,余粮堡镇筹建余粮堡镇图书馆,通辽市文化局和馆领导非常重视,亲自到余粮堡镇研究建馆一事,帮助制订建设计划和方案。为了早日建成余粮堡镇图书馆,图书馆在资金困难的情况下,无偿献书 3500 册,书架 4 组,目录柜 1 个,全套加工图书用品,总价值达 4000 元,辅导部派一人利用一个多月时间进行全方面辅导。余粮堡镇图书馆于 1992 年 11 月 7 日建成,余粮堡镇党政领导对图书馆所奉献的人力、财力深受感动。

3 月 16 日,由通辽市图书馆牵头,哲里木盟图书馆、内蒙古民族师范学院图书馆、党校图书馆等馆长参加的关于成立通辽图书馆协作委员会的协调会议在市图书馆举办,参加协调会的还有市委宣传部副部长刘万凯和市文化局领导等。

4 月 1 日,图书馆发放读者阅读调查问卷 1000 份,回收 400 多份,广大读者为图书馆工作提出很多宝贵意见,对提高图书馆服务质量、图书馆建设起到促进作用。

上半年对个别乡镇开展送书上门服务,如余粮堡镇的太平乡、大罕乡、双堡乡等。在大林镇一村召开一次较成功的专业户读书报告会;在双堡乡举行科技村主任培训班,培训班上广泛宣传图书馆的作用及为生产服务的目的,向村主任们介绍十几种生产用书。

5 月参加在大罕乡举办的水稻育秧现场会,送出《水稻育秧新技术图解》和《水稻生产实用技术问答》等书。

5 月最后一个星期,图书馆举办图书馆服务宣传周活动。宣传周首日在大林镇图书馆举行大林镇图书馆服务宣传周开幕式,哲里木盟文化处张文琴、通辽市委宣传部副部长刘万凯、哲里木盟图书馆王蒙等领导参加开幕式,市文化局副局长王俊英致开幕词。大林镇图书馆是全国首家举办图书馆服务宣传周活动的乡镇图书馆。这次图书馆服务宣传周开展以下活动:一是发放宣传资料、图书馆指南、两户之友专题书目等共计 150 多份;二是农业科技服务成果图片展;三是当代中国专题书展;四是同通辽市教育局联合举办小学生故事大王演讲比赛;五是开展业务咨询,公开发放读者登记卡;六是农业科技图书展销;七是送农业科技图书上门;八是编印"二五普法"专题书目;九是召开纪念毛主席《在延安文艺座谈会上讲话》发表 50 周年座谈会。

书库几次被盗,6 月对半开架书库进行清点,共发现丢失人体摄影艺术和山水画选近百册。

9 月,辅导部积极参与哲里木盟公共图书馆图书分类竞赛,获得团体三等奖。

12 月 20 日,图书馆举办每年一度的大中专学生迎新春联谊会。

截至 1992 年,通辽市图书馆共有职工 29 名,其中馆员 4 名、助理馆员 11 名、管理员 9 名,职工中具有大中专以上文化程度的 11 名。设有采编部、外借部、阅览部、科技辅导部、办公室。对外服务部门有综合图书外借处、文学图书外借处、咨询室、综合阅览室、中学生阅览室、蒙文阅览室、少儿阅览室、老干部阅览室以及复印室、便民书店等。共有藏书 27 万多册,是当时哲里木盟内藏书最多的公共图书馆。多年来根据经济建设的需要,调整藏书结构,增加了科研、生产用书比例,还多方搜集地方文献,已基本形成自己的藏书体系①。

**1993 年**

3 月至 4 月,通辽市图书馆、哲里木盟博物馆、通辽市文化局、通辽市委宣传部联合举办"巨人毛泽东"大型展览。历时两个月,共计接待访客 5000 多人次。

5 月 12 日至 17 日,东四盟论文研讨会在海拉尔市举行。哲里木盟向会议提交 10 篇论文,其中通辽市图书馆入选的有:《公共图书馆的低谷与出路》《略谈民族地区图书馆以文补文和多业助文》《略谈旗县图书馆在经济建设中的地位和对策》和《图书馆的藏书特色》,其中有两篇被评为优秀②。

5 月最后一个星期,图书馆举办一年一度的图书馆服务宣传周活动。根据文化部的要求,在有条件的乡镇举办图书馆服务宣传周活动,5 月 28 日和 6 月 3 日,通辽市图书馆派出得力人员分别与余粮堡镇图书馆和大林镇图书馆联合举办宣传周活动,这是继 1992 年又一次在乡镇举办宣传周活动。

此次活动在余粮堡镇图书馆举行开幕仪式。活动期间在市内及余粮

---

① 《哲里木盟文化志》编纂委员会.哲里木盟文化志[M].通辽:《哲里木盟文化志》编纂委员会,1992:109.

② 我馆四篇论文参加东四盟论文研讨会[J].通图通讯,1993(1):4.

堡开展了以下活动:"美容、美发、服装、家具"书展;少儿书刊展览;公开办理借书证;书刊展销;发放读者指南和推荐书目;重点辅导基层图书馆(室);送书上门跟踪服务。这些服务和活动明显地密切图书馆与读者的关系;进一步提高图书馆的社会知名度,同时大大地增强图书馆全体职工主动服务、优质服务的意识。

与乡镇图书馆联办宣传周活动是个新事物,有着独到的服务和宣传特点,经过尝试,已经获得成功,既拓宽图书馆的服务领域,又提高乡镇图书馆的服务水平和业务素质。

9月,科技辅导部走访农林专业户、重点户,宣传科普知识,帮助农牧民解决生产中的难题。

10月20日,图书馆举办职工业务竞赛。竞赛项目包括图书馆基础知识、分类、编目。各取前三名给予奖励。

图1-15　馆内业务竞赛

11月18日,为纪念毛泽东100周年诞辰,哲里木盟委宣传部、哲里木盟文化处、哲里木盟博物馆、通辽市委宣传部、通辽市文化局、通辽市图书馆联合举办的图片展在哲里木盟博物馆开展[1]。

12月28日,图书馆举办1993年度读者座谈会,成人和中小学读者共计40多人参加会议。大家围绕图书馆建设和发展、图书馆服务等议题畅所欲言,提出建设性意见,对图书馆服务工作起到推动作用。

是年,图书馆为了加强管理,实施民主综合测评,使图书馆工作状态、馆风馆貌焕然一新。

---

① 通辽大事记[Z].通辽:中共通辽市委史志办公室,2004:183.

**1994 年**

根据新的形势需要、读者的需求,以及《内蒙古盟市旗县图书馆工作暂行规定》和图书馆评估的具体要求,图书馆对原有的内部机构进行调整,将原有的五部一室调整为七部一室:办公室、辅导部、采编部、外借部、阅览部、蒙文部、参考咨询部、服务部,同时对阅览部门的阅览室做了较为合理的调整,将原综合阅览室改为期刊阅览室,少儿、蒙文阅览室改为报刊阅览室,原中学生阅览室改为中小学生阅览室,设立档案室。内部机构的合理调整,实现了图书馆读者工作重心的转移。

3 月 8 日,通辽市文化局党委在图书馆举办系统妇女干部"三八"座谈会,系统党委书记王俊英、纪检副书记王淑民等 30 多名妇女干部参加会议。

4 月 1 日至 5 日,通辽市图书馆举办全市工会系统图书馆学基础知识培训班,共开设三门课程,分别是图书馆学基础知识(许斌主讲)、分类学(郭宏主讲)、文献编目(洪波主讲)。参加培训班的学员共 20 名,均来自通辽市各企事业单位的图书室。学习结束后,培训班组织考试并向学员颁发证书。

5 月 11 日,通辽市图书馆举办"盟级文明单位"授匾仪式。

5 月 18 日,通辽市图书馆第三产业"宏图家具大世界"举行开业庆典,通辽市副市长、市委宣传部部长李久春、通辽市文化局局长刘向前、副局长王俊英、市文化系统二级单位的领导均来祝贺。

5 月 23 日,在通辽市文化局党委组织的"五四"员工运动会上,通辽市图书馆获团体项目拔河第一名、男女混合 800 米接力赛第三名的好成绩。

5 月 26 日,哲里木盟各旗县公共图书馆馆长在哲里木盟图书馆馆长刘瑞的带领下来馆参观指导工作。

5 月 30 日至 6 月 5 日,图书馆举办图书馆服务宣传周活动,主要围绕为科技服务、送书下乡开展小型农业科技图书赶集活动,发放宣传资料100 份。参加活动 1500 多人次,并在大林镇和余粮堡镇开展了宣传周活动,直接服务于农民。此外还举办图书馆业务培训班,为开展基层图书馆(室)工作奠定基础。

业务辅导方面,重点辅导 10 个基层图书馆,如电业局、铁路分局、哲里木盟建筑设计院、通辽市职教中心等单位;举办全市城区图书馆业务培训班,培训全市基层图书馆(室)业务人员 20 多名,通过对全市图书馆进行调查摸底,印发了建立图书馆协作组织的统计表;开展成立图书馆协作组织的前期准备工作。

图1-16　1994年图书馆服务宣传周

咨询服务方面,加强了业务力量。参考咨询部编印了《信息摘编》12期600多份,专题书目2期100多份;咨询部咨询接待各方面读者170多人次,产生明显的社会效益,受到读者的欢迎。

7月7日,通辽市图书馆档案管理晋升为自治区二级标准档案室。

8月1日,盟文化处处长布和德力格尔、文化科科长刘兴亚、盟图书馆馆长刘瑞等一行五人来馆指导工作。

8月20日至24日,全国少数民族图书馆第四次工作会议在通辽市召开,中国民族图书馆馆长、中国图书馆学会少数民族地区图书馆研究组组长李久琦、中国民族图书馆宝音副馆长以及来自北京、宁夏、云南、西藏等12个省、自治区、直辖市图书馆的专家学者参加会议。哲里木盟党政领导杨青锋、达胡巴雅尔、王玉英、黄青山出席会议。杨青锋代表盟委、盟行署致欢迎词,并向参加会议的代表介绍哲里木盟的有关情况①。馆长许斌、副馆长薛增祥参加全国少数民族图书馆第四次工作会议。

代表们共商"加快民族地区图书馆事业建设,努力开创新局面"的大计,并研究与交流民族地区图书馆事业发展及民族文献开发与利用的经验。会议共收到论文30余篇。大会还研究筹备成立中国图书馆学会民族系统分会事宜,布置1996年在北京召开第62届国际图联(EFLA)会议的准备工作②。哲里木盟各媒体对会议做跟踪报道。

8月21日,会议代表来馆参观指导工作,并到大林镇图书馆参观学

---

①　通辽大事记[Z].通辽:中共通辽市委史志办公室,2004:195.

②　史桂玲.历届民族地区图书馆会议回顾[C]//吴贵飙.民族图书馆学研究:第九次全国民族地区图书馆学术研讨会论文集.沈阳:辽宁民族出版社,2006:560.

习,对大林镇图书馆的工作给予高度评价。

全年共接待各方面读者 8 万人次,流通图书 10 万多册次,与往年相比,图书流通与借阅呈现下降趋势,原因主要有:一是受社会环境的影响,读书热在不断降温;二是书价上涨幅度过大;三是购书经费不足,新书购置不足,造成读者大量退证,持证读者已经由 1993 年的 3000 多人下降至 1000 多人。

## 1995 年

全馆职工进一步解放思想,转变观念,秉持一切为读者,一切服务于读者的宗旨,摒弃传统的服务方式,由封闭、被动、静态、单一的服务方式转向开放、主动、动态、多样的服务方式。通过狠抓服务态度、服务质量与服务效率,并采取一系列措施,强化图书馆的凝聚力。

年初订购报纸 80 份、刊物 216 种。由于未进新书,半开架图书紧张,由大书库调整图书 4000 册,包括报告文学和中外名著,缓解半开架图书紧缺问题。先后两次增加半开架的图书类别,由原来单一的通俗小说半开架增加为报告文学、散文、诗歌、小说、中外名著等半开架,方便了读者,减少了拒借率。

采取送书到手、服务上门等多种手段,提高图书的利用率,远郊重点服务对象是大林镇图书馆和余粮堡图书馆,近郊服务项目是为工业生产服务。

为建立"通辽图书馆协会",辅导部调查走访十几家图书馆(室),对条件比较好的通辽市职教中心图书馆、通辽市第一毛纺织厂图书馆、通辽肉联厂图书馆、通辽一中图书馆、哲里木盟师范学院图书馆、哲里木盟电大图书馆、铁路文化宫图书馆、实验高中图书馆等图书馆(室)进行登记,初步定为会员馆。

同时,通过《通图通讯》这一阵地,广泛宣传成立协会的重大意见,在走访的同时,与各图书馆(室)主管单位的领导接触,进一步宣传在经济不景气的环境下,做好馆际协调工作的必要性,发挥群体优势,使其增强参加协会的信心。

6 月 8 日,通辽市图书馆召开"通辽图书馆协作委员会"预备会议,市委宣传部副部长刘万凯、哲里木盟图书馆及驻市大中专院校图书馆、企事业单位图书馆负责人约 20 人参加会议。会议达成共识,成立地区性协调组织是时代发展的需要,是通辽地区图书馆事业发展的需要,一致决定在本年度成立图书馆协作组织。

会议修改《通辽市图书馆协作委员会章程》,新增会员的权利和义务;确定会费的收缴标准;确定"学会成立暨学术研讨会"的日期;明确哲里木盟图书馆、内蒙古民族师范学院图书馆、哲里木盟畜牧学院图书馆、内蒙古蒙医学院图书馆四馆为顾问馆,通辽一中图书馆、哲里木盟广播电视大学图书馆、通辽市第一毛纺织厂图书馆、铁路文化宫图书馆、哲里木盟师范学院图书室为理事馆;提出协会主席、秘书长、名誉主席等候选人。

6月28日,通辽市图书馆党支部荣获市级先进党支部称号。

8月17日,薛增祥、牛永刚、苏艳秋、郭宏、薛丽红参加在通辽市举办的内蒙古自治区图书馆"主题词表"使用法培训班。

8月24日,内蒙古自治区图书馆学会专家常作然、兴安盟图书馆馆长陈秀清、哲里木盟图书馆馆长刘瑞来馆检查指导工作。

9月19日,馆长许斌参加在赤峰召开的内蒙古自治区东部图书馆工作会议。

10月20日,"通辽图书馆协作委员会"成立暨通辽地区第二次学术论文研讨会在通辽市图书馆举行。市政府副市长吕慧卿,市委宣传部副部长刘万凯,市文化局局长于兴华、书记刘向前出席会议,并分别担任协会的名誉理事长。驻市中区直及大专院校图书馆(室)负责人,各成员馆单位领导,奈曼旗、开鲁县、科尔沁左翼中旗等旗县馆馆长约100多人参加会议。会上通过协会章程。中国民族图书馆发来贺电。大会交流论文31篇,发言论文7篇,并发放证书。

图书馆协作委员会是在文化广播局指导下的图书馆协作、协调组织,旨在发挥图书馆的群体优势,开发文献资源,提高社会效益,促进图书馆事业的发展,逐步实现网络化,更有效地为地区的经济建设及各项事业服务。其主要任务有:第一,通过馆际互借等活动,逐步实现图书馆的资源共享;第二,组织驻市各图书馆之间的工作交流和学术研究活动;第三,促进图书馆专业人才培训工作①。

原通辽市图书馆馆刊《通图通讯》更名为《通辽图书馆》,并作为委员会会刊,从总第十六期开始正式采用铅字印刷。

11月20日,许斌、薛增祥带队参加全区第二届盟市级图书馆业务知识竞赛,这是通辽市图书馆第一次单独组队参赛,也是内蒙古自治区县级馆中唯一能单独组队参赛的图书馆。馆领导非常重视,组成由薛增祥为指导老师的参赛队,队员有牛永刚(编目)、郭宏(分类)、苏艳秋(候补队员)。郭宏获分类第三名,牛永刚获编目优胜奖。

全年接待读者79 160人次、流通图书89 791册次,读者活动12次,下乡生产服务197次,装订杂志409册,解答咨询405条。购入新书3000册,办借书证400个,蒙文部接待读者52人次,资料室接待读者297人次。业务辅导工作,本着以点带面,重点辅导和巡回辅导相结合的原

① 索娅.内蒙古图书馆事业100年[M].呼和浩特:内蒙古教育出版社,2010:90.

则,除了辅导大林镇图书馆和余粮堡镇图书馆,还重点辅导部分基层图书馆。

**1996 年**

5 月 31 日,哲里木盟图书馆、通辽市图书馆联合举办图书馆服务宣传周活动暨开幕式,参加仪式的领导有盟文化处李书记、文化科科长刘兴亚及市委宣传部等单位领导。

图 1-17　图书馆服务宣传周

7 月 12 日,中国民族图书馆宝音副馆长一行四人来馆检查指导工作。

7 月 19 日,陈新军参加内蒙古图书馆举办的论文研讨会。

7 月 23 日,刘士新、郭宏参加内蒙古图书馆举办的计算机自动化管理培训班。

8 月 26 日,第 62 届国际图联(IFLA)大会在北京国际会议中心隆重开幕,时任国务院总理李鹏、中国组委会主席罗干、执行主席刘忠德等出席开幕式。开幕式由中国组委会执行主席刘忠德主持,罗干宣布大会开幕,李鹏代表中国政府致辞。来自世界 91 个国家和地区的近 3000 名代表(其中注册的外国代表有 1570 名)齐聚一堂,研究并探讨国际图书馆界共同关心的问题,共商世界图书馆事业的发展大计。许斌馆长参加了这次大会。

9 月 10 日,为庆祝通辽市图书馆建馆四十周年①,《通辽日报》专版做

---

①　1996 年馆庆时建馆时间定为 1956 年 9 月 15 日,故到 1996 年为建馆 40 周年。今确定建馆时间为 1929 年。为保存历史资料,对当时馆庆活动的资料仍保持原样。下同。

宣传报道。

9月16日,通辽市图书馆举办"馆庆四十周年"座谈会,参加会议的领导有市政府副市长吕慧卿、市文化广播局局长于兴华、书记刘向前、市委宣传部副部长刘万凯、老干部刘喜蓉等,到会人员约40人。

9月,图书馆迎来建馆四十周年,《通辽图书馆》要以新的版式、丰富的内容展现在读者面前。为此,辅导部花了几个月时间做改版工作,如征集、修改论文、重新设计版式等。

12月,为庆祝通辽市图书馆建馆四十周年,图书馆与内蒙古自治区图书馆学会联合出版《内蒙古图书馆工作》(1996年合刊)。

根据年初的计划,在抓好原有服务点的情况下,重点抓河西镇为工农业生产服务工作,为他们送书400余册,经过一年努力取得较满意的成绩,特别是养殖、种植、塑料大棚等。余粮堡图书馆坚持送书到户、科技图书赶集,大林镇图书馆馆长坚持开馆,均为当地工农业生产发挥应有作用。为三家子、余粮堡、大林镇下乡送书3000多册,还专门为科左中旗送去图书500册。

业务辅导工作,由于经费不足,减少下乡和活动次数,所以除大林、余粮堡镇去了一两次,其他时间均在市内活动,重点服务对象有:哲里木盟党校、通辽市技工学校等。通辽图书馆协作委员会编印一期《通辽图书馆》刊物,在社会上有一定的影响,受到好评。

54

1996年,图书馆接待读者150 600人次,其中外借100 576人次、阅览50 024人次,图书流通共97 463册次,举办活动10次,下乡为生产服务180人次,装订杂志480册,解答咨询400条,采编3000册,办公室发放读者证360个,蒙文部接待读者40人次,资料室接待读者460人次。

## 1997年

根据年初的工作计划,该年重点辅导大林镇、余粮堡镇网点,在此基础上开展科技服务,重点抓角干乡多斯吐村的水稻育秧,河西镇的大棚蔬菜,太平乡的水稻增产、增效,清河乡马家村的大棚生产,大林镇一村、二村的养殖、种植业生产。

5月,"图书服务宣传周"期间,图书馆借鉴往年的活动经验,结合通辽市"双迎""双庆"和年度工作计划,本着注重实效的原则,具体开展以下几项工作:一是读者服务活动,走上街头发放宣传资料,办理借书证,方便读者;二是送科技图书下乡,开展科技图书赶集活动,宣传周期间下乡15次,送书400多册;三是迎接香港回归图书、图片展,共展出地方文献及有关香港图书500多册,香港风情图片50幅;四是召开"迎香港回归"座谈会。

8月27日至9月5日,馆长许斌参加在吉林省延边朝鲜族自治州召开的全国少数民族图书馆工作会议。这次会议由中国图书馆学会、中国民族图书馆主办,由吉林省图书馆和延边朝鲜族自治州图书馆协办。来自全国 11 个省、自治区、直辖市 15 个少数民族 80 余位代表出席会议。会议的主题是"迈向 21 世纪的民族图书馆发展战略问题"。大会共收到 30 余篇论文,并在会上进行了交流。与会代表讨论了少数民族地区图书馆发展的现状,如何进一步发展民族图书馆事业,以及图书馆如何为民族地区经济建设服务等热点问题①。

9 月 21 日,贾敏、王黎、郭宏参加哲里木盟图书馆举办的业务培训班。

10 月 27 日,通辽市市长高玉良、副市长吕慧卿、财政局局长李玉秋来馆现场办公,解决购书费 7 万元、购消防器材 1 万元、维修供热管道 1.5 万元,并决定以后每年的购书费增加 2 万元。

12 月 8 日,通辽市文化系统党委宣布图书馆班子组成名单:许斌任支部书记兼馆长,刘士新任副书记、副馆长,贾敏任副馆长。

是年,图书馆有 2 篇论文在省级以上刊物上发表,许斌和科尔沁左翼后旗图书馆包和平译著《千家诗译释》由东方出版社出版发行。有 6 名工作人员参加图书馆大专班,有 3 名工作人员参加全盟业务培训班。

虽然各项事业正常发展,但图书馆仍然存在不少问题,如:由于建馆时间较长,馆内设施陈旧简陋,房舍多年未能维修,急需维修和更换设备;购书经费严重短缺,全年事业费 3 万元(购书费),只能订购一部分期刊,实际上没有余款购置图书;由于多年未进新书,读者队伍由原来 3000 多名减少到 300 多名,只能维持开馆;第三产业收入只有 30% 左右作为补助事业费用于文化投入,实际上因为上缴各种费用(包括税收)达 60%,很难实现以文补文。

是年,图书馆接待读者 159 718 人次,图书流通 101 334 册次,读者活动 14 次,下乡服务 210 人次,装订杂志 520 册,解答咨询 420 条。

采购方面。购入新书 4000 册,分编 800 册(包括地方文献),办理借书证 500 个,完成全年业务统计。蒙文部接待读者 25 人次,资料室接待读者 300 人次。

## 1998 年

是年,图书馆对内部机制进行改革,结合内部管理规则,恢复业务工作的优良传统和工作作风,加强服务工作的力度。

采编部是由其他岗位人员组合到一起的。在没有前任采编部的人员

---

① 史桂玲.历届民族地区图书馆会议回顾[C]//吴贵飙.民族图书馆学研究:第九次全国民族地区图书馆学术研讨会论文集.辽宁民族出版社,2006:560.

的情况下,在年初的一个月内加工新书2498册,相当于1997年全年工作量的一半。

图书馆内外部环境是多年来的一大难题。是年,图书馆经过多方努力,使馆内外的环境大有改善,不仅维修和粉刷馆舍,还对室内进行精心的布置。首先,在门后设置"馆内平面图"和"读者到馆须知"专栏,在馆内明显的位置上增设"肃静""轻声慢步""再见""严禁吸烟"等文明警示牌;将"图书馆工作职业道德规范""部主任职责权限"重新订上墙,以规范工作人员的言行;增加开馆时间,由原来的半天开馆增加为全天开馆,双休日不休息。在工作管理上实行领导带班,馆内职工全员挂牌上岗服务,通过自身努力为读者创造一个舒适、安静、敞亮、文明、高雅的读书氛围和阅读环境。

3月上旬,辅导部进行全面优化重组,由原来的2人增加到3人。

是年,定点服务的对象有:大林镇、余粮堡镇(这两个乡镇依托基层馆,能比较有效地开展工作)、钱家店的查干花村、查干乡西查干村及下岗员工张亚春。具体服务内容有:养牛、养兔、淡水养鱼、温室大棚蔬菜、保护地栽培和葡萄栽培六项。

4月,图书馆进行内部机制改革,实行环节干部竞聘上岗,一般工作人员双向选择、自由上岗。首先裁减内部机构,裁减蒙文部和参考咨询部,保留办公室、辅导部、采编部、外借部、阅览部。其次,通过毛遂自荐、施政演说、民主测评等程序,聘任金淑子为办公室主任、陈新军为辅导部主任、郭宏为采编部主任、孟庆英为阅览部主任、王黎为外借部主任。最后,通过部主任和一般工作人员双向选择、自由竞岗,使全体职工聘任上岗,内部机制改革工作圆满结束,达到预期效果和目的。针对几位新上任的环节干部对工作较为陌生的情况,举办了一期如何当好部主任的讲座和座谈会,通过这一形式进行一次岗前培训,从而使环节干部在工作中能够摆正位置、明确职责。

5月26日,图书馆与市关心下一代委员会在图书馆联合举办"少年集邮与图书室"主题活动。在活动中,集邮协会邵主席、杨老师对参加活动的青少年组织集邮知识讲座,从而使青少年们更加了解集邮知识,增长对历史、对社会的了解,使广大青少年读者多读书、读好书,培养认识社会、掌握知识的能力。

自市、县合并以来,原通辽县图书馆的藏书一直被封锁在书库中,其中有一部分虽然没有入藏,但是有入藏价值,多年来由于各种原因,这些图书不断减少,采编部在新书加工完成的第二天就把工作重心转移到旧书的整理和清理工作上。5月下旬,热气袭人,采编部和副馆长贾敏花费半个月时间清理了一遍。在整理过程中,首先把搬家时搞得混乱不堪的图书重新整理归类,然后对清理整齐的书反复甄别,确定取舍,经过粗筛细选挑出有价值的图书近 2 万册,在全馆员工的帮助下搬了出来,得以重见读者。

5 月 29 日,图书馆在大林镇举行"图书馆服务宣传周"开幕仪式,市团委、市文化广播局和大林镇党委、政府的主要领导等 200 多人参加开幕式,大林镇党委书记韩国武、文化广播局局长王金分别在开幕式上讲话。宣传周期间展出科技图书 20 余种 300 多册、期刊 200 多册,发放馆内编辑的《农牧民致富之友》科技小报 450 多份,走访科技服务重点户 10 户,为他们送去科技生产用书,如《科学养牛》《温室大棚蔬菜病虫害诊断与防治技术》等 40 多册。

宣传周活动围绕"积极参与知识工程,做合格的社会主义建设者"这个主题,面向基层,深入乡镇、村屯,开展以跟踪服务向农牧民传递科技知识为主的多种形式的宣传工作。

改善报纸、过刊的入藏环境,一直是图书馆多年来议而未决的一大难题。该年把以往积压过刊全部装订加工,把核心期刊集中到外借部,其余过刊送到自习室。7 月,全馆职工用近半个月时间较好地完成清扫书库、报纸搬库、过刊上架的任务,随即又完成报纸目录、过刊目录的编目工作。阅览室薛丽红、檀桂芬两位职工按照音序和分类两种顺序编排目录,坚持每天登记上从不拖延,她们的负责精神常受到读者赞扬。虽然天气热,但职工不怕脏、不怕累,表现突出,王云霞、王咏梅、韩志华、杨丽洁在装订、打号、登记时争先恐后,薛丽红主动协助分类,在馆长、后勤部、采编部、辅导部的协助下圆满完成 4836 册过刊加工工作。

9 月,图书馆举办"青少年与图书馆"活动。华龙私立中学师生通过参观阅览室、采编部、外借部了解图书馆,从而更好地利用图书馆。这次活动被通辽市电视台、哲里木盟广播电台报道、宣传。

9 月 12 日,由贾敏带队,王黎、薛丽红、郭宏、牛永刚一行参加内蒙古图书馆在兴安盟举办的东部区图书馆业务培训班。

为了尽快提高图书馆工作人员的业务素质和政治素质,提高管理服务水平和工作技能,自 9 月下旬开始,图书馆组织全体职工开展系统化的业务理论学习、工作技能培训、专业技术人员的职业道德教育工作,制定了三年学习规划,实行全员业务培训,已完成《图书馆概论》《汉语拼音音序训练》《市图书馆分类细则》《编目细则》《著录细则》等课程的学习和培训工作,考试成绩存入个人业务档案,作为考核、晋升和职务聘任的依据。

实现计算机管理是所有公共图书馆的必由之路,顺应形势的发展,采编部职工在紧张的工作之余,挤出时间利用馆里仅有的一台电脑学习计算机操作,并到哲里木畜牧学院图书馆参观学习。10 月又在副馆长贾敏的带领下到长春市图书馆学习,对图书馆自动化管理有了进一步的感性认识,为今后全馆实现自动化管理做好了准备工作。

为了配合全市专业技术人员职工继续教育工作,提高专业技术人员的素质,了解高新技术,11月12日起,图书馆组织全体业务人员参加为期三周的现代高科技技术公共课学习。从而为业务技术人员的业务技术职务评聘工作奠定基础。

11月,辅导部继续深入大林镇、钱家店镇、余粮堡镇开展送书活动,为农业生产服务,深入专业户和重点户,走访反馈服务工作信息,掌握新的生产动态,共为专业户和重点户送去图书、图书馆自编的养牛、种植等专题科技小报7种36份。

为了配合全市纪念十一届三中全会召开20周年和开展"真理标准大讨论"20周年活动,图书馆党支部组织全体党员观看各种表演和参加座谈活动,王黎代表图书馆在全市召开的演讲会上演讲。

为了改变传统图书流通中存在的重"守"(守阵地)轻"出"(流通服务)、重城内轻乡镇、重小说轻科技的倾向,外借部在做好日常读者接待工作的同时,积极开展预约借书,代借代还、集体外借等服务项目。全年接待读者54 600人次,图书流通53 820册次,集中做大型活动5次,参加人数650多人次,1998年预约借书3000余册,代借代还、集体外借图书4000余册。外借部开展咨询服务工作,建立咨询档案、咨询登记册,全年解答咨询308条。

全年下乡112天、200多人次。送去的生产用书有《科学养牛问答》《医牛要书》《棚室蔬菜生产配套技术集锦》《保护地蔬菜病虫害防治》《淡水养鱼》《池塘养鱼新技术》《家兔饲养与兔病防治》《葡萄栽培技术图解》《葡萄栽培技术问答》等50多册,送去馆内自编《农牧民致富之友》12期80余份。辅导部的每个项目都建立较详细的服务档案,并用录像机留下永久的记录存档。

业务辅导仍然采取重点辅导与巡回辅导相结合的方式,以重点辅导为主,巡回辅导20多个单位的图书馆(室)。是年,辅导工作的重点放在哲里木盟党校图书馆、河西煤炭技校图书馆、河西邮局图书馆、通辽市职教中心图书馆。在辅导工作中,注重提高业务技能,在管理上强调基层管事的正规化、科学化和规范化,在读者工作上注重探讨服务工作的新方式、新方法。

### 1999 年

1月13日,撤销县级通辽市,成立科尔沁区,撤销哲里木盟,设立地级通辽市。原县级通辽市的行政区域为新设科尔沁区行政区域。图书馆从此更名为科尔沁区图书馆。

1月,图书馆组织业务竞赛,馆内的四个业务部门分别组队参赛。采编部、外借部、阅览部、辅导部分别获得了第一名、第二名、第三名和优胜的好成绩。

3月5日,外借部获通辽市"巾帼文明示范岗"光荣称号。

4月10日,根据部主任考核制度,对孟庆英、金淑子、陈新军、郭宏、王黎五名部主任进行年度考核,除孟庆英由于年龄原因未参加考核外,其余四名均顺利通过考核、测评。按照聘任程序,聘任杨丽洁为阅览部主任,任期一年。

5月25日,组织全体党员和入党积极分子利用周六、日休息时间清理上架报纸3000多册,为图书馆拆迁做准备。

5月28日,图书馆全面启动主题为"响应江泽民总书记的号召,大兴勤奋学习之风"的服务宣传周工作。通辽市文化局副局长王慧斌,科尔沁区委宣传部部长李英华,科尔沁区关工委副主席郝桂林参加开幕仪式。宣传周期间主要开展以下活动:①"青少年读书俱乐部"挂牌仪式,区内的公安系统、金融系统、工商系统、税务系统和教育系统的600多名读者和青少年朋友参加挂牌仪式。通辽市文化局副局长王慧斌、科尔沁区委副书记赵忠孝为青少年读书俱乐部揭牌。②与科尔沁区文化广播局、科尔沁团委联合举办以"爱我中华"为主题的读书演讲和专题书展,参观人数达2000多人次,同时选送三名演讲选手参加全市的"爱我中华"读书演讲。③组织"通辽图书馆协作委员会"成员馆走上街头或在各自的单位开展多形式、多内容、适合各自特点的宣传活动。通辽一中、哲里木盟师范学校、通辽市职教中心、铁路分局等图书馆,分别开展读书演讲书展等多种形式的活动。④举办"六一"少儿图书专题书展。十一中学、明仁小学、回民小学等300多人参观书展,并开展读书活动。⑤在科尔沁住宅小区举办"好书、新书"巡回书展,得到市关工委的大力支持,80多名离退休人员和青少年读者参加巡展活动。⑥在大林镇举办科技图书赶集活动,走访专业生产用户,送书36册。⑦发放各种宣传资料1000多份。⑧开展地方文献征集的宣传工作。

1999年,图书馆服务宣传周活动的一个显著特点:领导高度重视,参与单位多,参加活动的人数多,宣传面广,形式多样,城乡并进,宣传力度强,社会影响大,效果好。对整个宣传活动,通辽市报社、通辽市电视台、通辽市电台、通辽市晚报社都分别做了宣传和报道。继宣传周活动之后,市电视台还以《改革发展中的我市图书馆事业》为题对图书馆的发展做了系列报道,为人们进一步的认识图书馆,走进图书馆,利用图书馆,增强全社会对图书馆的认识起到积极的宣传作用,把1999年的图书馆服务宣传周活动推向高潮。

图 1-18　1999年图书馆服务宣传周

　　8月,为参加全市、全自治区公共图书馆的业务竞赛,图书馆派出5名员工赴乌兰浩特参加东部区《中国图书馆分类法(第四版)》培训班,并独立组队参加自治区的业务竞赛。

　　10月8日,图书馆拆迁工作正式开始,读者服务工作基本停止,科技服务及辅导工作正常开展。

　　10月21日,图书馆获国家文化部颁发"一级图书馆"牌匾。

　　全年接待读者10万人次,图书流通6万册次,图书馆党支部被评为科尔沁区先进党支部。

　　业务培训方面,已经完成《图书分类》《目录学概论》《图书馆目录》《汉语拼音音序训练》等多项业务学习和培训工作。通过考核,90%参加学习的职工达到优秀,业务理论水平和工作技能得到相应的提高,对提升服务水平起到良好的作用,为图书馆事业的发展增添活力。

　　业务辅导工作方面,重点进行通辽市职教中心图书馆、通辽一中图书馆及两个乡镇图书馆的业务辅导工作,注重基层馆室的科学化、规范化管理,重点进行哲里木盟艺术学校图书馆的扩建指导和业务辅导工作。工作人员深入工作第一线,为哲里木盟艺术学校建馆做了大量的工作,使之达到规范化的管理水平。

　　全年编辑、编印《信息纵横》12期,600多份。为各级领导在工作中决策参考起到积极的作用;加工整理所搜集的各类专题资料,编辑为二次信息文献《农牧民致富文摘》11期,发放300多份。

　　有效地开展通辽图书馆协作委员会工作,编辑出版会刊《通辽图书馆》一期,促进图书馆学术研究和工作经验的交流。

　　为生产服务方面,坚持重点服务的工作方针,有针对性地对大林镇、余粮堡镇、太平乡、钱家店镇查干花村、建国乡建国村、大兴村、查干乡西查干村等重点用户开展服务工作,工作人员每月坚持下乡不少于5

天,全年下乡累计80多天,180人次;送科技图书53册,送自编的《农牧民致富文摘》科技小报13个专题,350多份。为生产服务的内容(项目)主要包括:养牛、养鱼、养猪、葡萄栽培、温室蔬菜生产、保护地栽培等。送书上门服务,在不同程度上对广大生产用户的生产、生活起到积极的辅助和促进作用。

**2000 年**

是年,图书馆处于待回迁时期。除办公室和辅导部外,其他部门职工在家休息。

集中业务能力较强的人员指导大林镇图书馆搬迁,为通辽市党校、通辽市艺术学校、通辽一中、通辽市职教中心、东煤技校图书馆进行巡回辅导,对河西镇图书馆建馆进行辅导工作,有效地解决基层馆室在工作中存在的难题和一些业务问题。

集中开展钱家店镇查干花村的养牛、养鱼、温室大棚蔬菜生产,保护地栽培的跟踪服务工作,收到较好的效果。养牛专业户孙德林、张福泉等,温室蔬菜生产户常思富,养鱼专业户董四海等通过图书馆提供的资料进行生产都收到可观的收入。太平乡的养鹅、养兔等养殖专业户应用资料解决了孵化和饲养中诸多难题,提高鹅、兔成活率。建国乡建国村的李增元应用资料种植香瓜新品种——"大棚金瓜",通过科学种管,瓜成熟期短,瓜大味甜,投放市场供不应求,仅试种的二分地三个月收入就达2500多元。

信息服务工作方面,注重抓好"选、送、收"三个环节,精心收集和筛选信息,务求新鲜、准确、可靠、有较强的时效性和针对性,把编辑的信息资料迅速、及时、准确地传递到用户手中,为他们提供快捷的服务,及时反馈用户应用资料的情况,并进行再跟踪服务。编辑《农村致富文摘》小报12期,分为养殖、种植政策信息十几个专题,随时发放到农牧民手中,共发放400多份。另外,还编辑《致富信息快报》,将各地的致富信息、方法、项目不定期地传递给农民,保证了时效性和利用率。由于编辑的资料信息量大、内容丰富、实用性强,深受基层群众的欢迎,每期发放供不应求,重点户细心收藏,一些乡镇村屯的领导甚至打电话索要。全年共组织下乡服务130天、100多人次,同时还积极组织参与科技、卫生、文化下乡工作,举办各种形式的科技图书赶集、发放科技小报等活动,受到广大农牧民的好评。

3月,着手进行计算机培训工作,制订计划,编制班组,聘请老师。从基础抓起,全员培训,通过4个月的培训学习,在岗的职工基本掌握计算机应用的初级方法,为新馆舍建成后开展自动化管理工作奠定了良好的基础。

5月9日至20日,由副馆长刘士新带队,陈新军、李宪国、苏艳秋一行到北京、大连、泰安等地参观学习,主要考察新时期为工农业生产服务的情况。

8月20日,副馆长贾敏、外借部主任王黎参加内蒙古自治区图书馆举办的ILAS系统软件培训班。

在业务理论培训学习中,建立业务馆长负责制度,采取自学互学的方式系统地学习分类、编目。通过半年时间的自学,职工对基础理论有了较扎实的理解,又通过近3个月的互帮互学和实践使理论学习又有了新的提高。

10月,图书馆组成由贾敏、苏艳秋、牛永刚任辅导老师,郭宏、薛丽红、王黎为队员的业务竞赛学习小组,进行集中培训。

11月12日至14日,全区第三届公共图书馆业务竞赛在内蒙古图书馆举办。全区10个盟(市)、2个旗(县、区)图书馆共12支代表队参赛(阿拉善盟、呼伦贝尔盟、呼伦贝尔盟牙克石市图书馆因故未参加)。科尔沁区图书馆代表队成员有许斌、贾敏、郭宏、薛丽红、王黎。此次竞赛中,科尔沁区图书馆获团体总分第五名,个人单项赛中,薛丽红获文献编目第二名、王黎获计算机编目第三名、郭宏获优胜奖。

图1-19 全区第三届公共图书馆业务竞赛颁奖仪式

12月14日,在内蒙古图书馆多功能厅举行此次竞赛活动的颁奖仪式,内蒙古自治区人民政府副秘书长周廷芳、国家图书馆副书记张雅芳、内蒙古自治区文化厅副厅长刘兆和等领导出席仪式,并为获奖团体和个人颁发了奖杯和证书。内蒙古电视台、内蒙古经济电视台、内蒙古日报对此予以报道①。

年内编辑出版《通辽图书馆》,收集市内各旗县图书馆,驻市院校图书馆论文及各类文章25篇,促进学术交流和工作交流。

## 2001 年

2001年,图书馆处于待回迁时期,读者服务活动基本停止,部分人员放假在家,但根据特殊情况统一安排。

5月11日,图书馆参加三下乡活动,发放科技小报100份。

5月末,在敖力布皋乡举办科技图书赶集活动,走访专业户,为专业户送书50册,科技书展销300册,发放自编的科技小报500份,深受农牧民欢迎,起到很好的宣传作用。

10月17日至19日,为全面提高通辽市公共图书馆业务人员的工作水平和业务能力,促进业务建设标准化和规范化发展进程,由通辽市文化局主办,通辽市图书馆承办的全市公共图书馆第二届业务竞赛在通辽市图书馆举行,来自全市8个旗(县、区)和市直图书馆共9个代表队参加此次业务竞赛。科尔沁区图书馆由副馆长贾敏带队,王黎、薛丽红为队员。通过几轮的角逐,科尔沁区图书馆获团体总分第二名、个人单项赛中,王黎获文献编目第二名,薛丽红获文献分类第一名。

科技服务工作继续执行以重点服务为主,巡回辅导为辅的方针,继续巩固上年的服务对象。调整为农业生产工作的布局,集中人力、物力,实行重点服务和跟踪服务,定题、定户、定项目、定期走访,建立服务档案,加强主动上门服务,了解用户需求,及时送去有关资料,保证资料的完整齐全,无偿提供服务。主要做法是以乡镇图书馆为阵地,如大林镇图书馆、余粮堡图书馆、太平乡文化站等,开展辐射性服务。

全年共组织下乡服务150天、100多人次,同时还积极配合参与科技、卫生、文化的下乡工作,举办各种形式的科技图书赶集,一年共送科技图书500余册。

地方文献收编是科尔沁区图书馆近两年来的工作重点,由于拆迁等因素始终进展不大,2001年加大力度,派专门人员上门征集,分别到电视台、文联、晚报社、老干部局等单位,共征集地方文献1000余册,补充地方文献的入藏。同时指派专人,利用《内蒙古日报》《通辽日报》《通辽晚报》三种报纸编辑了2000年地方文献索引,为今后的地方文献收编工作打下基础。

业务员辅导方面,对通辽党校图书馆、通辽艺校图书馆、通辽一中图

① 白俊明,常作然.全区第三届公共图书馆业务竞赛述评[J].内蒙古图书馆工作,2001(1):66-67.

书馆进行巡回辅导,特别是8月份为迎接自治区精神文明现场会的召开,克服人员少、任务重的困难,为河西二号村图书室、建新村图书室、平安小区图书室、希望小区图书室、天王小区图书室等几个图书室进行重点辅导,按照图书馆工作的要求,指导其进行图书整理、收编和借阅工作,为基层图书馆解决一些业务问题。

### 2002 年

上半年,图书馆处于待回迁阶段。

年初进行机构重组,具体做法是将来原来的外借部和阅览部合并为借阅部,下设综合图书借阅处、社科图书全开架借阅处、民族地方文献资料室、报刊阅览室;撤销原来的蒙文部和参考咨询部;设立少儿工作部,下设自学一室、自学二室、少儿阅览室;保留原来的辅导部、采编部、办公室。参考咨询部工作和蒙文部的工作由借阅部和辅导部共同承担。

图书馆馆舍于1999年10月拆迁,由开发商重建。2002年6月6日,新馆舍竣工交付使用,图书馆开始回迁,全体职工正式上班。新馆舍是集商贸、住宅、图书馆、文化馆为一体的综合性大楼,地址坐落于通辽市明仁大街西115号,面积3200平方米,其中包括旧有的书库面积800平方米。

回迁后面临的局面是:刚建完的空房子、闲置三年的30万册图书,其工作量可想而知。两位副馆长亲自带领员工着手工作。四层书库,每层五人,先从清理库房入手,40多个书架,6个目录柜,近100个阅览桌,200个阅览椅,30套办公桌,从一楼搬到各楼层,40多个书架一个一个地擦干净,30万册图书一本一本地摆。很多工作人员年龄偏大,但也随大家一同干,没有一句怨言,手提、肩扛,楼上楼下往返。原计划从做新楼的卫生、书库清理到办公设备到位,需要30天,但实际上只用20多天。可以说刚开馆就打了一场漂亮的硬仗,广大职工在一起工作热情特别高涨,通过集体劳动增强团队意识。

搬迁结束后,由业务馆长亲自带队清理典藏、清理账目、清理多年来的业务遗留问题,注销旧书15 050册,清理理顺报纸合订本1万多册,期刊3000多册。

6月12日,图书馆召开全体职工大会,文化局领导班子参加大会。文化局局长王金宣布任命决定,任命王黎为副馆长。馆长许斌宣布任命金淑子为办公室主任,孙童妹为采编部主任,吴松岩为借阅部主任,洪波为少儿部主任,焦万贵为辅导部主任。

7月1日,为了满足中小学生暑假期间学习和阅读需求,自学室和报刊阅览室开始对外开放,平均日接待读者500人左右。

7月4日,许斌任支部书记兼馆长抓全面工作,刘士新任支部副书记兼副馆长主抓党务和办公室工作,王黎任业务副馆长抓业务工作。

8月8日,内蒙古图书馆馆长潘力、内蒙古自治区图书馆学会秘书长常作然、通辽市图书馆馆长张文琴来馆检查指导工作。

9月9日,内蒙古图书馆崔正平、巴日、刘志新三位主任来馆指导工作。

10月,图书馆重新开馆,藏书30万册(包括报刊合订本),年经费55万元,其中供热费6.8万元、公务费2.4万元、业务费6万元,其余为职工工资。正式职工有30人。馆内机构设置调整为采编部、借阅部、少儿工作部、综合办公室四个部室,向社会开放的服务窗口有:综合图书借书处、文学图书开架借阅室、报刊阅览室、中小学生阅览室、地方文献资料室、多媒体电子阅览室和视听室。

图 1-20　2002 年建立的电子阅览室

12月,图书馆开始馆藏数据库建设工作。有计划地培养计算机管理人才,共派出4人学习计算机软件;积极争取资金,争取计算机项目早日启动,年末开始建数据库。

12月22日,长春市图书馆赵皖哲来馆安装 ILAS 软件系统,图书馆开始实行计算机管理。图书馆自动化主要有以下几大目的:一是节省人力、物力,更精确、迅速;二是拓展人工操作所无法有效完成的工作;三是开发新的功能与服务;四是及时、快捷、准确地提供采购订单、新书通报、期刊通报、馆藏书刊财产账、催书单等各种统计表;五是大大减少图书馆管理用品的投入,通过自动化管理以后只需目录卡、借书证、条形码即可;六是加强监督管理①。

---

① 马永霞.结合内蒙古自治区图书馆现状谈图书馆自动化管理[J].内蒙古图书馆工作,2005(4):75.

辅导部年内完成五个农村专业户服务项目,分别是:钱家店蔬菜大棚温室 2 户,养奶牛 1 户,育肥牛 2 户,养兔、鸡、鹅 1 户,建国乡建国村种瓜、养小尾寒羊 1 户,养奶牛 2 户;业务辅导站有三个点,通辽艺校、河西初中、河西煤炭技校;另外年内辅导的社区图书室有:施介办事处、永清办事处、平安小区、希望小区、天王小区等社区的图书馆(室);编印《图书馆快报》6 期共 60 份,编印《农村致富信息》小报 4 期共 40 份,编印《农村致富文摘》4 期共 40 份,编印《工作信息》4 期。

这一年,新楼跑水、漏水现象时有发生,后勤工作人员都能及时处理,没有影响正常工作,但图书馆开馆仍然面临以下问题:资金不足,部分服务窗口无法开放,无法购进新设备,没有资金购进计算机软件,仍然使用目录卡片检索;人员结构老化,知识更新慢;新馆舍是集商贸、住宅、馆舍为一体的综合性建筑,而不是独栋建筑,通风、消防、照明、管道等设施均不符合图书馆馆舍要求,火灾隐患频出;图书馆享受国家有关经济政策得不到落实,以文补文项目缴税较多;图书馆工作人员的劳动保护得不到落实等。

## 2003 年

全年接待读者 15 万人次,借阅 10 万册次,组织活动 18 次,参加人员 1.2 万人次。借阅部延长开馆时间(主要是延长节假日和业余时间的开馆时间),每周开馆时间达 98 小时,节假日正常开馆,这一举措是针对 21 世纪创建学习型社会而出台的。

借鉴超市理念,首建通辽地区超市式社会科学图书全开架借阅处,并对自然科学库、期刊、报纸库实行全开放式借阅、查询。恢复预约借书、邮寄借阅、定题咨询等传统服务项目,极大方便读者借阅,提高了服务效率。

1 月 10 日,原由科尔沁区图书馆、通辽图书馆协作委员会主办的《通辽图书馆》更名为《情报信息资料》,并正式出版第一期(总第 22 期)。该刊为季刊,主要服务对象是各级党政领导、机关干部。办刊的目的除了为各级领导的决策提供信息服务外,还传递科尔沁区图书馆的发展动态。全年共编辑出版了四期《情报信息资料》。另外还编印四期《致富信息文摘》,并直接发放 2400 份到农牧民手中,农牧民反馈效果非常好。编印 6 期《图书馆工作动态》,20 份已报送上级主管部门;编印《农牧民致富之友》4 期,120 份发放到服务点及文化站。

3 月,成立内蒙古图书馆"作文三步法"学校通辽分校。3 月至 8 月共举办培训班 2 期,共培训学员 54 名。

开设"教你利用图书馆"长期实验课堂。组织学生参观、学习利用图书馆,有计划地培训学生读者群,从而推动"学习型社会"广泛形成。2003 年共培训学生读者 700 余人,办宣传版面 6 期。

4 月 22 日、24 日、25 日,图书馆的自学室和报刊室、地方文献室先后因防"非典"传播闭馆一个半月。

5月3日,科尔沁区政府从图书馆抽调5人去科尔沁街道办事处做"非典"预防工作,分别是洪波、任鸿顺、香花、李宪国和焦万贵。

5月28日,图书馆采编部正式启动民族地方文献数据库建设。全年征集地方文献1000余册。

6月,利用"非典"闭馆时间,图书馆成立清库、顺架小组,由吴松岩任组长、洪波任副组长。对多年来遗留下来的业务问题进行彻底清理并重新排架和顺架,为下一步建回溯性数据库做准备。

7月1日,图书馆党支部被科尔沁区文化广播局党委授予先进党支部称号,支部副书记刘士新被评为先进党务工作者,王黎、吴松岩被评为优秀党员。

7月3日至29日,馆内组织清理报刊库,对过报、过刊合订本重新顺架、上架,对下架报纸写出对外交流目录。

7月9日,科尔沁区委宣传部部长李英华、副部长沙力伟等领导来图书馆视察、调研,充分肯定图书馆全体职工的干劲和所做工作,并解决职工的劳动保护工作服问题。

7月25日,科尔沁区文联主席、《英雄刘宝双》一书作者李丽受邀做题为"学习英雄刘宝双·塑造美丽心灵"报告会,明仁小学师生及广大读者约200人参加报告会。

7月,对10个社区图书馆情况进行调查研究写出《关于科尔沁区部分社区图馆(室)现状调查和思考》。下半年对科尔沁区乡镇(苏木)图书馆(室)现状进行实地调查,通过走访调查,对图书室情况进行分类,写出调查报告,为科尔沁区图书馆建设提供第一手材料。并重点为3个(天王小区、平安小区、希望小区)社区图书室提供指导,定期提供过报过刊。

8月10日,图书馆少儿部召开"作文三步法"培训班学员及家长座谈会,25名学员及家长参加了会议。

8月11日,图书馆在施介办事处平安西区创建一所分馆,受到科尔沁区居民欢迎。

9月9日,王黎去科尔沁区党校参加为期2个月的由科尔沁区委组织部举办的第四期青年干部培训班。

9月,以辅导部为主力在平安西区筹建科尔沁区图书馆分馆,积极为社区居民提供全方位服务。

结合科尔沁区养牛畜牧业的经济决策,通过送书上门、编制二次科技文献、网上信息传送等方式对钱家店的张富、查干花村的董四海、建国乡的张月红等五户重点科技大户进行跟踪服务、课题咨询。他们撰写的科技致富的感想——《科技图书是我不走的老师》《我的心头病是这样好的》,发表在馆刊《情报信息资料》上。此外图书馆提供给建国乡建国村两户的豆角王栽种技术资料,也都反馈良好。

11 月 24 日,图书馆抽调人员集中建设回溯数据库。集中建库工作小组成员包括孙童妹、王艳萍、李雪飞、薛丽红、吴松岩、韩志华、任鸿顺和牛永刚 8 人,由副馆长王黎担任组长,采取歇人不停机流水作业方式建库。

12 月 1 日,经多方努力,多媒体电子阅览室正式向社会开放。在电子阅览室的安装过程中,职工动手布电线、安装稳压电源等节约资金 2000 多元。电子阅览室肩负着图书馆的文献检索工作。多媒体电子阅览室设计算机 42 台,可登录互联网和馆内网上图书馆。

12 月 31 日,图书馆全体职工召开迎春联谊会。

## 2004 年

1 月 16 日,图书馆科技服务部到西六方镇举办科技赶集活动,发放《农村致富文摘》400 份。

2 月 23 日,图书馆少儿部与北京四中网校通辽分校共同举办"英语学法指导讲座",到场读者 87 人。

3 月 19 日,图书馆邀请长春图书馆赵皖哲老师来馆指导采编部计算机业务工作。

3 月 28 日,通辽市文化局长张志强陪同内蒙古文化厅助理来馆检查指导工作。一同来馆检查指导工作的还有科尔沁区文化广播局长王金、副局长高艳红、副局长包文忠等。

3 月 20 日至 4 月 6 日,采编部用时 18 天完成 7800 册过刊的数据套录任务,并将其入库排架。为迎接内蒙古图书馆评估小组检查验收,规范、修改中央书目数据库 3 万余条记录中的有关字段。书目数据库质量得到专家的认可和好评。

4 月 22 日,少儿部与科尔沁区实验小学举办"读书使我成长为祖国栋梁"联谊会,参加活动的有 150 多名师生。

5 月 13 日,少儿部开设中小学生免费阅读课堂,到场读者 70 人。

6 月 1 日,市文化局领导一行来馆进行评估工作。

6 月 26 日,内蒙古自治区图书馆评估团贾凡馆长一行四人在市文化局刘兴亚科长陪同下对本馆业务及各项工作进行全面评估,评估打分 954 分,高居自治区各图书馆榜首,获得国家一级图书馆荣誉称号。

8 月 7 日,科尔沁区图书馆与北京四中网校通辽分校联合举办"网校助你成才"系列讲座,到场读者 120 人。讲座分为三部分:首先由北京四中网校通辽分校学生,2004 年高考理科状元汤洋讲述利用远程教育的心得体会。其次由北京四中网校老师向同学们讲解在计算机普及程度偏低的通辽市,如何利用图书馆的电子阅览室上网学习,如何进行实时和非实时交互学习等。再次是在电子阅览室向同学们演示丰富的网上资源。

8月10日,馆长许斌同科尔沁区文化局副局长包文忠赴开鲁县图书馆,学习考察关于文化资源共享工程的经验。

8月18日,洪波辞去少儿部主任职务,王艳萍接任少儿部主任一职,并正式办理交接手续。

9月19日,王黎副馆长带队,组织薛丽红、牛永刚、姚慧艳、孙童妹到通辽市图书馆参加内蒙古自治区东部区图书馆业务培训班。

9月23日,内蒙古自治区图书馆研究馆员、内蒙古自治区图书馆学会秘书长常作然来馆指导工作。

10月23日,图书馆正式安装接通文化部开发的全国文化信息资源共享工程系统。在馆内建立视听室,图书馆各项业务工作开始向现代化过渡。

12月31日,图书馆全体职工岁末联欢,科尔沁区文化广播局领导班子参加联欢会。

截至2004年底,建成地方文献书目数据库(保存数据1511条)、过刊书目数据库(保存数据7800条)、回溯书目数据库(保存数据36 000条),编制完成《科尔沁区图书馆机读分类编目细则》(2003年版)。根据图书馆理论发展,科尔沁区图书馆逐步对所执行细则进行修改、完善。

2004年,图书馆抓住网络信息的劣势,根据图书馆及用户需求,下载网络信息资源,并采集馆藏信息资源,进行有序整理和深度加工,编辑出版《地方信息报纸题名索引(2003年)》、《情报信息资料》4期、《图书馆ABC》等二次文献,增加文献利用的易用性和实效性。

2004年,通过系列量化的调控,借阅部发展读者60人,建立业务咨询档案300余条,借阅图书3000余册次,获取文件时间控制在2至4分钟,推荐新书200余册,延长开馆时间至每周77小时。

2004年,征集地方文献800余册,完成2004年度地方信息报纸题名所有的分编工作,课题咨询服务23条。辅导部年接待读者1万人次,建立读者业务咨询档案300条,借阅报刊4万册次。

虽然图书馆各项事业稳步发展,但仍存在一些问题:一是购书经费严重不足,按照图书馆相关条例的规定和一级图书馆的标准,购书经费不低于20万元,报刊订购费不低于5万元,而当时图书馆的两项经费只有6万元,只能订购部分到报纸和搜集一点地方文献。二是业务工作虽然实现计算机管理,提高工作效率,但计算机的耗材费用也相应提高,而经费没有增加,故给工作带来一定的困难。

## 2005年

1月,图书馆编制的二次文献《地方报纸信息题名索引》由吉林音像出版社正式出版。本索引从2000年开始编辑,此后一年一册,作为连续性出版物出版。

3月,图书馆成立综合办公室,办公室与辅导部合署办公。

4月10日,图书馆与通辽市书画研究会、科尔沁区老年大学、通辽市环哲书社联合举办十姐妹书画展暨开幕式。十姐妹包括科尔沁区图书馆的刘喜蓉同志和孟庆英同志。

4月21日,科尔沁区文化广播局新到任的局长于海明、副书记姜慧在副局长包文忠、高艳红陪同下来馆检查工作。

6月,为鼓励职工从事业务理论研究的积极性,作为献礼2006年建馆50周年华诞,图书馆编辑职工论文集《图书馆工作实践》,由吉林音像出版社正式出版,开创县级图书馆出版论文集的先河。

6月20日,馆长许斌赴海拉尔参加全区第五届内蒙古自治区图书馆学会换届选举会议,并当选为学会理事①。此次会议共有50多名代表参加,大会选举出新一届理事会和学会领导机构。

6月28日,内蒙古图书馆学会秘书长常作然、弍莫勒老师在市文化处文化科长赵雅鑫、市图书馆长张文琴、副馆长王蒙的陪同下来科尔沁区图书馆考察指导工作。

7月1日,图书馆被科尔沁区文化广播局党委评为先进党支部,吴松岩、金淑子当选为优秀党员。

7月20日,召开全馆先进性教育动员大会。

9月14日至15日,召开党员生活会。

9月16日,召开支委生活会,科尔沁区文化局局长于海明、副书记姜慧及9名党员、2名群众参加会议。

9月23日至24日,对编目人员进行系列培训,开篇由副馆长王黎主讲"中文图书机读目录格式"。

11月,内蒙古自治区图书馆学会举办东部区业务培训班,由常务理事常作然教授主讲"分类主题词表法"。通过参观学习,提高采编部分类工作人员的专业素养和职业技能,拓展知识面,完善知识结构。

馆藏的数字化建设方面,由于采取歇人不停机的流水作业办法,计量不计时的工作方法,加速进行数字化建设,取得较好效果,已完成过刊题名数据库、地方文献书目数据库、10万余册普通图书书目数据库的建库任务。副馆长王黎组织上机人员学习ILAS编目格式,对在审校中发现的问题展开讨论,规范编目格式,采编部上机人员也经常研究ILAS著录中存在的问题,发现问题及时改正,并做好记录工作,为今后完善著录细则做准备。

① 内蒙古图书馆学会.内蒙古图书馆学会关于调整部分理事和副秘书长的决定[J].内蒙古图书馆工作,2005(1):78.

12月31日,图书馆召开全体职工迎新联欢会。

是年,完成接待读者10万人次,借阅12万册次,开展活动4次,征集地方文献800余册,完成73 140册普通图书书目数据库的建库工作。

是年,为建设新时期学习型社会,图书馆开设一项新型服务项目,即成人学习阅读服务。为了让来馆学习阅读的成年读者取得更好的学习效果,图书馆在资金不足的情况下,开辟两个成人学习室,对其进行必要的装饰,改制阅览桌椅,美化环境,并制定适合成人阅读的管理办法,延长开馆时间,每周开馆时间长达77小时,强化阅读纪律,做到室内无声,走廊轻步;服务人文化,免费提供200多种书刊、热水、老花镜、纸笔等。

## 2006年

3月20日至24日,馆长许斌参加通辽市第二届政治协商全体会议。

4月25日,内蒙古自治区社文处处长白俊明来馆检查指导工作。

4月26日,科尔沁区副区长李英华来馆调研,陪同调研的有科尔沁区文化广播局局长于海明、副局长高艳红、副局长包文忠等。

5月12日,图书馆组织王黎、孙童妹、王艳萍、薛丽红、李莉、王丽燕6名业务骨干参加内蒙古自治区图书馆学会举办的东部区图书馆业务培训班。此次培训班主讲《中国文献编目规则(第二版)》,对图书馆的现代化建设及业务规范化服务具有指导性作用。主讲老师为内蒙古自治区图书馆学会常务理事、资深专家常作然教授。通过一周的学习,6名业务骨干圆满完成学习任务,得到常作然老师及图书馆同人的高度好评。

5月23日至29日,包亚东参加内蒙古图书馆举办的资源共享培训班。

6月15日至26日,图书馆组织职工到北京、承德消夏旅游。

6月30日,内蒙古自治区先进文化县检查验收组在科尔沁区副区长李英华、副区长刘亚陪同下来图书馆检查验收工作。

7月1日,图书馆党支部被科尔沁区文化广播局系统党委评为先进党支部,副馆长刘士新当选科尔沁区文化广播局系统党委优秀党务工作者,吴松岩被选为科尔沁区文化广播局系统党委优秀党员。

7月4日,图书馆新设立的成人阅览学习室正式向读者开放。

7月11日,李莉代表文化广播系统参加科尔沁区"文明礼仪"知识竞赛。

7月20日,文化部为图书馆安装全国文化信息资源共享工程基层应用系统,为科尔沁区图书馆事业再创佳绩打下坚实的基础。

8月21日至25日,图书馆邀请长春市图书馆软件专家赵皖哲来馆讲课,并带来"人名规范库"的拷贝软件。

10月26日至30日,副馆长王黎当选通辽市党代表并出席通辽市第三次党代表大会。

11 月 27 日,科尔沁区图书馆 19 万册的回溯书目数据库建设完成,创造自治区乃至全国县级图书馆数据库建设的奇迹,并举行庆祝仪式。参加数据库建库的人员有:王黎、吴松岩、孙童妹、牛永刚、韩志华、薛丽红、李莉、王丽燕、任鸿顺、李雪飞、姚慧艳。

12 月 9 日,少儿工作部举办"读者联谊会",工作人员与读者欢聚一堂喜迎 2007 年。

12 月 10 日,科尔沁区图书馆被内蒙古自治区文化厅评为"十佳图书馆"。

12 月 22 日,馆长许斌赴北京参加国家图书馆基层图书馆授书卡仪式,并做大会致辞。

12 月 31 日,全馆职工岁末联欢,科尔沁区文化广播局局长于海明、副书记姜慧、副局长高艳红、副局长包文忠、副局长孙忠权、科尔沁区总工会主席周宏伟、科尔沁区文化局党办主任张永才等领导参加迎新。

2006 年,图书馆在运营中存在的问题有:购书经费严重不足;电子阅览室向社会开放服务已经四面楚歌,由于经营方式不同于社会上的网吧,开放时间短,收费标准也较低,收取的服务费甚至不能应对水电费、网络费及耗材的支出,经费不足制约着图书馆现代化服务进程。

## 2007 年

1 月 15 日,2002 年度《地方报纸信息题名索引》由吉林音像出版社正式出版。

4 月 18 日,为创建学习型社会,满足城乡居民继续教育的需求,科尔沁区图书馆综合利用有限的馆舍面积,新开发一个读者阅览室,拥有 70 个座位,向社会开放,取得很好的社会效益。

4 月 23 日,为纪念"4·23"世界读书日,科尔沁区图书馆特举办读者免费阅读活动,并总结五年来所坚持的对中小学生开放的免费阅读课堂活动的得与失,继续扩展、延伸服务项目和服务范围。

6 月 1 日,杨丽洁正式办理退休手续。

6 月 7 日,程增山、潘秀英、陈晓霞从剧团调入图书馆工作。

6 月 10 日,图书馆组织在岗职工去北京、山东两地考察。

9 月 10 日,副馆长王黎获科尔沁区"突出贡献中青年专业技术人员"。

9 月 10 日,在 2007 年秋召开的全自治区图书馆界学术研讨会中,王黎、姚慧艳两人的论文获得个人论文三等奖。

9 月 20 日,馆长许斌参加全自治区图书馆界学术研讨会及馆长联席会。

10 月 1 日,关丽萍调入图书馆工作。

10 月 28 日,张晓东调入图书馆工作。

　　11 月 25 日,刘士新当选科尔沁区政协委员并参加科尔沁区政协十二届一次会议。

　　12 月 20 日,图书馆完成 2006 年度《地方报纸信息题名索引》的分编工作。

　　12 月 25 日,《科尔沁区图书馆机读分类编目细则》出版。

　　12 月 29 日,全馆职工岁末联欢,科尔沁区文化广播局长于海明、副书记姜慧、副局长高艳红、副局长包文忠、副局长孙忠权及科尔沁区工会主席周宏伟等领导参加了联欢会。

## 2008 年

　　1 月,在 2007 年度考核中,王黎、刘士新、李莉、韩志华被评为优秀。

　　4 月 10 日,副馆长王黎当选通辽市劳动模范。

　　4 月 20 日,图书馆与北京四中网校通辽分校联合主办的现代家庭教育大讲堂之"中学生学习及青少年德育教育报告会"大型公益讲座活动在东方红影剧院成功举办。本次讲座邀请北京科协教育专家委员会基础教研部教学总监、著名家庭教育专家、升学考试复习对应策略专家及心理调节专家肖宇赫进行全方位指导,参加活动的学生及家长达 3000 多人。

　　4 月 23 日,为纪念"4·23"世界读书日,图书馆举办走进图书馆免费阅读、免费上网活动。活动的主题是"快乐阅读,文明上网"。

　　5 月,图书馆利用"文化信息资源共享工程"为中考学生和高考学生免费播放"中考全程训练名师辅导""高考全程训练名师辅导"系列讲座。

　　5 月 20 日,图书馆举办以"爱读书　爱眼睛　爱光明"为主题的保护眼睛知识讲座。

图 1-21　"爱读书爱眼睛爱光明"主题知识讲座

6月,历时2年,花费19万元的计算机化建设正式完工,馆藏图书建立数据库、借阅、编目、管理均已实现计算机化,科尔沁区图书馆成为全区首家实现计算机化管理的旗县级图书馆。30万册图书的扉页都印有条形码。曾经使用手工目录,借阅过程分为找书和办理借书手续两个步骤,耗时5分钟,使用计算机管理后,只需要1分钟,节省读者的等候时间,也减少馆员的工作量。

8月20日,馆长许斌获通辽市"突出贡献中青年专业技术人员"荣誉称号。

9月7日,馆长许斌参加内蒙古自治区(东部)图书馆学术研讨会。

9月17日,副馆长王黎的论文《新时期图书馆信息服务工作探讨》在内蒙古自治区(东部)图书馆学术研讨会征文活动中荣获三等奖。

10月1日,图书馆开始强化岗位管理,考勤实行指纹签到制。

12月30日,全馆职工岁末联欢,科尔沁区文化广播局长于海明,副书记姜慧,副局长包文忠、孙忠权及科尔沁区总工会主席周宏伟,科尔沁区文化局党办主任张永才、文化科长王立杰等领导参加联欢会。

## 2009 年

1月,在图书馆2008年度考核中,王黎、刘士新、李莉、韩志华被评为优秀。

3月初,刘士新参加科尔沁区政协会议。

3月11日,馆内开展业务学习,学习内容为《中文图书机读目录格式使用手册》,由副馆长王黎授课。

3月20日,图书馆为余粮堡图书馆送书2000册。

4月21日,为了迎接第15个"世界读书日",科尔沁区图书馆将200余册儿童读物分别送到明仁小学和南门小学。

4月23日,世界读书日当天,科尔沁区图书馆以"书香科尔沁,快乐在阅读"为主题,组织近百名读者参观图书馆,了解科尔沁图书馆藏,进而更好地利用馆藏。参观活动由专业导读员导览,对图书馆的借阅区、阅览区及网络区进行系统参观。导读员向读者系统介绍图书馆的馆藏数量、藏书结构、借书、阅览的一些相关规则、职能以及网络系统的检索、课题咨询范畴等,真正将图书馆的金钥匙交给了读者。

5月25日,图书馆为明仁小学送去图书500余册,分别在五年三班、五年四班建立图书流动角。

5月29日,图书馆继续扩大图书流动点的辐射面,在科尔沁区实验小学五年一班、五年二班建立图书流动角。所送图书均为适合孩子们阅读的各类书籍。

6月1日,少儿工作部举办迎"六一"少儿书画展,书画展共展出作品82幅。

6月5日,在"爱眼日"来临之际,科尔沁区图书馆在通辽四中举办主题为"科学读书珍爱光明"爱眼知识讲座,意在提高学生的护眼意识。讲座聘请科尔沁区第一人民医院姚震雨大夫主讲。姚震雨从简易护眼、仪器护眼、内服保养护眼、日常起居护眼四部分为学生讲解在读书时应该注意的护眼知识。参加此次讲座读者96人。各班主任纷纷与图书馆工作人员确定本班的各类科普讲座日程。

7月,科尔沁区图书馆网站建成。

7月12日,图书馆为清河图书馆送书2000册。

8月7日,内蒙古自治区文化厅社会文化处副处长白俊明在通辽市文化局纪检组长王秀华、科长赵雅鑫,科尔沁区文化广播局长于海明、副局长包文忠的陪同下来科尔沁区图书馆视察指导工作。

8月9日,长春市图书馆软件专家赵皖哲来馆解决数据库建设中的问题。

8月25日,通辽市文化局委托通辽市图书馆来科尔沁区图书馆进行业务评估,初评人员有王蒙、高丽萍、王彩凤、梁大光。科尔沁区文化广播局长于海明出席评估会。

9月20日,全馆职工分四批参加科尔沁区公共课继续教育。

9月26日,在国庆来临之际,图书馆举办"迎国庆新中国建设成就图片展"。图片展出自1949年以来中国的发展历程,尤其是改革开放30年来中国所取得的重大成就。

10月16日,图书馆为明珠社区图书室送书600册。

10月17日至11月8日,副馆长王黎被抽调到内蒙古自治区文化厅参加第四次全国县级以上公共图书馆评估定级工作。

10月19日至23日,全馆业务人员参加通辽市举办的专业课继续教育。

10月24日,全国开展第四次县级以上公共图书馆评估定级工作,内蒙古自治区评估组来馆抽查评估,东部评估组成员有王斌、崔正平、李晓东、乌兰齐力格。本次评估科尔沁区图书馆继续申报国家县市级一级图书馆,自评分数为962分。

11月10日,内蒙古自治区文化厅下拨共享工程设备陆续到馆。

11月30日,图书馆由报账式管理改为自设现金、会计式管理,开始正式运作,施行网上报账与计算机记账。

12月20日,乌兰浩特市文化局一行来馆参观。

12月23日,科尔沁区文化广播局受科尔沁区委组织部委托来馆进行考核。

12月30日,全馆职工岁末联欢,科尔沁区文化广播局长于海明,副书记姜慧,副局长包文忠、孙忠权、周玉芝及科尔沁区工会主席周宏伟,科尔沁区文化局党办主任张永才等领导参加联欢会。

**2010 年**

　　1 月,在图书馆 2009 年度考核中,王黎、刘士新、李莉、潘秀英被评为优秀。

　　1 月中旬,刘士新参加科尔沁区政治协商会议。

　　3 月 5 日,李莉参加科尔沁区妇联主办的表彰大会。

　　4 月 10 日至 14 日,科尔沁区图书馆承办内蒙古自治区 2010 年度全区第一期文化信息资源共享工程县级支中心(东部)技术人员培训班,内蒙古文化厅社会文化处副处长白俊明、市文化局副局长苏日塔拉图、科尔沁区人大常委会副主任王立波及科尔沁区文化局长于海明出席开幕式。培训历时 4 天,授课老师来自北京及自治区的专家,参加此次培训的人员均为内蒙古东部各盟市的旗县级图书馆工作人员,共计 103 人。

　　图 1-22　科尔沁区图书馆承办内蒙古自治区 2010 年度全区第一期
文化信息资源共享工程县级支中心(东部)技术人员培训班全体合影

　　4 月 22 日,为了响应"全民阅读"活动和支持文化信息资源共享工程的建设,图书馆利用全国文化共享工程资源为多年来支持图书馆工作的老年读者举办"健康知识"讲座。讲座内容有如何延缓衰老、血压与健康以及疾病诊断的金标准。参加讲座读者 50 余人。

　　4 月 23 日,图书馆与南门小学联合举办以"保障阅读权利,享受阅读快乐——读精品、诵精典、取精华,在书的海洋里徜徉"为主题的诗歌朗诵会,共有 120 余人参加。会后,南门小学副校长李傲雪讲道:"阅读对于小学生的成长有着至关重要的意义,希望老师和同学们一起徜徉于书的海洋,体验阅读的乐趣。"副馆长王黎介绍图书馆的服务项目,重点推介网络资源共享工程。图书馆还组织同学们参观书库。

　　5 月 26 日,在全馆实行环节干部轮岗制,恢复科技辅导部。吴松岩任辅导部主任,李莉任办公室主任,王艳萍任采编部主任,孙童妹任借阅部主任,李雪飞任少儿部主任。

5月28日,少儿部组织考生观看"高考注意事项及考前心理调节"公益讲座。活动充分利用文化共享资源平台,选用北京四中网校家庭教育专家肖宇赫主讲的考生高考注意事项及考前心理调节的视频讲座,为广大考生与家长介绍新形势下的高考政策与信息,理清填报思路,解读填报误区,调整考生心理状态,培养良好的考前心理素质,帮助广大考生将心态调整到最佳临考状态。共有30人左右参加此次活动,活动得到学生及学生家长的普遍好评。

5月29日,本着"充分发挥公益性电子阅览室作用,积极推进学习型社会建设"的原则举办青少年网络知识讲座。此次活动由科尔沁区图书馆网络部辅导员任会成老师主讲。活动向青少年和家长提出"远离不良网络文化,文明科学健康上网"的倡议,倡导、鼓励青少年养成健康文明的上网习惯,远离不良网页,提高青少年对不良网站的辨别能力。同时引导青少年用理智来控制自己的情绪,规范自己的行为,做到"防患于未然",形成全社会齐抓共管的工作格局。本次活动共有30人参加,得到了广大学生及学生家长的广泛关注和认可。

6月初,科尔沁区图书馆开展电影马拉松巡演活动。

6月10日至20日,科尔沁区图书馆与蒙古族小学联合举办"美丽童心"版画展。

7月2日至8日,由副馆长刘士新、副馆长王黎带队,图书馆组织中层干部到辽宁省图书馆、吉林省图书馆、黑龙江省图书馆参观学习。

8月13日,图书馆开始对科尔沁区隶属的十个乡镇115个村的农家书屋管理员进行培训,主要以集中讲课和个别辅导形式进行。

8月18日,内蒙古财政厅稽查处长在市政府及科尔沁区政府领导陪同下来图书馆调研。

8月30日,内蒙古文化厅社会文化处副处长白俊明来馆检查全国文化信息资源共享工程工作。

9月上旬,图书馆与北京四中网校联合举办"网络学习成才"系列讲座。

9月中旬,馆长许斌参加内蒙古图书馆学会在赤峰市举办的图书馆长联席会。

10月11日至15日,图书馆组织王黎、王艳萍、孙童妹三人参加国家图书馆在大连举办的《中国图书馆分类法(第五版)》培训班。

11月1日至3日,馆长许斌到科尔沁区党校参加副科级干部培训班。

11月10日,科尔沁区图书馆与北京四中网校通辽分校联合举办"英语高分突破法"讲座,聘请北京四中网校吕奇恩教授主讲。

11月10日至14日,副馆长王黎参加通辽市组织部党代表培训班。

11月20日至30日,馆内分四批开展公共课继续教育。

12月1日至3日,张洪禹参加内蒙古东部区共享工程县级支中心管理员培训班。

12月29日,全馆职工岁末联欢,科尔沁区文化广播局长于海明,副书记姜慧、副局长包文忠、孙忠权、周玉芝及科尔沁区工会主席周宏伟参加联欢会。

**2011 年**

1月,在图书馆2010年度考核中,刘士新、王黎、李莉、薛丽红被评为优秀。

4月23日,图书馆与科尔沁区实验高中联合举办送电影到校园活动。

4月29日,图书馆举办免费开放宣传活动。

5月1日,为响应国家《关于推进全国美术馆、公共图书馆、文化馆(站)免费开放工作的意见》,图书馆开始实行免费开放。

6月9日至15日,副馆长王黎参加文化部主办的全国县级图书馆业务骨干培训班。

6月10日,图书馆通过文明城验收检查。

6月14日至19日,图书馆组织孙童妹、王艳萍、香花、王丽燕参加东部区《中国图书馆分类法(第五版)》培训班。

6月21日,科尔沁区图书馆工作人员带着放映电影的仪器到内蒙古民族大学幼儿园为孩子们免费放映影片。此次活动是科尔沁区图书馆为响应国家文化部提出的在全国范围内实施"全国文化信息资源共享工程"的号召,利用图书馆文化资源平台,在全市各大中小学及幼儿园组织的系列影展。通辽日报社记者亲临采访,并在6月24日《通辽日报》以图文形式报道此次活动。

图1-23 图书馆全面免费开放

6月23日,图书馆党支部被科尔沁区委授予先进基层党组织。

6月28日,副馆长刘士新被评为科尔沁区文化广播系统先进党务工作者,王黎被评为文化广播系统优秀共产党员。

7月12日,科尔沁区委书记师铎在副区长刘士海、文化广播局长于海明陪同下来馆视察。

7月12日,科尔沁区图书馆多媒体阅览室为广大高考考生和学生家长提供一本网上报名服务活动。还特邀2010年网报有经验的家长及学生做现场指导,让更多考生和家长了解新形势下的报考政策与技巧,避开填报误区。此次活动共有33人参加,得到学生及学生家长的普遍好评。

7月中旬,科尔沁区图书馆被评为市级卫生先进单位。

8月26日至29日,王黎当选中国共产党通辽市第四次代表大会代表并出席大会。

9月17日,馆长许斌、馆员孙童妹参加在兴安盟科右中旗举办的2011年全国文化信息资源共享工程东部技术人员培训班。

10月4日,经通辽市文明办再次复查,科尔沁区图书馆被认定为市级文明单位。

10月23日,馆长许斌参加在贵阳市举办的2011年中国图书馆年会。

12月10日,图书馆开展"送书下乡传知识,提升全民阅读力"活动,为十个社区送书一万册,并在铁南办事处举办送书仪式。

12月14日,科尔沁区图书馆进行2011年度考评,刘士新、王黎、孙童妹、李莉被评为优秀。

12月15日,受科尔沁区委组织部委托,科尔沁区文化广播局党委来图书馆考核。

## 四、快速发展阶段(2012年2月至今)

2012年以后,党中央、国务院对公共文化服务体系建设高度重视,相继出台了《公共文化服务保障法》《公共图书馆法》《全民阅读促进条例(草案)》等法律法规。从中央到地方各级政府,不断加大对文化事业的投入,科尔沁区图书馆迎来新的发展机遇,进入快速发展阶段。科尔沁区积极响应党和国家的号召,不断创新读者工作,积极开展阅读推广活动,不断完善三级公共文化服务体系的基础设施建设,大力实施文化惠民工程,丰富人民的文化生活,切实推进公共文化服务体系建设,取得显著成就,深受群众欢迎。科尔沁区图书馆已成为市民终身学习的大学、休闲度假的"心灵后花园""第三文化空间",为本市、本地区政治、经济、文化建设和社会和谐发展发挥重要作用。

2 月 20 日,区委组织部来馆宣布任命王黎副科级、副馆长的决定。

4 月 23 日,图书馆全体馆员在繁华路段向过往群众发送传单,宣传"4·23 世界读书日",并向读者介绍图书馆的各项服务,以及如何利用图书馆。

4 月 23 日,由科尔沁区文化广播局主办,科尔沁区图书馆和科尔沁实验高中承办的 2012"全民阅读"系列活动启动仪式在科尔沁实验高中举办。科尔沁区宣传部综合科长李昕睿、科尔沁区关工委副主任赵喜春、科尔沁区文化局副局长周玉芝、科尔沁区图书馆长许斌、科尔沁区实验高中校长宁立新、科尔沁实验高中党支部书记李跃武、科尔沁区图书馆副馆长王黎、科尔沁实验高中副校长林玉秀、原市委讲师团团长李新华等领导出席本次会议并做重要讲话。通辽市电视台、《通辽日报》《都市报》、科尔沁区新闻中心、都市漫话栏目对此次活动进行报道。在此次活动中,科尔沁区图书馆向科尔沁实验高中捐赠图书 100 余种,李新华向同学们做"快乐学习,快乐阅读"的讲座。

5 月 28 日至 6 月 3 日,科尔沁区图书馆举办以"落实科尔沁读书计划""推进公共图书馆服务规范化"为主题的 2012 年图书馆服务宣传周活动。活动贯彻落实十七届六中全会精神,促进文化事业大繁荣大发展,迎接党的十八大胜利召开。此次宣传周活动通过建立图书流动点、举办展览讲座等形式向读者宣传和推介科尔沁区图书馆在"迎会创城"中的创新服务,并进一步宣传图书馆在经济和社会发展中的重要作用。

6 月 20 日,图书馆在通辽市社会福利院建立科尔沁区图书馆分馆并举办揭牌仪式,科尔沁区文化广播局长于海明、宣传部李昕睿科长参加仪式。

7 月 1 日,图书馆党支部组织全体党员为通辽市社会福利院捐助衣物。

7 月 16 日,图书馆召开职工大会,宣布任命王黎为图书馆长兼党支部书记。

8 月 9 日,图书馆将提供科技服务信息的《绿园》改版,改为双月刊。

8 月 27 日,副馆长王黎参加在奈曼旗召开的全市图书馆馆长联席会议。

8 月 31 日,通辽市医院主任医师周大为先生为科尔沁区图书馆捐书 1500 册。

9 月 2 日,孙童妹负责新版图书馆网站建设。

11 月 22 日,副馆长王黎参加在广东东莞召开的中国图书馆年会。

12 月 10 日,图书馆牛永刚、任鸿顺两位同志退休。

12 月 20 日,副馆长王黎当选为通辽市第四届人民代表大会代表。

**2013 年**

是年,科尔沁区图书馆被评为市级文明单位。

是年,科尔沁区图书馆被区委组织部评为科级行政、事业单位工作实绩突出领导班子。

2 月,馆长王黎参加通辽市第四届人民代表大会。

4 月 15 日,图书馆积极响应教育部、自治区教育厅、市教育局组织的大型活动,联合科尔沁区在校高中生在图书馆二楼报告厅举办"积极参与'悦读圆你中国梦'系列活动"启动仪式。

此次活动由图书馆副馆长刘士新主持。科尔沁区委宣传部副部长邵学东、科尔沁区文化局副局长鄂丽丽、通辽三中党支部副书记赵爽、科尔沁区图书馆馆长王黎发表讲话。最后,王黎馆长总结此次活动,并带领学生们参观图书馆的阅览室、书库以及电子阅览室。

4 月下旬,图书馆开展"我与数字图书馆"活动,引导学生正确上网。

4 月下旬,图书馆深入社区,举办"迎会创城,讲文明,读好书,提升素质"宣传活动。发放传单,现场办证(免费借书),并为弱势群体送书上门。

5 月,图书馆推出专题图书陈列专架,主要推荐红色经典图书、文明礼仪、科普、法律知识类图书。

5 月,永清街道瀚博一品社区图书馆分馆正式开馆。

5 月,馆长王黎参加第五次全国县级以上公共图书馆评估定级工作,实地评估内蒙古西部各公共图书馆。

5 月 4 日,通辽市评估专家组到科尔沁区图书馆莅临指导。专家组对科尔沁区图书馆评估定级工作进行指导,提出宝贵意见和建议。

5 月上旬,图书馆精选精品书刊,送书送报进养老院、进社区,使老年读者和社区居民足不出户就可以看到优秀书刊。

5 月 18 日,图书馆在科尔沁区副区长朱瑞莲、科尔沁区文化局长赵艳秋、副局长鄂丽丽及科尔沁区图书馆副馆长刘士新的带领下,迎来以内蒙古文化厅社会文化处副处长白俊明为首的第五次评估团专家小组。图书馆顺利通过专家组的评估验收,获得 963 分佳绩,名列全区县级公共图书馆前茅。在评估意见反馈中,白俊明副处长及评估组各位专家对图书馆的工作给予充分的肯定,对于图书馆的现状和工作提出宝贵的意见。图书馆虽然在评估中取得佳绩,白俊明仍对照评估标准,对图书馆存在的问题给予指导:一是书库消防设施不完备;二是馆内电子阅览室、报告厅利用率偏低;三是馆内藏书较少。

81

图 1-24　王黎参加第五次全国县级以上公共图书馆评估定级

5 月下旬,图书馆电子阅览室推出"名著有声阅读"优秀影片展播活动,用影像和声音辅助名著阅读,进一步激发读者的阅读兴趣,提高读者的阅读质量。

5 月 30 日,图书馆利用图书馆文化资源平台,为通辽市社会福利院的老人们带去优秀的影片和书籍报纸。科尔沁区宣传部科长李昕睿、科尔沁区文化局副局长鄂丽丽、科尔沁区图书馆长王黎和图书馆的工作人员参加此次活动。活动中,各位领导都表示,希望图书馆的活动,能为老人们送上心灵和精神上的帮助,并呼吁社会各界都来关心关爱老年人,让他们不再感到孤单,希望他们能够真正安享晚年。

6 月,西门办事处团结社区图书馆分馆建立。

6 月,图书馆党支部被科尔沁区党委评为先进基层党组织。

6 月,王黎、吴松岩被区政府评为先进文化工作者。

6 月,刘士新被评为科尔沁区文化广播系统先进党务工作者,李莉被评为优秀共产党员。

6 月 28 日至 7 月 12 日,图书馆专业技术人员分四期进行学习,通过学习《专业技术人员团队合作能力与创新团队建设读本》,职工对团队建设的基本理论有了认识,并将这些理论与本岗位工作实践进行融合,最终为提高团队合作能力、推进创新团队建设提供帮助。

7 月至 8 月,为了丰富广大少年儿童暑假的文化生活,图书馆少儿部为青少年精心打造一系列内容丰富、形式多样的少儿活动,引导小读者走进图书馆,爱上阅读,在图书馆浓浓的书香氛围中度过一个快乐、充实、健康、有益的假期。具体活动如下:

- "图书馆之旅"活动:少儿部工作人员引导小读者们参观图书

馆各服务窗口,通过现场讲解,使小读者加深对图书馆的了解,并学会如何更好地利用图书馆,培养良好的阅读习惯。

● "我有一双小巧手"活动:让孩子们自己动手,折纸、刮画,发挥自己的想象力和创造力,享受创作过程中的无穷乐趣。

● "动画大片欣赏"活动:利用文化信息资源共享平台,精心准备一批经典的儿童动画大片,既具人文色彩又富教育意义。影片内容新奇,画面唯美,音乐动听,具有很强的观赏性和娱乐性,受到广大小读者的热烈欢迎。

● "书香中国——快乐读书月"活动:精心挑选 1000 余册少儿新书进行展借,使青少年在假期获取更多的知识,体会到阅读的乐趣和知识的力量。

8 月,钱家店镇项家村图书馆分馆建立。

8 月 9 日,图书馆建立的第一个贫困村图书流动服务网点在余粮堡镇王富村正式挂牌。

9 月,图书馆与永清办事处在瀚博一品社区举办书画联谊创作活动。

9 月 27 日,图书馆"悦读圆你中国梦"系列活动之圆梦励志报告会在科尔沁区第三中学举行。参加此次活动的领导有区委宣传部副部长、文明办主任邵学东,区委讲师团团长付怀峰,区文化广播局副局长鄂丽丽,区文明办张哲,科尔沁区第三中学校党委书记邢激扬,图书馆馆长王黎。此次活动共有 500 余名师生参加。科尔沁区讲师团长付怀峰为同学们做"仰望星空追逐梦想"的励志报告,解读如何将同学们自己的"小梦"与国家的"大梦"紧密联系起来;如何将自己的"少年梦"融入为国、为民、为社会做出贡献的"中国梦"中,鼓励同学们多读书、读好书,并培养自强自立、勇于奉献的品质。

10 月 24 日,图书馆钱家店镇项家村分馆正式开馆并举行揭牌仪式。这是图书馆的第七家分馆,实行免证阅览、免费办证、通借通还、预约借书的政策。同时,图书馆还将把讲座、展览、读书活动延伸进分馆。

12 月,副馆长刘士新参加通辽市图书馆馆长联席工作会议。

12 月,在图书馆 2013 年度考核中,刘士新、李莉、薛丽红、张晓东四名同志被评为优秀。

12 月,图书馆 1200 平方米书库经专家鉴定属于危楼后拆除。23 万册藏书整体搬至通辽四中图书馆封存。

## 2014 年

是年,图书馆被评为市级文明单位。

1 月 7 日,旧书库搬迁工作完工,图书馆开始上班并进行部门人员调整。薛光调至采编部,王丽燕调至报刊阅览室,薛丽红调至少儿部。

2月21日至25日,图书馆组织一次精彩的寒假活动,针对中小学生开展各类阅读推广活动13项,为儿童精心挑选多部优秀影片和著作。

图1-25 科尔沁区图书馆2014年寒假活动

4月1日,为帮助学生树立安全意识,掌握安全知识,提高自我保护能力,科尔沁区图书馆、科尔沁区消防大队与科尔沁区第三中学联合举办安全知识讲座,共有70余名师生参加。消防大队姜教官根据学校实际情况,结合最近几年全国发生的重大火灾实例,通过展示最近几年全国发生的火灾案件的数据与图片,用"血的教训"警示教师们要高度重视消防安全,不断增强消防安全意识,加强消防安全管理,积极主动做好消防安全工作。他从火灾的预防、火灾的种类、用电安全常识三个方面进行讲解,其中,重点讲解手电筒、消防绳、灭火器、防毒面具等消防四宝的使用方法,遇到火灾时应采用的报警、灭火、逃生这三种处理方式,以及在发生火灾时如何安全切断电源、怎样将毛巾折叠浸湿、如何有效逃生等问题。

图1-26 消防安全知识讲座

4月3日，图书馆与科尔沁区文化系统全体党员职工参观爱国主义教育基地——徐永清烈士纪念馆。

4月16日，由通辽市摄影家协会主办，图书馆协办的"相机操作进阶"讲座，在图书馆二楼报告厅举行。著名摄影师武林老师就人物、景物等方面的摄影知识进行授课。他通过自己多年来拍摄的照片讲解相机的使用、摄影的技巧、画面视觉的抓取、摄影艺术的体现等知识。参加培训的学员们纷纷表示，讲座的时间虽然短暂，但在摄影思想认识、画面构图和如何使用光线等方面都有很大收获。

图1-27　"相机操作进阶"讲座

4月23日，在世界读书日来临之际，由科尔沁区委宣传部、科尔沁区文化广播电影电视局主办，科尔沁区图书馆承办的"悦读圆你中国梦"系列活动之"智慧人生与书相约——向科尔沁区党员干部推荐好书"活动正式启动。活动向广大党员干部推荐习近平著的《干在实处　走在前列　推进浙江新发展的思考与实践》等16种图书。两位图书馆员向党员干部介绍图书馆的主要职能、16本图书的内容简介，并向党员干部代表赠送图书。活动中，图书馆员为与会人员朗诵科尔沁区作家协会主席冯庆棋为读书日所做的散文诗《我，大海边拾贝的孩子》。

图1-28　向科尔沁区党员干部推荐好书活动

4月26日,图书馆党支部、党的群众路线教育实践活动小组举办"为了谁,依靠谁,我是谁"主题演讲。科尔沁区文化局党办主任张永才出席演讲。演讲选手紧紧围绕活动主题,结合工作中的点滴感悟,讲心得、谈体会,表达对"为了谁,依靠谁,我是谁"主题的理解,饱含对图书馆读者的深厚感情。演讲通过鲜活的事例、灵活的表现形式和富有感染力的语言,将图书馆工作人员的敬业精神和专业素质阐释得淋漓尽致。

图1-29 "为了谁,依靠谁,我是谁"主题演讲

5月,图书馆领导班子完成新老交接,王黎担任党支部书记兼馆长,主抓全面工作;孙童妹担任副馆长,主抓业务工作;王艳萍担任副书记,主抓党务工作及业务辅导工作。

5月,图书馆任命薛光同志为采编部主任,魏军同志为外借部主任。

图1-30 阅读宝贝计划

5月7日,科尔沁区文化广播电影电视局任命孙童妹为图书馆副馆长,王艳萍为党支部副书记。

5月18日,"零岁悦读宝贝"计划成功在图书馆开楼举办。活动期间,科尔沁区图书馆在三楼未成年人阅览室为准妈妈和婴幼儿准备适合阅读的书刊。同时,还为准妈妈和婴幼儿赠送"阅读大礼包",包括图书玩具、阅读测量尺等。科尔沁区图书馆是通辽地区首家面向0—3岁婴幼儿提供服务的图书馆,"零岁阅读宝贝"计划创通辽市此类活动的先河。

5月24日,由通辽老年作家协会、科尔沁区图书馆与科尔沁区作家协会联合主办的诗歌创作讲座在通辽三中举办。讲座的主讲人为科尔沁区作家协会会长冯庆祺。冯庆祺会长结合自己的潜心佳作,旁征博引,为听众诠释了如何解读与创作诗歌的真谛,以及旧体诗与现代诗相互借鉴等问题。

图1-31 诗歌创作讲座

5月25日,科尔沁区图书馆2014年"图书馆服务宣传周"活动正式启动。活动以"图书馆——传承优秀传统文化,建设民族精神家园"为主题,在持续一周的时间内,举办馆藏特色主题展示、宝贝悦读、诗歌创作、公益讲座和电影巡演等多项活动。

5月28日,张彩虹调入科尔沁区图书馆,在报刊阅览室工作。

6月11日,图书馆举办"爱岗敬业敢于奉献"主题职工演讲。

6月20日,科尔沁区文化广播电影电视局在图书馆举办"我是谁,为了谁,依靠谁"主题演讲比赛。科尔沁区图书馆选组织三人参赛,其中魏军获得二等奖、孙童妹获得三等奖、王艳萍获优秀奖。

6月24日,图书馆在木里图镇建立第16个分馆,王艳萍、薛光、香花为木里图分馆送书并进行业务规范辅导。针对木里图镇居民的人员结构,图书馆工作人员精心为木里图镇分馆匹配适合农牧民阅读的期刊、图书2000册,图书涉及农业、文学、社会学等方面。为保证分馆的可持续服务,图书馆对分馆的工作人员从图书上架、排架、架标设置,到建立规章制度进行岗前培训。

6月25日,薛光转为中国共产党正式党员。

6月26日,王黎、孙童妹、王艳萍、吴松岩到木里图镇参加文化活动中心落成仪式。

6月27日,科尔沁区文化广播电影电视局党委在图书馆二楼报告厅举办"迎七一先进典型表彰暨机关作风建设大会"。图书馆有三位同志受到表彰,李雪飞当选"业务技术能手",李莉被评为"优秀共产党员",张晓东当选"爱岗敬业标兵"。

　　7月11日,为了提高家长科学教育孩子的方法和能力,使青少年从小养成良好的读书习惯,图书馆与回民幼儿园在图书馆二楼报告厅联合举办"让育儿知识进万家"知识竞赛及颁奖活动。在颁奖活动上,向获奖的家长颁发奖品。图书馆向参加活动的人员免费赠送数字书苑卡,并由工作人员讲解此卡的应用,为广大读者提供丰富、便捷的读书资源。

图1-32 "育儿知识进万家"活动

　　7月16日,全国百家社区图书阅览室启动仪式在科尔沁区团结社区举行,通辽市委常委、宣传部部长李永刚将2000册机关干部职工藏书捐赠给团结社区。

　　7月21日,吴松岩、王艳萍、香花、薛光到团结社区图书馆分馆进行业务规范辅导。

　　7月25日,为了丰富广大留守儿童、贫困儿童的假期文化生活,帮助广大弱势儿童健康快乐成长,图书馆举办"阅读伴成长畅想中国梦"为主题的2014暑期读者联谊会。活动包括才艺表演、能力展示、亲子同台、爱心捐赠等环节。最后由图书馆向孩子们捐赠

图1-33 2014暑期读者联谊会

图书与学习用品,并鼓励孩子们好好学习,自信、健康、愉快地成长。

8月1日至11月30日,志愿者曹晶到采编部实习。

8月21日,博物馆杨光艳为图书馆中层干部培训"讲解员讲解的知识与技能"。

8月22日,图书馆为潘家社区送书300本。

8月25日,王艳萍、吴松岩、香花、曹晶到莫力庙小街基分馆进行业务规范辅导。

8月25日,由图书馆承办的"通辽百年回眸图片展"在西门街道团结社区会展中心开始展出。此次图片展以"百年通辽"为主题,共分为荒原小镇、风雨沉沦、改变换地、走向复兴、继往开来五大部分,讲述通辽从1913年开始建城、定名,到1914正式称镇、1931年日本侵占通辽、1945年抗日战争胜利、1978年改革开放等,直到当前的草原新城的百年历史进程。图片展通过200多幅图片及大量的史实资料,全景式地再现通辽的历史风云变幻,为广大干部群众的市情、区情教育提供生动教材。内蒙古自治区宣传部长乌兰到团结社区调研,并参观展览,由孙童妹负责解说。

8月27日,通辽市长包振玉到团结社区调研,参观"通辽百年回眸图片展",由孙童妹负责解说。

8月28日,图书馆召开专题民主生活会。

9月1日,科尔沁区文化广播电影电视局抽调吴松岩、薛光、魏军、王艳萍四人参加"十个全覆盖"文化工作队。

9月3日,陈晓霞调至电子阅览室工作,郭宏调至外借部工作。电子阅览室划归少儿工作部管理。

9月13日,王黎、孙童妹、王艳萍参加青蓝格格诗集研讨会。

9月16日,通辽市文化局副局长苏日、科尔沁区人大常委会主任刘晓梅、科尔沁区副区长朱瑞莲、科尔沁区关心下一代工作委员会常务副主任华君、科尔沁区委办公室主任付洪云、科尔沁区文化广播电影电视局长赵艳秋等领导参观"通辽百年回眸图片展"。此次参观由魏军负责讲解。

9月17日,科尔沁区文化广播电影电视局副局长李大刚带队,王艳萍、吴松岩、薛光、魏军一行到东喜村分馆进行业务规范辅导。

9月23日,馆长王黎参加通辽市纪念人民代表大会制度确立60周年座谈会,并在大会发言。

9月24日,图书馆与通辽市社会福利院联合举办以"文化养老,感受幸福"为主题的文化联谊活动。图书馆职工将流动图书室带到敬老院,为老人们带来健康、养生方面的书籍、画册和报刊,供老人们阅读;利用全国文化信息资源共享工程组织老人观看有关四季养生方面的影像资料,还向老人们赠送一些生活用品和水果。职工与老人聊家常,倾听他们的心声,细心询问他们的读书需求,受到老人们的欢迎。

图 1-34 "文化养老,感受幸福"文化联谊活动

9 月 27 日,科尔沁诗歌研究会山居老师为图书馆职工进行朗诵技巧培训。

9 月 28 日,孙童妹、魏军到通辽市图书馆参加"迎国庆诗歌朗诵会"。

10 月 20 日,图书馆实现 Wi-Fi 信号全覆盖。

10 月 21 日,由科尔沁区文化广播电影电视局主办,图书馆承办的"嘎查(村)图书室管理员培训班"在图书馆二楼报告厅举办。吴松岩主讲农家书屋管理的业务知识。

图 1-35 嘎查村图书室管理员培训班

科尔沁区文化覆盖的业务辅导工作分两步进行,首先,对嘎查(村)图书室管理员进行集中业务培训,并发放辅导教材及辅导课件。其次,由

图书馆组成两个专业辅导组对各村图书室进行巡回检查、辅导。两项措施有效保证文化惠民覆盖工程与村民需求的无缝对接。

10月22日,王黎当选为"科尔沁之光"优秀人才。

10月22日,图书馆组织全体员工到团结社区参观"通辽百年回眸图片展",由魏军负责讲解。

10月23日,吴松岩、薛光、魏军、香花、张晓东、王艳萍、孙童妹被抽调到美丽乡村图书分馆进行业务规范辅导。

10月28日,内蒙古自治区群艺馆长潘力到团结社区调研,并参观"通辽百年回眸图片展",魏军讲解。

图1-36 通辽百年回眸图片展

11月1日,通辽日报信息部主任巴图为图书馆摄影爱好者培训摄影技巧。

11月4日,党的群众路线教育实践活动督导组到图书馆检查党的群众路线教育实践活动材料。

11月7日,科尔沁区人大到团结社区调研,参观"通辽百年回眸图片展",由魏军负责讲解。

11月7日,科尔沁区财政局副局长李福全、科长张树奎到图书馆调研。

11月10日,图书馆完成2015年度期刊订购工作。

11月21日,王黎、孙童妹、王艳萍到二中参加"三推进一促进"动员大会。

11月24日,图书馆召开党的群众路线教育总结大会,科尔沁区文广局副局长周宏伟参加会议。

11 月 25 日,王黎、孙童妹、王艳萍到科尔沁区文广局参加落实"三推进一促进"工作会。

11 月 26 日,吴松岩、薛光、张晓东去阿卡迪亚社区分馆进行业务规范辅导。

11 月 27 日,内蒙古自治区文化厅社文处长李增春到馆调研,市文化局副局长齐根柱、科尔沁区文化广播电影电视局长赵艳秋陪同。

11 月 28 日,王艳萍、孙童妹到科尔沁街道对接"三推进一促进"工作。

12 月 1 日,科尔沁区委宣传部到馆进行市级文明单位验收。

12 月 2 日,馆长王黎到清河镇对接"三推进一促进"工作。

12 月 3 日,馆长王黎、薛光、张彩虹参加科尔沁区社会主义核心价值体系暨"迎会创城"文明礼仪知识竞赛。

12 月 4 日,科尔沁区宣传部长王欣欣到图书馆调研,科尔沁区文化广播电影电视局长赵艳秋等陪同。

12 月 4 日,馆长王黎在科尔沁区人大常委会做人大代表工作述职报告。

12 月 7 日,王黎、孙童妹、魏军、薛光、张洪禹到库伦旗参加通辽市公共图书馆基础业务培训班。

12 月 15 日,科尔沁区文化广播电影电视局抽调薛光参加社区普查。

12 月 19 日,图书馆被科尔沁区委组织部评为科级行政、事业单位工作实绩突出领导班子。

12 月 31 日,图书馆举办职工年会。

2014 年,开展重大读者活动共 24 项,组织平时的小型阅读推广活动 40 余项。

## 2015 年

1 月 6 日,图书馆积极参与"三推进一促进"活动,在科尔沁街道向阳社区打造规范化图书阅览室。

1 月 8 日,图书馆全体职工到翰博一品社区召开文化系统工作会。

1 月 11 日,图书馆全体党员到森林公园路段参与劳动。

1 月 16 日,通辽市文化新闻出版广电局局长盛勤到科尔沁区图书馆调研,科尔沁区文化广播电影电视局副局长包文忠陪同。

1 月 18 日,图书馆开展寒假系列活动之寒假小影院。

1 月 23 日,为了进一步加强爱国主义教育传承革命光荣传统,全面培育和践行社会主心核心价值观,不断提高广大干部群众及青少年的思想道德素质,图书馆举办"传承任明德精神,构筑文化强国梦,践行社会主义核心价值观"主题演讲活动。参加此次活动的有来自文化系统的党员

干部、街道社区工作人员以及青少年学生代表近百人。紧紧围绕活动主题,组织了丰富精彩的节目,文化系统干部和青少年学生慷慨激昂、意气风发的精彩演讲,街道社区工作人员自创自演、生动有趣的"三句半",党员群众洪亮浑厚、震人心弦的大合唱《社会主义核心价值观之歌》,任明德老人现场铿锵有力、掷地有声的忠诚表白,让广大干部群众和青少年学生接受了一场生动、深刻的爱国主义、革命传统主义和社会主义核心价值观教育。

1月24日,来自通辽亲子网的15组家庭30余人参观由图书馆承办的"通辽百年回眸图片展",由魏军负责解说。

图1-37 "传承任明德精神,构筑文化强国梦,践行社会主义
核心价值观"主题演讲

图1-38 家庭参观"通辽百年回眸图片展"

1月28日，图书馆举办寒假系列活动，包括"看电影""快乐分享　读书分享"互换图书活动、"动物总动员"等，培养儿童学习科普知识的兴趣。其中，"快乐分享　读书分享"号召小朋友们将家中闲置书刊流动起来，与其他小朋友交换阅读，倡导分享阅读、绿色阅读、快乐阅读的理念。"动物总动员"活动，通过图片、视频，培养儿童学习科普知识的兴趣，提高对事物的观察能力，拓展知识面。

2月8日，图书馆全体职工在铁路文化宫参加"感动科尔沁人物"颁奖活动。

2月10日，图书馆开展"三推进一促进"活动慰问。馆长王黎到清河镇永胜隆村慰问，副馆长孙童妹到科尔沁街道铁区社区慰问，党支部副书记王艳萍到科尔沁街道向阳社区慰问。

2月10日，图书馆组织党员带着水果、速冻饺子、汤圆等慰问品，来到通辽市社会福利院看望慰问孤寡老人。

2月11日，馆长王黎带领科尔沁区图书馆全体班子成员慰问离退休老干部。

3月5日，适逢元宵节，图书馆在二楼报告厅举办科尔

图1-39　图书馆慰问福利院孤寡老人

沁区首届元宵文化灯谜会。元宵文化灯谜会主题包含"中国梦"、社会主义核心价值观、民俗文化、文学等内容。参加本次灯谜会的居民达150余人。

3月8日，春节过后图书馆班子开始查岗制。

3月11日，图书馆举办"阅读让我们的生活更精彩"热门图书展。

3月11日，图书馆组织全体干部职工观看《作风建设永远在路上》电视专题片。

3月11日，图书馆到回民幼儿园开展"悦读圆你中国梦"数字资源互动校园活动，为儿童放映电影《小羊肖恩》。电影一看完，孩子们就热烈地讨论起来，似乎每个小读者都是个影评家。

3月12日，图书馆延长开馆时间，自学室上午7:30至下午5:30开放，中午不休息。

3月31日，科尔沁区宣传部理论科科长张喆、创建科副科长王宇一

行莅临图书馆开展"培育和践行社会主义核心价值观示范基地"检查验收工作。科尔沁区文广电局宣传委员杨仁杰陪同检查组验收。检查组首先对图书馆各项软件材料进行检查、核实,并听取图书馆"社会主义核心价值观"工作开展情况汇报。馆长王黎说,图书馆是精神文明建设的一个重要窗口,也是正能量传承的基地。图书馆开展的各类主题阅读推广活动都围绕着一个大的主题,即培育和弘扬社会主义核心价值观、弘扬中华传统美德。检查组还参观图书馆"正能量"工作室、报告厅、成果展示板、宣传栏等。最后,张喆对科尔沁区图书馆扎实的基础工作及把培育和践行社会主义核心价值观融入图书馆工作的全过程给予高度评价。

图 1-40 "悦读圆你中国梦"数字资源互动校园活动

4 月 7 日,馆长王黎参加通辽市四届三次人民代表大会。

4 月 10 日,李莉、王艳萍、薛光、香花、魏军到西拉木伦日升日美路口劳动。

4 月 22 日,图书馆举办"4·23""悦读圆你中国梦"系列活动之"书香科尔沁"原创美文朗诵会。本土知名诗人、学生和业余朗诵爱好者朗诵了部分获奖优秀作品。一首首优美而富有深意的诗歌寄托了科尔沁人对祖国和家乡的热爱之情。活动中,馆员们还为广大读者推荐了《不沉默的少数》《礼仪的力量》《中国人应知的文化常识》等 12 本图书;为读者深情朗诵读书心得——《我,大海边拾贝的孩子》,目的是促进学习型社会建设,使乐于学习、享受阅读成为广大市民的文化风尚。

4 月 23 日,图书馆举办"悦读圆你中国梦"系列活动之"书香科尔沁"书展。此次活动以"书香科尔沁"为主题,通过发放宣传资料及举办优秀图书展阅的形式开展。活动中展览新书 100 本和各类期刊 100 册,并免费为读者办理借书证并与读者互动交流,培养阅读兴趣,营造全民阅读的深厚氛围。举办文化阅读讲座"谈全民阅读",主讲为科尔沁区图书馆长王黎。王黎谈到,读书是人类最古老的习惯之一,中国人历来就有"读万卷书、行万里路"的传统。在构建学习型社会的今天,让阅读成为一种习惯,使公众在阅读中提升品质与素养是历史赋予我们的使命。

4 月 29 日,根据科尔沁区委宣传部下发的关于《全区学习宣传习近平总书记"四个全面"战略布局的工作方案》通知要求,科尔沁区图书馆领导班子高度重视,积极贯彻落实,将"四个全面"重要论述精神上传至科尔沁区图书馆网站,并组织全体员工集中学习,召开党员干部"四个全面"战略布局学习座谈会。此次学习,要求全体党员干部、员工做好"四个全面"战略布局的学习笔记,每位党员提交一份学习心得。

5 月 14 日,图书馆吴松岩、张晓东到科尔沁区新闻中心建立分馆,送图书期刊。

5 月 22 日,科尔沁区司法局到图书馆对"普法"工作进行检查和验收。

5 月 25 日,"悦读圆你中国梦"系列活动之"书香科尔沁"2015 图书馆服务宣传周启动仪式在清河镇永盛隆村举办。科尔沁区委组织部副部长朱友军,区委宣传部副部长邰小丽,区文化广播电影电视局长赵艳秋,清河镇副镇长陈艳丽,区文化广播电影电视局副局长周宏伟、党办主任张永才,图书馆长王黎等领导参加此次活动。启动仪式上,永盛隆村的村民们扭起了秧歌,唱起了歌,由衷地表达对党、对祖国的拥护与热爱之情。馆员们也参与其中,通过书的诵读、歌的融入、舞的诠释,给村民上了一堂别开生面的全民阅读辅导课。

5 月 25 日,图书馆在二楼报告厅举办中老年读者保健知识讲座,由通辽市医院心脑血管科专家郑凯医生主讲。此次讲座的主要内容是"生活方式和身心健康问题",郑凯医生分别就健康的四大基石:合理膳食、适量运动、戒烟戒酒、心理平衡深入浅出地进行讲解。

5 月 27 日,图书馆开展"爱上阅读"经典分享与图书推荐沙龙活动,馆长王黎与大家分享读书心得。

5 月 29 日,图书馆全体中高层干部到科尔沁区运管所参加反腐倡廉教育培训。

5 月 31 日起,为进一步完善科尔沁区农家书屋的建设和管理,扫除工作死角,按照科尔沁区文化广播电影电视局"十个全覆盖"工作的安排部署,图书馆 4 名工作人员深入各苏木乡镇(街道)、嘎查村(社区)农家书屋进行业务巡回辅导工作。共辅导了 110 个村的图书室。图书馆工作人员对各村的农家书屋管理员重点进行图书分类、排架、架标设置及规范借阅规则等常规内容进行辅导。通过馆员辅导及示范操作,110 个村的图书管理员业务水平都有不同程度的提高,各村农家书屋的规范化程度也都有所提高。

6 月 2 日,马海然到图书馆报到。

6 月 4 日,通辽市委宣传部长宝音达来在团结社区参观"通辽百年回眸"图片展。

6 月 5 日,图书馆邀请内蒙古民族大学附属医院姚震宇医师,举办"珍爱光明　珍惜读书"专题讲座,为科尔沁区实验小学的同学们现场讲解爱眼、护眼知识。姚震宇医生从简易护眼、仪器护眼、内服保养护眼、日常起居护眼四个部分,为学生讲解在读书时应该懂得的护眼知识。此次讲座受益读者 1000 余人,讲座得到师生的欢迎。

6 月 12 日,王黎、孙童妹到通辽二中参加"三推进一促进"阶段总结大会。

6 月 25 日,馆长王黎到海拉尔参加图书馆工作会议。

6 月 30 日,王艳萍、吴松岩到清河镇文化室整理图书室。

7 月 1 日,图书馆为庆祝建党 94 周年,组织全体党员干部员工观看《建党伟业》《先驱者》经典红色电影。此次活动,进一步激励广大党员干部员工继承和发扬党的光荣传统和优良作风,牢固树立党的宗旨意识和群众观念。

与此同时,为回顾历史、留住记忆、振奋精神,图书馆践行"三严三实",传承红色记忆,利用全国文化信息资源共享工程,利用馆藏优势,将"红色记忆振奋中国"影片陆续展播。带领党员重温革命历程、战争岁月,了解和学习老一辈革命家的红色斗争精神,激发党员干部爱党、爱国、爱人民的豪情。

7 月至 8 月,图书馆开展四项活动:"快乐阅读我来推荐"读者联谊活动,"有国才有家"科普视频、动漫电影展,暑期管理员志愿者服务招募,"彩虹画大赛"。

7 月 2 日,吴松岩和刘辛宇对科尔沁区的 6 个街道、12 个社区文化图书室进行摸底调查。

7 月 10 日至 8 月 30 日,图书馆开展暑期管理员志愿者服务招募活动。

7 月 10 日至 31 日,图书馆举办"有国才有家"科普视频、动漫电影展活动,为期一个月,每天免费为少年儿童播放一部电影。活动吸引众多少年儿童及家长前来观看,受到小朋友们的热烈欢迎并得到广大家长的一致好评。

7 月 11 日,由科尔沁志愿者协会主办、图书馆协办的残疾作家赵亚军长篇历史小说义卖活动成功举办。活动现场,气氛十分活跃,赵亚军与活动现场的朋友们进行了互动问答。赵亚军为图书馆捐赠五本作品,并获得图书馆颁发的荣誉证书。

图1-41　残疾作家赵亚军长篇历史小说义卖活动

7月13日,通辽市宣传部长在团结社区参观"通辽百年回眸图片展",由魏军负责解说。

7月14日,内蒙古图书馆长银志刚、主任张志军来馆视察工作。

7月14日,图书馆在少儿阅览室举办"彩虹画大赛",共有30多人参加此次活动。活动开始后,图书馆工作人员为所有参加比赛的少年儿童分发刮画纸和木头笔。由于这些绘画材料的独特性,有些少年儿童甚至

图1-42　彩虹画大赛

不知道什么是刮画,因此强烈的好奇心立即激发了少年儿童创作的热情,整个比赛现场立刻热闹起来,他们表情各异,或讨论,或找素材。经过一个小时的时间,一幅幅设计新颖、风格独特、主题突出、栩栩如生的作品展现在大家的面前。

7月15日,图书馆在馆内面向小读者开展暑期"快乐阅读,我来推荐"读后感征集暨读者联谊活动。

7月15日,馆长王黎到北京参观盲人阅览室。

7月16日,市区两级及旗县组织部副部长和组织部门相关领导参观由科尔沁区文化广播电影电视局及西门街道办事处联合主办,图书馆承办的"通辽百年回眸图片展"。

7月30日,馆长王黎带领孙童妹、王艳萍、李莉赴诗人王磊家征集地方文献。

8月1日至20日,图书馆开展"图书馆小剧场"活动,为小读者们播放优秀影片。

图1-43 暑期图书馆小剧场

8月7日,由舞魅舞蹈班主办、图书馆协办的"快乐暑假·放飞梦想"首届文艺展演在图书馆二楼报告厅举行,参加此次活动的读者有150余人。演出结束,图书馆工作人员带领小朋友们参观图书馆阅览室、自学室、电子阅览室、开架借阅室等。通过讲解,小读者们对图书馆有了更深刻的了解。8月14日,图书馆推荐曙光社区姚宏兵家庭参评第二届全国"书香之家"。

8月15日,图书馆在少儿阅览室举办"羊年喜洋洋"读书活动。

8月20日,王黎、王艳萍到科尔沁区政府参观"科尔沁区党风廉政教育展"。

8月25日,图书馆开展"阅读丰富人生、共建书香军营"活动。

图1-44 "快乐暑假·放飞梦想"首届文艺展演

8月29日,图书馆在二楼报告厅举办"铭记历史 珍爱和平"——纪念抗战胜利70周年诗歌朗诵会。此次活动以"铭记历史 珍爱和平"为主题,在"讲党史,话诞生,表一表我们的家乡话""曲折中发展壮大的中国共产党""建国大业""光荣与梦想""走进新时代""盛世中国"等诗歌朗诵中,回顾了中国共产党建党以来94年的发展历程。除了图书馆的全体职工,此次活动还吸引了朗诵爱好者、热心读者、世纪英豪学校师生、图书馆志愿者近百人踊跃参加。活动历时一个小时,共有7项朗诵节目,最终在图书馆全体工作人员齐声高唱《英雄儿女》的旋律中落幕。

8月31日,吴松岩、香花、薛光到木里图镇薛家街图书室业务辅导。

9月2日,"美丽的草原我的家——十个全覆盖·幸福千万家"大型系列主题纪实活动在科尔沁区木里图镇薛家街村启动,科尔沁区图书馆承办其中的光影记录"十个全覆盖"摄影图片展,魏军负责讲解。

9月6日至21日,"美丽的草原我的家——十个全覆盖·幸福千万家"大型主题纪实活动巡展开始,由孙童妹、魏军讲解光影记录"十个全覆盖"摄影图片展。

9月10日,通辽市司法局到科尔沁区图书馆检查普法工作。

9月10日,孙童妹、王艳萍、薛光、香花到"十个全覆盖"重点乡村图书室整理图书。

9月12日,馆长王黎到鄂尔多斯市参加内蒙古自治区图书馆学会年会。

9 月 15 日,孙童妹、香花、薛光、李莉、张晓东到薛家街劳动。

9 月 16 日,图书馆全体中层干部到莫力庙小街基迎接内蒙古自治区党委书记王君视察。

9 月 23 日,孙童妹、吴松岩抽调到育新镇小三和兴村参加"十个全覆盖"工作。

10 月 4 日,王艳萍、薛光、香花到小街基图书室整理图书。

10 月 7 日,馆长王黎到明仁街道交通门社区对接"双城同创"工作。

10 月 8 日,副馆长孙童妹由"十个全覆盖"工作组中调回,改换马海然参加"十个全覆盖"工作。

10 月 8 日,图书馆启动"创建全国文明城市"工作。

10 月 8 日,张晓东、李雪飞到交通门社区报到。

10 月 19 日,薛光、香花到科尔沁街道向阳社区参加"双城同创"劳动。

10 月 20 日,图书馆举办小学生爱国手抄报作品展。

10 月 21 日,在重阳节即将到来之际,图书馆一行来到聚缘老年福利服务中心,为那里的老人们带来 100 多册图书、10 余种期刊、10 余种报纸,并为老人们送上重阳节的祝福。同时,图书馆的工作人员为老人们建立"爱心书架",并对所送图书进行了分类、编目、上架。这次所赠图书包括文化、生活、卫生保健等多类,内容全面,大大丰富了老人们的精神文化生活。在此次活动中,图书馆的员工还为老人们放映电影。科尔沁区义工协会的成员更是不怕脏累地为老人清理个人卫生。

图 1-45　图书馆为聚缘老年福利服务中心整理"爱心书架"

10月25日,图书馆新书库搬迁工作开始。

10月26日,李莉、高经祥、贾莉莉、李雪飞到交通门社区参加"双城同创"劳动。

10月26日,图书馆到半截店牧场送书。

10月27日,歌德电子书借阅机到馆并投入使用。

10月28日,马海然由"十个全覆盖"工作组中调回,改换程增山参加"十个全覆盖"工作。

11月1日至12月30日,为深入贯彻落实依法治国方略,大力弘扬法治精神,图书馆在一楼大厅举办"开启法制新时代图片展"。图片展共分为"从学习宪法开始""追寻法治发展之路""身边的法治小常识"三个部分。

11月2日,图书馆更换图书管理软件,使用图创图书管理系统,同时图创软件工作人员到馆进行人员培训。

11月4日,图书馆"双城同创"工作推进会召开。

11月4日,图书馆新借阅处正式开放,同时薛丽红、程增山到外借部工作。

11月5日,王艳萍、马海然、张晓东到木里图镇西花灯规范整理图书室。

11月9日,文化部副部长到科尔沁区图书馆大草房分馆参观。

11月9日,图书馆志愿者开始到承包分担区进行志愿活动。

11月19日,歌德少儿学习一体机到馆并投入使用。

11月20日,图书馆微信公众平台正式开通,平台包含电子图书、图书馆动态、馆藏图书查询等内容。

11月25日,图书馆为消防队分馆送书。

图1-46 少儿学习一体机

11月29日,"健康中国跟党走——中国第二届全民健步日低碳有氧健步行"活动暨通辽首届环保志愿者健身"徒步节"活动在通辽市森林公园举办。此次活动由中国全民健步行组委会主办,科尔沁区委宣传部、科尔沁区志愿者协会、图书馆承办,本着"我运动、我健康、我环保、我快乐"的理念,旨在鼓励、倡导广大市民积极参与到全民健身活动中来,同时助力"双城同创"工作。

12月7日,科尔沁区副区长朱瑞莲到图书馆调研,区文化广播电影电视局长赵艳秋陪同。

12 月 8 日,王艳萍带领魏军、薛光、香花、张晓东到北京采购图书。

12 月 14 日,王黎、孙童妹赴广州市参加 2015 中国图书馆年会。

12 月 23 日,在图书馆 2015 年度考核中,李莉、王艳萍、魏军被评为优秀。

12 月 30 日,图书馆举行联欢会。

**2016 年**

1 月 5 日,新购图书到馆,共计 427 件,图书馆全体职工参与搬书。

1 月 11 日,通辽市图书馆举办图书馆长年会。馆长王黎与副馆长孙童妹参加会议。

1 月 25 日,吴松岩、薛光、香花、马海然到木里图镇分馆加工图书,实现通借通还服务模式。

1 月 25 日至 2 月 29 日,图书馆开展"少儿寒假影片展映"活动,每天下午免费放映两部优秀动画电影。

1 月 27 日,图书馆举办"我是文明礼仪小标兵"主题演讲活动。

图 1-47　"我是文明礼仪小标兵"主题演讲活动

2 月 1 日,孙童妹、李莉、魏军到科尔沁区政府参加"反腐倡廉"讲座。

2 月 2 日,通辽智慧爸妈群参观图书馆并在少儿工作部举行会议,主题为"如何引导孩子的阅读习惯——让孩子爱上阅读"。

2 月 3 日,图书馆开展寒假影展。

2 月 22 日,图书馆举办"花灯绎春"科尔沁区元宵文化灯谜会,取"闹"中有"思","闹"中有"义"之意。整个猜谜活动各个环节都由"闹"字串连起来。结合"社会主义核心价值观""中国梦""创建文明城""十个全覆盖"等主题灯谜,由本地书法大家王景祥现场写谜,并开展抽谜、猜谜、送作品等趣味闹春活动,让市民在"闹"中了解国家及地方政府的惠民政策及民生工程的实施办法。

图 1-48　元宵灯谜会

2月22日，张洪禹、孙童妹到铁南二六八社区拆迁报到。

2月29日，图书馆科技辅导部、采编部人员到红星街道大草房村分馆加工图书，实现通借通还服务模式。

3月1日，图书馆邀请金太汉老师到馆讲解朗诵技巧。

3月1日，图书馆举办"我健康、我安全、我快乐"主题版报展，帮助学生树立安全意识，掌握安全知识。

3月4日，图书馆全体中高层干部到瀚博一品社区参加纪检工作会。

3月6日，科尔沁区图书馆与通辽智慧爸妈群共同举办亲子阅读"读书会"活动。

3月6日，馆长王黎带领单位朗诵爱好者参加爱之声朗诵团的三八妇女节活动。

3月6日、20日、27日，科尔沁区图书馆与通辽智慧爸妈群共同举办"茶艺课"讲座。

3月13日，杨海燕来馆报到，分配到采编部工作。

3月13日，科尔沁区图书馆与通辽智慧爸妈群共同举办亲子阅读"读书会"活动。

3月28日，图书馆到包联街道交通门社区举办"春季养生"讲座。来自辖区的党员、居民代表以及图书馆的读者40多人参加此次讲座。此次讲座，邀请泽强药业的赵医生为居民进行讲课。赵医生围绕春季传染病的防控特点，对"禽流感""春季流感""呼吸道感染"等传染疾病的传播条件、起病特症、防范措施等知识进行讲解,让居民切断传染途径,养成良好的卫生习惯。同时还为居民讲解糖尿病可能病因、临床表现以及糖尿病如何预防等知识,使居民们对糖尿病有更多的了解。活动中居民不仅认真仔细地听讲,还提出疑虑请教赵医生,赵医生现场进行解答,现场氛围热烈,受到居民的好评。3月31日,以弘扬红色文化、传承红色精神为导向,进一步完善社区红色图书室的建设和管理,按照科尔沁区文化广播电影电视局的安排部署,科尔沁区图书馆积极响应号召,组织工作人员,深入东方社区图书室开展业务辅导工作。

图 1-49 深入东方社区图书室开展业务辅导工作

4月1日,图书馆开展"我健康、我安全、我快乐"主题板报活动。

4月3日,图书馆与通辽智慧爸妈群共同举办"不能忘却的往事"抗日英雄故事朗诵会。此次故事朗诵会选取抗日战争时期,中华民族的优秀儿女为民族的独立与解放,不惜抛头颅、洒热血的英雄事迹进行朗诵。这些英雄人物中既有浴血奋战、铁骨铮铮的抗日将领赵一曼、杨靖宇、佟麟阁、吉鸿昌等,也有人们所熟知的英雄团体——八女投江、狼牙山五壮士。活动目的是让孩子在故事中了解历史,明白幸福生活的来之不易,一定要好好牢记历史、珍惜今天的幸福生活。

4月7日,图书馆与明仁街道露天社区干部、党员、学生等60余人共同开展了"世界卫生日 预防糖尿病"主题宣传活动。活动中发放了《糖尿病健康教育手册》《低血糖提示卡》、糖尿病宣传单300余份,悬挂了3条宣传条幅,另外还通过网络平台提示居民养成良好的个人卫生习惯,注重健康饮食,科学健身,加强体育锻炼,增强身体素质,有效预防各类疾病。

图 1 - 50　图书馆工作人员走上街头宣传"世界卫生日"活动

4月8日,图书馆邀请科尔沁区作家协会主席、爱之声朗诵团长冯庆祺做"写作与欣赏"专题讲座,80余人参加活动。

4月14日晚,图书馆在馆内举办"读书与人生"讲座,由科尔沁区作家协会主席冯庆祺主讲。馆长王黎、副馆长孙童妹带领馆员和热心读者到场聆听。

讲座中,冯庆祺分别针对理论思维、艺术审美及语言表达三个方面加以分析,深入浅出地阐释了读书与人生的密切关系。冯庆祺强调,在继承古人优秀文化的基础上,要勇于解放思想、与时俱进,敢于上下求索、开拓进取,树立终身学习理念,坚定百折不挠的进取意志,为构建特色书香社会增光添彩。活动现场还进行了热烈探讨。冯庆祺富有哲理的语言及出口成章的诗词歌赋生动形象地揭示出读书与人生的真谛。他说:"读书使人明智,世事洞察皆学问,大家在阅读书籍时应依据'泛读、精读、品读'的读书法则,结合自身需求挑选图书,不断探求知识海洋,努力实现人生价值。"

4月15日,馆长王黎参加科尔沁区文化发展促进会暨永清街道东方社区文化中心落成仪式。

4月16日,由科尔沁区图书馆协办的,科尔沁本土作家与读者见面会于环哲书店举办,活动内容贴近广大市民的生活、主题贴近时代前进的脉搏,倡导人文精神,体现人文关怀,在广大听众中产生广泛的影响,也受到通辽媒体的关注。

图 1-51　科尔沁作家与读者见面会

4月19日,王艳萍、薛光、张晓东、香花、杨海燕到四七二社区规范整理图书室。

4月20日,图书馆邀请知名主持人青蓝主讲"朗诵技巧",听众爆满。

4月21日,图书馆携手爱之声朗诵团共同举办让阅读更"声动"诗文朗诵会暨"书香科尔沁"阅读推广活动启动仪式。

图 1-52　让阅读更"声动"诗文朗诵会

4月21日,图书馆四七二社区分馆正式建立,此举大力推进图书馆延伸服务,助力四七二社区文化活动中心的落成。针对社区居民的人员结构,图书馆工作人员精心为四七二社区分馆遴选适合社区民居阅读的期刊、图书近2000册,并对分馆图书室进行科学化、规范化、统一化、标准化的整理。方便管理的同时也解决了居民找书难的问题。此举调动了居民的阅读热情,促使图书资源不断地流动起来。

图 1-53　文化厅领导到四七二分馆调研

4月23日,"朗读吧少年!朗读吧中国!"——全国中小学生(通辽)第二届朗读文化节暨纪念世界读书日公益活动在科尔沁区图书馆举办。活动期间,广大青少年读者用精心准备的语言节目,讲述着各自与书籍成为好朋友的快乐经历。同时,参加活动的每位学生还向世纪英豪学校"读书角"捐赠一本图书,把好书共享给同窗好友。该校还借此机会奖励每天读书十五分钟的学生,鼓励学生与书为伴。最后,该校还联合图书馆向学生推荐了适合青少年阅读的图书目录。丰富多样的文化活动让青少年读者获益良多。

4月24日,图书馆与通辽智慧爸妈群联合举办"百灵鸟畅读联谊会"。联谊会上家长和孩子们给大家带来一次又一次的惊喜,反映出家庭对培养儿童阅读兴趣的重视。

5月7日,图书馆与爱之声朗诵团联合举办"感恩母爱"诗诵会。

5月7日,"孝庄故里·魅力通辽"——通辽市民族地方文献、书法、美术摄影作品展在北京民族文化宫举办,图书馆选出关于科尔沁区的地方文献以及科尔沁区书法家的书法作品、少儿版画作品参展。馆长王黎与副馆长孙童妹参加活动。

5月10日,国家民委主任巴特尔到民族文化宫视察工作,特地参观了由通辽市文化广播电视新闻出版局和民族文化宫主办、科尔沁区图书馆承办的"孝庄故里·魅力通辽"地方文献摄影书画作品展。中国民族图书馆馆长吴贵飙做讲解。国家民委办公厅主任张京泽、文化宣传司司长武翠英、人事司副司长张湘冀、民族文化宫党委书记、主任宫兆强等领导陪同。

此次展览共展出有代表性的民族地方文献 295 册、书法作品 7 幅、版画作品 7 幅、摄影作品 16 幅,共计 325 册(件)。通过文献、书画作品的展示,生动形象地展示出科尔沁文化的丰富内涵,促进通辽市民族地方文化体系建设,在中华文化的大背景下,绽放出属于科尔沁草原的文化风采。科尔沁区图书馆选送关于科尔沁区的地方文献以及科尔沁区作者的书法作品、摄影作品、少儿版画作品参展。

图 1-54　国家民委主任巴特尔参观"孝庄故里魅力通辽"地方文献摄影书画作品展

5月10日,图书馆利用微信公众平台建立"两学一做"学习教育专栏。

5月11日,图书馆党支部组织党员、干部员工召开"两学一做"学习教育启动大会。

5月16日,图书馆在馆内举行业务培训开班仪式,馆长王黎强调了开展图书馆理论培训与业务研究的重要性,并定于每天下午四点至五点为业务集中学习时间。

5月19日,王黎、王艳萍、孙童妹到科尔沁区文化广播局参加科尔沁区文广电系统贯彻落实全区扶贫工作会议精神大会。

5月20日,馆长王黎到育新镇小三合兴村开展精准扶贫、入户调查,王艳萍、吴松岩陪同。

5月20日,马海然参加科尔沁区组织开展的公共文化服务平台培训(内蒙古自治区文化服务信息管理系统安装培训)。

5月27日,馆长王黎参加全市图书馆馆长会议。

6月4日,图书馆参与承办的科尔沁区首届葫芦文化艺术展在鼎元盛世文玩市场开展。期间展出通辽地区知名艺术家的工艺葫芦作品供市民观赏,充分展示科尔沁区葫芦工艺艺术家们高超的书法绘画素养和雕刻技艺,表达他们对美好生活的祝福。同时也让更多的市民了解葫芦知识。

展出作品在艺术手法上都属近几年来的首创,大部分为第一次与观众见面,有烙画葫芦、镂空葫芦、浮雕葫芦、彩绘葫芦、金丝彩釉葫芦和拼接造型葫芦。这些葫芦作品内容丰富,有十二生肖、山水花鸟、吉祥祝语、历史伟人、民间故事等。尤其人物类和禽鸟类更是栩栩如生,造型逼真,颇受好评。在此次展览的过程中,工作人员对葫芦作为最原始吉祥物的缘由,以及葫芦和端午节的联系、葫芦工艺发展史、葫芦的习性与种植管理等基本知识都做了详细的介绍。

图 1-55　科尔沁区首届葫芦文化艺术展览

6月8日,图书馆联合传统文化研究会在回民幼儿园开展"品味端午 传承文明"端午节主题活动。活动分为"说端午""唱端午""佩戴美丽的香袋、长命缕""品尝粽子"、游戏互动等多个环节,让孩子们通过实际操作,亲身体验,进一步了解端午节。

6月9日,图书馆举办"品味端午传承文明"主题活动之"雅韵中国节,端午粽飘香"活动在水上公园辽河边圆形广场正式拉开序幕。

6月12日,孙童妹、魏军、李莉、张彩虹参加纪念第13个世界献血日活动。

6月12日,图书馆党支部全体党员参观"任明德精神传承工作室"。

6月23日,图书馆采编部全体到四七二社区分馆进行书目数据库建设工作,实现通借通还服务模式。

6月27日,图书馆全体职工观看纪念建党95周年文化惠民广场消夏文艺晚会。

7月1日,图书馆党支部开展庆"七一"走进敬老院党员志愿者服务活动,参加的党员有:王艳萍、孙童妹、李莉、吴松岩、魏军、王丽燕、薛光、杨海燕、马海然,以及入党积极分子张彩虹。

图 1-56　庆"七一"走进敬老院党员志愿者服务活动

7月1日,图书馆开展"版画童年"儿童版画展活动。

7月2日,图书馆开展"我是故事小达人"讲故事、读书分享活动。

7月5日起,图书馆每周二、周四下午三点,为未成年读者播放经典卡通片。

7月5日,图书馆举办"童心童梦"暑期小读者联谊会。20多名小读者登台展示才艺,近100名小读者及家长观看表演。小读者通过诗朗诵、歌舞、马头琴合奏及架子鼓、古筝演奏等舞台表演,充分展示孩子天真质朴、阳光快乐、活泼健康的精神面貌。

7月9日,图书馆开展国学系列讲座公开课,公开课在7至8月每周五晚七点开讲。

7月9日,扎鲁特旗图书馆馆长吴青山等一行参观科尔沁区图书馆分馆。

7月16日,图书馆开展"走进科图"小读者开放日活动。

7月26日,为庆祝"八一"建军节和红军长征胜利80周年,纪念著名作家魏巍笔下《谁是最可爱的人》主人公马玉祥老英雄,科尔沁区委宣传部、科尔沁区文化广播电影电视局特主办,科尔沁区图书馆承办"忆身边马玉祥　传承英雄精神"宣讲报告会暨马玉祥展馆落成仪式。科尔沁区人大常委会主任刘晓梅,科尔沁区委常委、宣传部部长刘建生,科尔沁区委常委、人民武装部政委任志彬,科尔沁区人大常委会副主任王立波,通辽市关工委副主任、科尔沁区关工委主任华君,科尔沁区文化广播电影电视局局长赵艳秋,科尔沁区委宣传部副部长邰晓丽等领导出席此次活动。英雄马玉祥家乡的领导、马玉祥英雄连连长以及马玉祥的家人也参加了此次活动。

图 1-57 马玉祥展馆开馆

7月27日,由科尔沁文化发展促进会、爱之声朗诵艺术团及图书馆主办的张志军、耿玉和诗歌朗诵会成功举办。

7月31日,马海然到呼和浩特市参加共享工程培训。

8月1日,馆长王黎在沈阳参加第一期全国县级图书馆馆长培训班,并做大会案例分享。

8月2日,图书馆为未成年人读者播放经典卡通片。

8月6日至8日,王艳萍在海拉尔参加"互联网+"总分馆制交流研讨会。

8月6日起,图书馆开始每周六下午3点开展"我爱读书"精彩图书诵读活动。

8月15日,图书馆开展"走进科图"小读者开放日活动。

8月26日,通辽市委组织部一行四人考核王黎馆长(自治区党代表候选人)。

8月28日,王黎、王艳萍在局机关参加贯彻落实市、区两级文化工作会议精神暨科尔沁区文化发展促进会。

9月4日,图书馆举办"我们的节日"迎中秋原创诗歌朗诵会。

9月5日至10月8日,图书馆开展"迎中秋 庆国庆"少儿国学经典著作展。

9月16日至17日,图书馆每天下午三点举办"我们的节日"中秋影展。

9月28日,图书馆与中国银行业监督管理委员会通辽监管分局联合举办"读经典颂祖国——迎国庆纪念孔子诞辰"诗文朗诵会主题活动。

10月14日,吴松岩、马海然到通辽路政支队第七大队送书并整理图书室。

10月23日,馆长王黎、副书记王艳萍赴安徽铜陵参加2016中国图书馆年会。

10月31日至11月1日,图书馆闭馆放假,进行图书馆内部维修及水暖改造。施工期间监工人员:张洪禹、吴松岩、马海然、张晓东。

11月17日,新人李晓红来馆报到。

11月17日,由科尔沁区图书馆、科尔沁区科学技术协会、交通门社区和科尔沁中华传统文化促进会主办的"传承科尔沁文化 弘扬中华文明"系列讲座于下午三点准时开讲。此次系列讲座旨在丰富和提高百姓的文化生活和文化修养。第一讲由科尔沁中华传统文化促进会会长尹博主讲。尹博老师一开场就先请大家伴随一段舒缓静心的曲子,欣赏中华民族的传统服饰,由此引出中华传统衣冠文化。尹博老师讲解深入浅出、引用诸多经典、案例,便于理解。两个小时的讲解很快结束,不少国学爱好人士意犹未尽,向老师提出很多问题,直到主持人一再提醒下,才得以收场。

11月19日至26日,馆长王黎参加中国共产党内蒙古自治区第十次党代大会。

11月28日,内蒙古自治区文化厅赵增春处长一行来通辽验收公共文化服务体制改革建设工作,包括图书馆总分馆工作。

11月30日,王黎、王艳萍、孙童妹在戏曲剧团参加贯彻落实内蒙古自治区第十次党代会精神暨科尔沁区文化系统"内强素质外树形象"作风建设大会。

12月2日,科尔沁区文化系统全体员工及乡镇街道文化工作者参加在戏曲剧团举办的科尔沁区文化战线集体学习内蒙古自治区第十次党代会精神大会。大会由科尔沁区文化广播电影电视局党办主任张永才主持,由王黎主讲。

图1-58 2016年全体职工合影

12月2日,图书馆将安全生产自查报告、实施方案送到科尔沁区安监局、政府办、文化局。

12月6日,王黎、王艳萍在局机关参加科尔沁区文化广播电影电视系统召开的安全生产工作专题会议。

12月19日,王黎在局机关参加科尔沁区文化广播电影电视系统召开的党组织书记双向述职评议会,并做图书馆2016年度党建双向述职报告。

12月19日,图书馆在东效街道曙光社区开展科尔沁文化普及公开课讲座首讲活动。

# 第二部分 专题史

## 一、刘喜蓉馆长

刘喜蓉,女,满族,1931 年出生。"文革"期间被迫害,下放参加劳动改造,1969 年落实政策后调通辽市文化馆图书组工作,1972 年起开始实际负责图书馆工作,至 1991 年离休,一直在图书馆工作了 23 年。

### 半路出家

1969 年,刘喜蓉被安排至文化馆图书组做阅览服务工作。当时,文化馆和图书馆合署办公,白屹任馆长,图书组的负责人是阿力亚,文化组的负责人是董凤茹,两人均为群众组织的代表。当时派性斗争还很严重,作为"文革"中的受害者,初来乍到的刘喜蓉面对复杂的人际关系和斗争,在工作中举步维艰。

同时,刘喜蓉还要面对不熟悉业务的难题。调入图书馆之前,刘喜蓉一直在工厂、学校工作,根本不熟悉图书馆业务工作,一切只能从头学起。从阅览服务入手,自学图书分类、著录、印制书目卡片、图书采购,以及图书归架整理等业务,直至成为图书馆工作多面手。

1972 年,文化馆、图书馆领导班子进行了调整,于沛水任馆长,刘喜蓉任副馆长。由于于沛水健康状况不佳,经常因病休息,刘喜蓉逐渐担起了工作重任。

### 建设新馆

1974 年,通辽全市仅有几栋楼房,图书馆的办公环境很差。此时,刘喜蓉开始考虑筹建新的图书馆馆舍。先筹集资金,找市委、盟委,当时国民经济很困难,上级只批了 10 万元的建设资金。资金落实后进行新馆建设方案设计,当时做出两个方案设计图,一是古典式的,一是现代式的,还制作了模型,经市委讨论,一致同意建设 3000 平方米的三层现代式建筑。

刘喜蓉有超前意识、创业精神,也有很强的社会活动能力,为新建文化大楼花费了无数心力。文化大楼建设持续了六年半之久,造成拖延的主要原因是资金短缺、物料不足。原本投资预算只有 10 万元,最终建成共花费 65 万元,其中的缺口都是刘喜蓉东奔西跑筹集来的。当时建筑材料特别紧张,就连石头、水泥、钢材、电料、灯具全要自己去筹集,建设文化大楼的艰辛难以想象。用刘喜蓉的话来说："六年半的时间太辛苦了,真是磨破了嘴,跑细了腿,操碎了心,折断了筋。"

图书馆是清水衙门,在没有其他收入又缺乏财政投入的情况下,物资问题只能自己解决。刘喜蓉将自己家里的东西拿来使用,如下大雨,水泥没东西盖,就把自己家里铺床的塑料布拿来盖水泥,家里暖水瓶拿来大家用;劈柴、煤拿到单位生炉子……1979年文化大楼终于建成。

文化馆和图书馆分署办公后,文化大楼两个单位各占一半,刘喜蓉任图书馆馆长。1980年图书馆搬入大楼办公,当时三层大楼不仅没有桌椅板凳,书架更是无从谈起。刘喜蓉又带领大家开始图书馆设备建设,买钢材和木料,请老工人做书架24个、阅览桌80个、目录柜18个、书桌12个、书柜8个,为国家节约了大量资金。

刘喜蓉被同事们亲切地称为"工作狂",率领一众员工刷书架、涂门窗,甚至连院内花池、月亮门都由图书馆员工自己修建。

## 热爱事业

建设文化大楼的同时,刘喜蓉还加强了图书馆业务建设,提高人员的业务素质。为了把图书馆的建设推向高层次,让图书馆能为广大读者提供优质的服务,一方面根据分工把职工编成小组,按文化程度排好队,将文化底子薄弱的员工送去提高文化水平,读大学、读中专;另一方面带领各部门的负责人去全国各地比较先进的图书馆参观学习,使全馆职工除了业务水平外,在政治思想上也有很大的提高,培养了一支实力较强的图书馆员工队伍,并在全盟、全自治区多次被评为先进图书馆。

刘喜蓉注重对年轻干部的支持和培养,逐步培养了一批有一定领导能力与素质的基层干部、优秀党员及业务尖子。由于她的努力,图书馆先后被评为市级、盟级、自治区级乃至全国的文明图书馆。

1983年,刘喜蓉代表图书馆出席全国少数民族图书馆座谈会,这次会议是由文化部、国家民委、北京图书馆、中国图书馆学会联合举办,会议持续13天。在这次会议中,刘喜蓉不但交流了经验,还受到国家领导人的亲切接见,开拓了眼界和思路。

刘喜蓉在图书馆工作的23年间,通辽图书馆发展很快,从建馆初期336平方米的小平房发展为3000多平方米的办公楼(新文化大楼图书馆占1300平方米,刘喜蓉离休前又用三年时间建了1000多平方米的书库),藏书由2.3万册增加到30万册,工作人员由3人增加到30多人,经费由6000元增加到八九万元。购书费由700元增加到2.5万元,全年接待读者由800人次增加到14万人次,年借阅图书量由900册次增加到16万册次。通过这些数字可看出图书馆的发展速度,当时通辽市图书馆已成为全盟最大、全区一流的图书馆之一。为了图书馆事业,刘喜蓉付出了大量心血,可谓鞠躬尽瘁。

刘喜蓉60岁才离休,离开了打拼几十年的图书馆事业,她非常割舍不下自己亲身参与重建的图书馆和长年相处的同事。

## 家庭生活

刘喜蓉16岁参加革命,38岁时丈夫在"文革"中被迫害致死,当时他们最小的儿子还没有出生。尽管中年丧夫,刘喜蓉仍顽强地工作着,一直乐观、积极、向上。工作上,她是30名职工的领导;在家中,她是4个孩子的母亲,她所承受的压力可想而知。豁达、坚韧的刘喜蓉独自将4名子女培养成才。刘喜蓉离休后,在家尽享天伦之乐。然而,天有不测风云,和她一直居住在一起的小儿子突发脑溢血,经抢救无效逝世,年仅29岁。中年丧夫、老年丧子,何其悲痛,但她仍然支撑起这个家,安慰丧夫的儿媳妇,抚养不懂事的小孙子。

经历坎坷、百折不挠,把子女培养成才,在漫长无伴的日子里,如此乐观、豁达、健康,奥秘是她的座右铭:"以身作则、天天向上、为人正直、助人为乐。"而今刘喜蓉年近八旬,还让孙女把这些字打在手机里,每日规范自己的言行。

## 醉心绘画

刘喜蓉尽管一生坎坷,却一直展现出了自己的胸怀和风骨。年近八旬,耳聪目明,牙齿完好,精力充沛,身体健康,老当益壮。离休后,刘喜蓉投身绘画和老年事业,兼任各类社会职务,虽然工作很多,但她应对自如,从不抱怨工作繁重。

刘喜蓉年近七旬才开始学画,十年间坚持不懈,一是出于对书画的热爱,二是为从事书画的儿子未完成事业的延续。刘喜蓉画梅、兰、竹、菊,绘牡丹、荷花及山水。她对绘画非常认真,花鸟画,色彩凝重艳丽;春夏秋冬的虾虫,活灵活现;山水,空灵又鲜活。刘喜蓉的多幅作品曾获奖并出版。

2000年,刘喜蓉将自己作品拿到图书馆展出,她的画和她的人一样富有感染力,让人感受到这位老人的内心是何等坚强。

2004年,刘喜蓉带领一队老年朋友去洛阳观赏牡丹,拜名师学画,画技显著提高,从此牡丹画开遍了通辽城。

在老年大学书画研究会里,搞卫生她争先恐后,打水从一楼到五楼,她也抢着干,没人相信这位老人已年近八旬①。

① 孟庆英.刘喜蓉大姐的那书那画那些事[J].老年世界,2010(12):18-19.

# 二、队伍建设

## 图书馆文化建设

1. 图书馆形象设计

图书馆是文化发展与传承的产物,也是培养人文素质的主要工具。作为文化传播的重要场所,吸引更多的人走进图书馆,让更多人接受文化熏陶,是图书馆存在的目的,图书馆的文化传播属性,要求图书馆培育自身的文化品牌。图书馆的外在形象是吸引读者的条件之一,塑造图书馆形象,不但能吸引更多读者,还能彰显图书馆独特的魅力。因此,做好图书馆文化的培育和形象的塑造非常重要。

为进一步塑造科尔沁区图书馆的形象,加强科尔沁区居民对图书馆的认同感,扩大科尔沁区图书馆在国内同行中的影响,图书馆于 2009 年向通辽市居民征集图书馆馆标设计。

馆标要求由单纯、显著、易识别的物象、图形或文字符号组成,要富有科尔沁区图书馆特色。设计要有创意、有内涵、构图新颖、简洁、明朗,端庄大方,具有较强的文化品位和视觉感染力。

征集到的设计方案将统一报送馆委会审核,评出一、二、三等奖,一等奖奖励现金 1000 元,二等奖奖励现金 500 元,三等奖奖励现金 300 元。一等奖作品将作为科尔沁区图书馆馆标的首选方案。

图 2-1 馆标征集颁奖仪式

科尔沁区图书馆
KEERQIN DISTRICT LIBRARY

图2-2 科尔沁区
图书馆馆标

通辽市居民踊跃参与,共提交了100份作品。其中"蓝天图书"方案获得一等奖,并被选为科尔沁区图书馆馆标。该标志整体色彩搭配亮丽、醒目,主体为蓝色,象征着科尔沁草原的蓝天;从侧面看,馆标是大写的英文字母"K",好似摊开的书页;书页与书页之间的白色间隙,象征着科尔沁草原的白云。馆标巧妙地将科尔沁的蓝天白云与书香结合起来,既体现了地方文化特色,又点明了"书"这一设计元素。

2.图书馆使命、愿景、馆训

(1)使命

全民阅读的引擎,终身学习的指路明灯,使知识鲜活,给充满生机和创造的科尔沁激发想象力和创造潜在价值。

(2)愿景

让每一个公民,无论城乡、无论贫富、无论性别、无论老少,在图书馆中都能发现出色的自我,懂得爱的付出与回馈,以帮助建立一个文明、繁荣、发展的社会。

(3)馆训

改革兴馆　沁心服务

为了提升图书馆整体形象,弘扬图书馆为读者服务的宗旨,科尔沁区图书馆确立了使命、愿景、馆训。"改革兴馆,沁心服务"是科尔沁区图书馆的馆训。作为内蒙古地区为数不多的拥有近百年历史的图书馆,与时俱进是图书馆能走到今天的根本原因。在不同的阶段,图书馆进行了与时代相适应的改革,这使得科尔沁区图书馆在整个内蒙古地区县级图书馆乃至地市级图书馆中,始终处于领先地位。

沁是"科尔沁"之"沁",是"沁人心脾"之"沁",沁心服务是一种润物细无声的服务,体现了图书对人精神的滋养。科尔沁区图书馆就是要通过知识,对人的精神世界进行潜移默化的影响,让每一位读者都充满活力与智慧。

## 民主制度建设

1.民主综合测评

1993年,图书馆为了加强管理,实施民主综合测评,意图是把激励机制、竞争机制、利益机制引入到图书馆管理工作中,引进激励机制根据员工的实际业绩进行奖惩,充分调动全馆员工的工作积极性。具体办法是:

(1)把全馆业务与行政岗上的24人列出一个名单。

(2)每人在自己要投的那张票上给自己认为先进的人画"√",每票上画"√"不得少于一个,不得超过八个,否则作废。

(3)每人要给自己认为差的三个人画"×",每张票上"×"不得超过三个,否则作废。

(4)每人所得"√""×"数量,以"√""×"相抵消后所剩下的数量计算。

(5)从"√"多的先进人物中依次选出前八名,予以奖励;从"×"多的较差人物中找出后三名个别谈话,予以帮助。

(6)前八名给一等奖,得"×"超过实际投票人数半数者不得奖,其余为二等奖;一等奖比二等奖金额多一倍。

(7)病事假超过半个月者,当月不参评。

实践结果表明,此法简便、易行、有效,其中很重要的一点是每人都能按照自己的意愿画票,画票时完全自主不被监视,票面保密绝不外泄,统计后结果存档,年终据此确定先进工作者,原票立即销毁,确保每人的民主权利不受干扰。全馆人员连同馆长、副馆长在内,都被置于群众监督之下,职工的主人翁责任感与工作积极性都被充分调动起来,图书馆工作状态、馆风馆貌焕然一新①。

2.内部机制改革

1998年2月,图书馆领导班子提出从图书馆内部管理机制改革入手,对馆内的机构和人员进行调整,在党支部的监督下,实行馆长负责制,层层聘任部主任,竞争上岗,工作人员双向选择、优化组合的改革方案。改革方案经主管局长批准后顺利实施。

这次改革的实践,从制定方案到逐步实施,都经过周密的思考和细致的研究,并提前召开了班子及党员大会,认真做了思想政治工作,整个过程坚持原则性和严肃性,充分体现了民主集中制的组织原则,做到不拘一格使用人才,因才施用,量体裁衣,任人唯贤,不搞论资排辈,大胆用人,在广大员工的大力支持和积极参与下图书馆顺利完成改革。从多年的运行实践看,改革达到了预期目标,确实起到了调动全体员工积极性以及增加员工紧迫感、危机感和使命感的作用,解决了工作纪律涣散、人浮于事的问题,最大限度地降低了内耗,提高工作效率,理顺了工作关系,营造了一个民主、平等、团结、互助、竞争有序的工作环境。

工作人员的重新组合,根据"中层干部选聘上岗,一般工作人员竞聘上岗"的原则,具体采取以下方法:领导班子研究决定中层干部人选,并通过聘任程序上岗;随后进行一般工作人员竞聘上岗,通过自由竞争、双向选择的办法,使每位职工都找到适合自己的岗位。这种用人方式增加了工作人员的责任感和危机感,从调动工作积极性和提高工作效率来看,这

---

① 我馆为了加强管理实施"民主综合测评"[J].通图通讯,1993(1):2-3.

次人员重组是非常成功的,也为做好下一步工作打下了坚实的基础。

一般工作人员竞争上岗,实行双向选择,建立了一整套规章制度,采取一级负责一级的领导体制,初步形成了团队效应,上下一盘棋,做到有令必行,有禁必止。

通过中层干部的选聘和一般工作人员双向选择竞争上岗,员工都比较满意地找到了适合自己的工作岗位,上岗前进行了全员培训,并对中层干部进行了岗前培训,均收到很好的效果。

内部机制改革的顺利进行,为图书馆完善业务工作程序、完善各项规章制度,奠定了坚实的基础。

3. 制度化建设

科尔沁区图书馆一直重视各项规章制度的制定和贯彻执行,不但制定了各部室的工作制度,而且制定了工作人员借阅制度、考勤制度、学习制度、奖励制度等,使各项业务工作步入有序的工作轨道。

为了保证正常工作的顺利进行,每年初都在研究本年度的工作时,对各项规章制度进行讨论,及时修订,平时开展有针对性的学习,其中重点内容,要努力使员工记住,以便遵照执行,并通过目标化管理使管理工作不断完善,使各项制度更加系统、详细、明确。

通过内部管理机制的改革和各项规章制度的完善,图书馆的馆风馆貌和职工的精神面貌焕然一新,在各项工作中,馆内全体员工都充分表现出了高度的事业心和责任感,领导班子团结协作,身先士卒,形成了一种新的工作作风。

4. 建立健全民主生活会制度

图书馆的民主管理,就是让图书馆工作人员参加图书馆的管理工作,实现管理制度民主化。

图书馆把召开党支部领导班子民主生活会纳入每一年度的学习与工作计划,坚持每半年召开一次。在民主生活会召开之前,先制定详细的会议议程,确定本次民主生活会的议题以及要解决的问题,集中学习国家、自治区有关政策法规文件。在民主生活会上,每位员工都秉持对图书馆事业高度负责的态度,严肃认真地开展批评与自我批评,发扬优点,克服缺点,加强团结,使民主生活会得以在严肃、认真的气氛中进行,如实达到沟通思想、统一认识、改进作风、提高工作水平的目的。

实现民主管理的第一步是民主决策。图书馆管理决策的科学与否,直接关系到图书馆工作的成败。传统的决策方式为经验决策,这种决策不需要科学的预测分析,全凭决策者的主观经验,其他人员也没有太多选择的余地,只能被动接受。随着社会的发展,经验决策逐渐向科学决策、民主决策转变,个人决策逐渐向民主决策转变。工作在一线的基层员工,对图书馆发展最有发言权,为此科尔沁区图书馆广开言路,领导干部虚心请教,认真听取员工的意见,尤其是重视和听取不同意见,取长补短,从而实现决策的科学化、民主化。

坚持每季度召开一次馆务会议。坚持开展谈心活动,提倡人人做思想工作。

图书馆工会、团支部、妇联是发挥基层民主和提升管理水平的重要机构,具有协调和监督执行的职能。尤其是工会能充分了解和掌握广大基层员工的利益诉求,及时向上级反映,确保国家制定的福利政策和劳动保护政策能够更好地执行。此外,工会在宣传教育方面也发挥了积极作用。

## 思想政治建设

自"改革开放"以来,我国经济社会飞速发展,思想政治工作也得到了很大的推动。思想政治工作是经济工作和其他一切工作的生命线。目前,传统图书馆正向现代化图书馆过渡,图书馆思想政治工作的重要性有增无减。科尔沁区图书馆始终狠抓思想政治工作,总结出了一套思想政治建设的有效方法。

1.常规思想政治工作

(1)理论学习

加强思想政治工作,提高员工的思想素质和业务素质,是做好多项工作的基本条件,坚持常抓不懈,围绕中央重大决策部署、重要会议、重大活动,及时开展形势政策教育,深入解读国家重大方针政策,针对社会普遍关注的热点、难点问题解疑释惑、传递正能量。

多年来,图书馆每周三、周五坚持组织员工开展业务和时事政治学习,分专题集中学习了邓小平理论、"三个代表"重要思想、科学发展观和十七大、十八大及习近平总书记讲话重要精神。每次集中学习之前,都提前确定好学习主题,让员工将自己的实际工作、业务感受与理论联系起来,做好发言的准备。为了保证学习不是纸上谈兵,没有实际效果,在每次讨论之前,都先集中讲解理论知识,然后由员工根据自己的工作实际谈学习体会。

思想政治学习形式多样,除了讲课、讨论之外,还包括听党课专题讲座和报告、观看电视专题片以及反映共产党员先进事迹的录像片等。这些活动进一步引导了图书馆员工坚守社会主义职业道德,自觉加强思想政治修养,弘扬良好的工作作风,恪尽职守,以便更好地为图书馆的发展做出贡献、更好地服务于广大读者。活动结束后,会要求每人写一篇观后感,谈感受、谈体会、谈今后努力的方向。通过多种多样的思想政治学习,图书馆员工能用理论武装头脑,指导自己的学习、工作和生活,提高自身思想政治素质。

（2）大力开展健康向上的活动

除了理论学习之外，图书馆还通过一系列的活动，提高员工的政治思想觉悟，激发员工的工作积极性。如元旦座谈会、"三八"联欢会、"七一"为党组织增辉活动、"八一"军民联欢共建活动、重阳节慰问孤寡老人、社区义务劳动等，职工从中感受到了工作之余的快乐，也给工作带来了活力和生机。

2. 党的群众路线教育实践活动

2013年4月19日，中国共产党中央政治局召开会议，中共中央总书记、国家主席、中央军委主席习近平出席会议并发表重要讲话，决定从2013年下半年开始，用一年左右时间，在全党自上而下分批开展党的群众路线教育实践活动。由此全党全国上下掀起了开展群众路线教育实践活动的高潮。科尔沁区图书馆为此专门制定了深入开展党的群众路线教育实践活动的具体实施方案。图书馆作为重要的公共文化服务场所，理应积极投入这场盛大的活动中释放力量，进一步深化并提高图书馆的服务管理水平。

2014年3月5日，科尔沁区图书馆召开党的群众路线教育实践活动动员会。在大会上，副馆长刘士新对图书馆的群众路线教育实践活动进行了安排，馆长王黎在会上做了动员讲话。图书馆的群众路线教育实践活动在上级党委领导下有序进行。区委组织部、文化局群众路线党委的领导及主管局长出席了大会，区文化局副局长鄂丽丽到会讲话并对图书馆的群众路线教育实践活动做指示。

2014年3月26日图书馆做指示召开了以"为了谁、依靠谁、我是谁"为主题的讨论会。馆长王黎做"深入开展群众路线教育实践活动，强化图书馆个性服务工作"的专题报告。结合"为了谁、依靠谁、我是谁"主题，对开展图书馆个性化服务工作和开展了讨论。

图2-3 图书馆召开"为了谁、依靠谁、我是谁"主题讨论会

讨论中,党员结合自身工作的特点,畅谈了在服务工作中认清"为了谁"和发展图书馆事业"依靠谁"的诸多问题,理清了三者间的关系,找准了服务工作的方向,强化了服务理念和服务意识。"读者至上,服务第一""一切为了读者"的图书馆工作宗旨,蕴含于党的群众路线工作中,依靠群众真心服务就是在践行党的群众路线。

通过讨论,广大党员对党的群众路线教育实践活动有了更深的理解和认识,教育实践活动起到两促进的作用,为下步工作打了良好的基础。

自党的群众路线教育开展以来,图书馆全体党员认真学习有关党的群众路线的理论,边学习边查找服务工作存在的问题,并及时改进工作方法,进一步解决服务群众"最后一公里"问题。敞开馆门,走进乡镇、村屯、社区、机关单位办馆,把文献资源送到读者身边,吸引广大市民群众走进图书馆,充分利用图书馆资源丰富文化生活。在读者服务工作中,图书馆在有限的条件下,整合人力资源、文献资源和现有空间,调整完善图书外借处、民族地方文献室、过报过刊室和流动书库的设置。同时开展了无障碍服务的工作模式,贴近群众需要,极大地方便了读者。

通过努力整改,图书馆服务工作在群众路线教育实践活动中注重实际、立行立改,收到了良好的效果。

3."两学一做"

2016 年 2 月,在党中央领导下,全体党员开展了"学党章党规、学系列讲话,做合格党员"学习教育活动。科尔沁区图书馆积极响应号召,开展了一系列"两学一做"学习活动。

2016 年 5 月 11 日,科尔沁区图书馆党支部及时召开了"两学一做"学习教育启动大会。

图书馆党支部书记王黎主持会议,传达了上级关于《"两学一做"学习教育实施方案》的精神,解读了开展"两学一做"活动的重要意义、目的、教育的对象等问题。启动仪式上,支部书记王黎以"立足岗位,以学促做"为题,做"两学一做"学习教育专题讲座。

启动大会的召开,使图书馆的党员深刻领会了"两学一做"内容的基本内涵、牢记作为一名合格党员应该具备的素养,坚定树立新时期党员干部的良好形象,以及把学习教育与做好图书馆本员工作相结合的决心。

在"两学一做"学习教育中,图书馆为拓展学习教育方式,在图书馆的微信公众平台及图书馆网站建立了"两学一做"学习专栏。同时,还建立微信群进行"微党课"学习,促使党员充分认识到"两学一做"学习教育,基础在学,关键在做。图书馆的所有员工需要重温党的规章制度,自觉用党章和党规党纪规范自己的言行,助力自治区"十个全覆盖"和通辽市"双城同创"各项工作扎实推进。

图 2 - 4 "两学一做"学习教育与业务培训课堂

图书馆党支部通过"两学一做"学习教育与业务培训齐抓共进,在全馆营造了积极向上的事业氛围。图书馆要做公共文化服务队伍中的"关键的少数",铭记责任与忠诚,当好文化的引领者,做好知识的导航员,是学习、实践、服务中的每个科尔沁区图书馆人的事业目标。

## 加强人才队伍建设

### 1. 岗位业务学习

改革开放初期,在吉林省图书馆的启发下,通辽市图书馆深深认识到自身业务水平太低,必须认真抓业务学习,比如在学习有关图书采购与登记的业务知识后才发现,曾经的采购工作并没有验收制度,图书损失了,也不做注销手续,背书也不销账,财产账不起作用,书、卡、账不符造成很多混乱的局面,使国有财产失去制度保障,出现问题无法追究具体责任。

这种状况下,全馆开展了业务学习,先后两次派人到白城,听沈杰老师授课,组织员工将工作中遇到中的问题带到长春、哈尔滨、天津、北京等地的图书馆参观请教,也曾多次组织员工到通辽师范学院,听图书馆系孙老师授课,这些活动使图书馆的业务水平有了很大的提高,同时使每一名员工体会到图书馆工作是一门很复杂的学问,是一门科学。

在学习方法上采取以自学为主的方针,坚持每周三固定四个小时的业务学习。此外,员工相互帮助起很大作用,老员工一边自学,一边帮助新员工学习,使新员工很快熟悉业务。

为使工作人员产生持久的学习兴趣,图书馆于 2002 年采取了以下方法:一是引进人才的周期冲击,由于陆续新进的工作人员学历高于馆内原有的老员工,对老员工形成了一种学历冲击,迫使老员工调整自己的学历定位、提高专业技能;二是有计划地对员工进行业务培训,实行定时间、定老师、定内容及定期考试的形式,向员工讲授图书馆专业知识及相关学科、交叉学科的知识内容;三是提倡随机性学习,在馆内形成强烈的学习氛围。

图书馆是事业单位,时事政治学习和业务学习相互贯通是强化员工服务意识的重要切入点。为构建公共文化服务体系,积极组织职工学习先进图书馆的管理理念,了解图书馆界最新动态,图书馆结合党的方针政策组织全馆员工开展业务学习。科尔沁区图书馆于 2009 年开始建立业务学习讲课制度,每年由馆长授课 20 余课时,为员工讲解《中国机读目录格式》《中国文献编目规则》《三馆一站免费开放》《农家书屋管理员培训》《基层图书馆建设》《公共图书馆宣传推广与阅读促进》《关于文化事业单位理事会制度》《公共文化服务保障法草案(稿)》《文化部"十三五"规划编制社会意见》等课程,让员工了解国家的公共文化惠民政策、未来图书馆发展方向以及图书馆员的自身利益。科尔沁区图书馆在坚持组织业务学习同时,还成立业务学习小组,每周学习讨论业务知识,极大地激发了馆员的学习热情。

图 2 - 5　图书馆业务理论培训

在业务理论培训学习中,建立了业务馆长负责制度,采取自学互学的方式进行业务知识系统性学习。

此外,业务学习的方式还包括:外聘专家来馆讲座;参加学术研讨;组织馆际之间交流会;派馆员到兄弟馆参观学习等。

2. 积极参加培训和竞赛

作为地区性图书馆业务辅导中心,图书馆通过开设辅导班的形式培养图书馆专业人才,本馆员工也参加辅导班学习。其中规模和影响力较大的培训班有吉林省图书馆函授辅导班和内蒙古电视大学哲里木盟分校图书馆专业班。

1980 年至 1985 年,图书馆先后两次承担吉林省图书馆函授辅导站工作,培养两届160名学生。吉林省函授班共开设十门课程:图书馆与图书馆事业建设、藏书建设、图书分类与主题、图书馆及图书报刊目录、读者服务工作、科技文献检索知识、工具书的介绍和使用、目录学基础知识、图书馆的业务辅导和协作、图书馆现代化展望。该校通过两年的系统函授教育,使学员掌握图书馆学基础理论知识,熟悉图书馆工作的基本方法与基本技术,能熟悉和胜任图书、情报业务工作,并为学员进一步提高及钻研图书馆学、目录学、情报学理论等打下良好的基础。吉林省图书馆函授学校是一所为全省各系统、各类型、各级图书馆(室)、情报室、资料室工作人员开办的专业干部学校。它的举办,受到了全省图书馆、情报工作者的欢迎。

1985年图书馆还承担了内蒙古电视大学哲盟分校图书馆专业班办学任务,全盟共招收40名学员,这些人成为发展哲里木盟图书馆事业的骨干力量。

除了参加辅导班学习外,图书馆还不定期组织员工到内蒙古大学、吉林省图书馆、内蒙古民族师范学院、中央广播电视大学等进修学习,并聘请专家来馆讲学。通过各种方法,使全馆员工的业务水平都有了大幅度的提高。

竞赛是检验业务学习成果的方法。多年来,图书馆积极参加各种竞赛,并取得了一系列好成绩。

1990年,图书馆在全盟业务竞赛上取得三个第一名、两个第三名的好成绩,1992年9月,辅导部参加了哲里木盟公共图书馆图书分类竞赛,获得团体三等奖。

1995年11月20日,许斌、薛增祥带队参加内蒙古自治区第二届盟市级图书馆业务知识竞赛,这是通辽市图书馆第一次单独组队参赛,也是内蒙古自治区唯一能单独组队参赛的县级图书馆。馆领导非常重视,组成了由薛增祥为指导老师的参赛队,队员有牛永刚(编目)、郭宏(分类)、苏艳秋(候补队员)。郭宏获分类第三名,牛永刚获编目优胜奖。

2000年,自治区第三届公共图书馆业务竞赛上,科尔沁区图书馆获团体总分第五名;个人单项赛中,薛丽红获文献编目第二名、王黎获计算机编目第三名、郭宏获优胜奖。

2001年,通辽市第二届公共图书馆业务竞赛上,科尔沁区图书馆取得了团体第二名;个人单项赛中,王黎获文献编目第二名,薛丽红获文献分类第一名。

3. 多种途径提高馆员工作能力

进入21世纪以来,图书馆的职能发生了很大的变化,图书馆由储藏文献的场所转变为群众文化活动的综合性场所,图书馆馆员的角色也随之发生了很大的变化。图书馆员既是信息资源的管理专家、信息系统的维护员、信息的宣传员,也是信息资源的顾问、助手、教育者和培训者。随着阅读推广活动的展开,在一线工作的图书馆员又成了阅读图书馆员、阅读导航图书馆员、阅读分享图书馆员。这些重大的转变,促使图书馆员重新定位自己的角色,提高工作能力。为此,科尔沁区图书馆着重培养馆员的语言能力和策划能力。

图书馆经常举办各种活动、接待领导视察,因此馆员必须具备相当的语言能力,能主持、能演讲、能解说,能处理突发事件,掌控活动场面,才能保证活动顺利进行。对馆员语言能力的培养是从最基本的演讲做起的。馆内组织员工演讲比赛,要求每一位员工都独立发表演讲。有的员工由于羞涩、不善言辞而无法在大庭广众下开口,甚至产生退怯心理,通过鼓励、满灌疗法等方法帮助职工战胜恐惧,首先从在馆长面前练习演讲,然后逐步尝试在全馆人员面前开口,直至在图书馆组织的活动中能有游刃有余应对自如。

图书馆没有专业的活动主持人,而每次组织活动外聘主持人又是一笔不小的开支,因此图书馆必须培养出能独当一面的主持人。在不得不外聘专业主持人时,安排本馆员工与专业主持人搭档,在活动中锻炼主持能力,直至本馆员工能独立主持活动。

策划活动前,图书馆员工通过网上搜集信息,结合图书馆人力、物力,制定活动方案,撰写活动策划书。活动策划书交部门讨论,再上交馆长审核,如有不当之处继续修改,经过一轮轮修改,完善细节,方案力求周密、详尽,且具备可操作性、可执行性。

人才队伍建设的关键点,一是对现有人员进行各类馆内培训与实战。二是用人所长与内部挖掘相结合。新时期,科尔沁区图书馆准确定位,使图书馆成为市民终身学习的大学、休闲度假的"心灵后花园""第三文化空间",更将是展示改革开放成果的精神文明建设基地,为本市、本地区政治、经济、文化建设和社会和谐发展发挥重要作用。

## 学术成果

1.图书馆协作组织

(1)内蒙古自治区图书馆学会东部区协作委员会

内蒙古自治区图书馆学会东部区协作委员会,是受内蒙古图书馆学会领导的联合协作组织,成立于1989年10月,在赤峰市图书馆倡导下召开了第一次大会。委员会以加强东四盟(市)的图书馆学会和图书馆协作与协调,推动和促进图书馆事业蓬勃发展为宗旨,使四个盟市图书馆兄弟般紧密团结,通过相互协调与协作,从而使得各馆在业务工作和理论研究等方面取得了更大的成绩。

东部区协作委员会自成立以来,通过会议、征收论文、业务竞赛的形式使兄弟盟市图书馆事业,在协调与合作中得到了进一步发展,推进了图书馆理论研究,也培养了业务骨干和业务能手,为今后这一地区的图书馆网络建设奠定了坚实基础。

(2)图书馆协作委员会

1992 年 3 月 16 日,召开通辽图书馆协作委员会的协调会议;1995 年 6 月 8 日,通辽市图书馆召开"通辽图书馆协作委员会"预备会议;1995 年 10 月,举行"通辽图书馆协作委员会"成立暨通辽地区第二次学术论文研讨会。通辽图书馆协作委员会开展地区性的学术研讨活动,同时创办了会刊《通辽图书馆》(此刊于 2003 年改刊为《情报信息资料》)。编辑二次文献《情报信息资料》(季刊)、《绿园》(双月刊)、《图书馆工作简报》,搭建科尔沁区图书馆网站、图书馆公众微信平台,开通手机移动图书馆。2000 年协助内蒙古自治区图书馆学会共同出版了《内蒙古图书馆工作》会刊。

2. 专著

许斌和科尔沁左翼后旗图书馆包和平译著出版的《千家诗译释》,由东方出版社出版发行;王黎撰写《数字时代县级公共图书馆建设与服务》于 2012 年 12 月吉林摄影出版社出版发行。许斌编著的《现代图书馆 ABC》于 2005 年 1 月由吉林音像出版社出版;许斌编著的《中国民族文献学研究》于 1996 年 1 月由中国华侨出版社出版,该著作填补了我国民族文献学研究的空白。

3. 撰写论文

馆员对其实践工作阶段性的总结,既有利于馆员个人业务素质的提升,也为图书馆理论研究提供实践依据。因此,科尔沁区图书馆鼓励员工结合实际工作,进行理论性小结,养成撰写文章的好习惯,并制定了开展学术研究和写论文的奖励制度,提高了员工提升业务能力、搞好技能训练的热情,每年都评出在省级以上图书馆刊物上发表论文的状元并给予奖励。

1989 年,有 3 篇论文在哲里木盟图书馆协会组织的学术研讨会上参与交流。

1990 年,在省级刊物上发表论文 3 篇,1 篇论文参加首次全区青年图书馆工作者论文研讨会。

1991 年,有 13 篇论文参加通辽地区首届图书馆学术研讨会,其中有 2 篇论文在大会上被宣读,另有 1 篇论文参加了"华北五省论文研讨会",有 2 篇论文参加了中国图书馆学会举办的论文研讨会,5 篇论文参加了"东部区图书馆学术研讨会"。

1993 年 5 月,东四盟(市)论文研讨会在海拉尔市举行。哲里木盟共向会议提交 10 篇论文,其中通辽市图书馆被入选的有:《公共图书馆的低谷与出路》《略谈民族地区图书馆以文补文和多业助文》《略谈旗县图书馆在经济建设中的地位和对策》和《图书馆的藏书特色》4篇,其中有2篇被评为优秀①。

1997年,有2篇论文在省级以上刊物上发表。

2007年秋召开的自治区图书馆界学术研讨会中,王黎、姚慧艳两人的论文获得个人论文三等奖。

2008年,王黎的论文《新时期图书馆信息服务工作探讨》在内蒙古自治区(东部)图书馆学术研讨会征文活动中荣获三等奖。

四、员工论文集

科尔沁区图书馆每十年出版一册员工论文集,目前已经出版二册科尔沁区图书馆员工论文集,开创了县级图书馆出版论文集的先河。

2005年,为鼓励图书馆员工从事业务理论研究的积极性,作为2006年建馆50周年华诞献礼,编辑了职工论文集《图书馆工作实践与探索》,当年6月在吉林音像出版社正式出版。论文集共收录论文80余篇,其中许斌《发展乡镇(苏木)图书馆必由之路》获内蒙古自治区第四届社会科学优秀奖;王黎《努力做好新形势下民族地方文献的收集》获中国新时期社会科学成果荟萃三等奖,《大战略下民族地区地县级公共图书馆找准工作切入点之我见》获中国图书馆学会民族图书馆委员会第七次学术讨论会论文三等奖。

2016年为图书馆建馆60周年纪念编辑《基层图书馆工作思考——科尔沁区图书馆同仁文集》,收录30余篇员工论文,其中3篇为蒙文论文。

# 三、读者服务工作的发展与创新

## 常规读者服务

1.了解读者需求

(1)召开读者座谈会

为了加强图书馆与读者的交流与沟通,提高图书馆的服务和管理水平,科尔沁区图书馆每年都举办读者座谈会。通过座谈会介绍图书馆的馆藏、管理方式,倾听读者对图书馆的服务和管理等提出意见和建议,了解读者的需求,拉近图书馆和读者的距离,促进图书馆更好地为读者服务。

---

① 我馆四篇论文参加东四盟论文研讨会[J].通图通讯,1993(1):3-4.

图 2-6　读者座谈会

（2）有针对性地发展读者

图书馆尚未完全免费开放时期，由于资金有限，藏书递增速度远远满足不了广大读者的阅读要求，不得不划分读者群，根据"保证重点，照顾一般"的原则发展读者。按系统、按单位平均分配图书证的做法使一些图书证到不了真正的读者手中，变成了死证。为了使图书证能真正送到需要的读者手中，图书馆在读者座谈会上广泛听取了读者意见，先后走访了 30 多家工厂、10 多所学校和 20 多个科研单位，掌握不同读者的借阅要求，分出轻重缓急，根据不同要求有针对性地发放图书证。

（3）发放调查问卷和意见表

为了更好地为生产和科研服务，了解读者对图书馆及其资源的利用情况以及对图书馆服务的满意度，提高和改进图书馆的服务质量，图书馆曾多次深入乡村、社区分馆和来馆阅读学习的读者中征求意见建议。其中规模较大的几次调查是：

1992 年 4 月 1 日，图书馆发放读者阅读调查问卷 1000 份，回收 400多份，广大读者为图书馆工作提出了很多宝贵意见，对提高图书馆服务质量、图书馆建设起到了促进作用。

2013 年，科尔沁区图书馆免费开放已满 2 年，为了解免费开放后读者需求的变化，在读者中发放大量调查问卷。图书馆通过调查读者阅读方式、阅读频率、来馆目的、对馆藏资源的利用情况、阅读偏好等信息，为图书馆日后改善服务，提升图书馆资源建设的质量，优化馆藏布局体系提供依据和参考。

2016 年底开展"年底读者满意调查活动"，根据读者的反馈改进工作，并为读者提供更优质的服务。

2. 对读者进行阅读指导

读者能否充分利用图书馆,阅读辅导至关重要,为此图书馆做了两方面的工作。

(1)正确使用检索工具的辅导

在卡片检索阶段,图书馆把辅导读者查目录当作一项经常性的重要任务来抓,在日常工作中,工作人员经常采用同读者边介绍目录边查书的方法,使读者在实践中逐步掌握了各种目录的使用方法。

在计算机检索时期,图书馆通过举办网络知识讲座,教读者使用网络资源,使读者掌握了检索电子资源的方法。

(2)阅读辅导

传递信息和宣传教育是图书馆读者工作的重要职能,图书馆要在做好宣传教育工作的前提下,满足读者的阅读需求,使读者保持正确阅读倾向是读者工作中一个不可忽视的环节,这就要求图书馆做好阅读辅导。

一是对有些不适合青少年阅读的图书,限制流通范围;对思想健康、积极向上、普及知识的图书做"借阅推荐"。

二是开展读书活动,如举办读书报告会,使读者们互相交流读书方面的经验、体会,在此基础上为读者开辟了《读者园地》征文选登,为读者推荐优秀的作品。

三是推荐有教育意义的图书,培养读者的学习兴趣,使学习知识的队伍不断扩大,帮助读者充分利用图书馆的资源。

以上举动对改善读书风气起到了很大作用,提高了读者的阅读品位,阅览室座无虚席,读者通过利用图书馆开阔了视野,提高了专业学习水平。

3. 做好图书采购

图书馆的丰富藏书是做好读者服务工作的基础,而采购工作的好坏是决定藏书质量的关键。图书馆要最大限度地丰富馆藏图书,就要做好采购工作,这就需要采购人员做大量的调查研究,掌握本地区的读者需求情况,有针对性地购书,把钱花在刀刃上,同时通过多种渠道(如订购、直采、求交换、复制等)获取读者所需要的书刊资料。内蒙古地区文化发展水平不高,因此图书馆去外地采购图书非常必要;同时,图书馆馆藏图书既要符合读者需求,又要为本地区经济社会发展服务。因此,科尔沁区图书馆多次组织采编人员到北京、长春等地采购图书;在图书选择上,尤其是农业科技图书选择上,要特别注意相关主题的地区分布情况,唯有如此才能采购到适合本地特点的图书,不至于采购的图书无处可用。

4. 提高图书馆资源利用率

图书馆是公益性的文化服务部门,使读者充分利用图书馆的资源,是图书馆工作的出发点。图书馆资源利用率的高低,是评价图书馆服务质量的重要指标。在不同发展阶段,科尔沁区图书馆为提高资源利用率采取了不同的方法。20 世纪八九十年代,图书馆集中解决馆藏不足、读者阅读倾向不健康等问题;进入 21 世纪,图书馆重点做好宣传工作,以使更多读者走进图书馆,充分利用图书馆的各种资源,使图书馆成为终身学习的阵地。

20 世纪八九十年代,图书馆藏书难以满足读者对知识的渴求,为此做了以下几方面改革:

（1）扩大借书范围

以前,图书馆每年按计划发放读者证,对无证或无法办证的流动人员来馆借书,大多拒绝服务,读者意见很大。为解决了服务对象单一化的问题,1984 年借书处设立租书口,无证读者借书,交图书押金 5 元,每天租金 2 分,借期半个月。当年利用租书手段流通图书 300 多册,共 200 多人次外借。这些租书读者有从外地来通辽办事的人员,有在外地读书探亲回家的学生,还有临时急需图书的读者,接待读者超过了驻市职工的范围。

为了丰富离退休干部的业余文化生活以及满足一些领导同志的工作要求,根据有关出版物限制流通范围的特点成立了内部阅览室,收藏不宜公开流通的图书资料 6000 多册、期刊 30 多种。

（2）开展预约借书

为了提高图书的利用率,减少拒绝率,图书馆对特需图书读者急需采取了预约借书的方法,充分发挥了稀有资料的作用,弥补了副本少的不足。预约外借图书,为阅读者制作预约登记卡,随时掌握预约图书的周转情况和去向,掌握预约读者需用的时间,随时调节流通进程以缓和需求矛盾,起到了正常流通所不及的作用。例如,读者刘杰进行地理方面的研究,急需《徐霞客游记》,图书馆只有两本,借阅人很多,便采取了预约的方法,这本书同时在几个急需读者手中流通,节约了读者等书的时间,提高了利用率。赵柏山需用《美术作品》做教材,图书馆也用预约的方法解决了他急需而借不到的困难。流通的图书中,如北京海淀、东城二区出版的高考复习资料,电大、函大有关教材和教学参考书,都通过这种方法调节了供不应求的矛盾,使读者十分满意。

（3）馆际互借,开拓书源

馆际互借,是基于馆际之间资源共享而推出的一种服务方式。对于本馆没有的文献,在本馆读者需要时,根据馆际互借制度、协议、办法和收费标准,向外馆借入。在市内,图书馆同各大中专院校建立馆际互借关系,如部分为农业生产服务的图书是从哲里木畜牧学院借来的;在市外,同北京图书馆(今国家图书馆)、内蒙古图书馆、吉林省图书馆等建立了馆际互借关系,以满足生产和科研的需要。

5. 做好图书馆宣传工作

（1）以活动为依托打造宣传平台

图书馆经常开展各种公益讲座、展览、座谈会、报告会等活动,精心策划的活动不但丰富了群众的精神生活,也是对图书馆品牌的推广。

（2）与媒体联手强化宣传效果

报刊、广播、电视等新闻媒介,已成为人民生活的一部分,尤其是互联网媒体,已经成为当前传播速度较快、范围较广、受众较多的新闻媒介,媒体宣传扩大了图书馆的知名度。

（3）图书馆自身的宣传网络

科尔沁区图书馆网站也是重要的宣传渠道,网站中"文化动态"栏目汇集了图书馆举办的各大活动、图书馆新闻公告、馆藏资源等信息,读者可以通过网站搜索了解图书馆的最新动态。

微信公众号是新媒体的典型代表,科尔沁区图书馆公众号及时发布各种活动组织、报名、宣传等方面的新闻,也是读者了解图书馆的重要渠道。

（4）传单和海报宣传

宣传单是图书馆早期经常使用的宣传方式,宣传单是一种低廉、直观、内容详尽、覆盖范围广的宣传方式。每当图书馆服务宣传周期间,馆长都带领职工在繁华路段发放宣传单,向群众介绍图书馆的作用。

宣传海报是应用最早和最广泛的宣传品,它展示面积大,视觉冲击力强,最能突显图书馆举办活动的目的。

## 为农业生产服务

1. 图书馆为农业生产服务的发展历程

改革开放以后,我国的农村经济形势发生了深刻的变化,科学的农业生产成为潮流,农民逐渐重视科技信息在农业生产中的作用,图书馆利用自身的信息资源优势,在为农业服务方面进行了大胆的尝试,并总结出一套行之有效的服务方法。

2000年前后,图书馆调整了为生产服务工作的布局,集中人力、物力,实行重点服务和跟踪服务,做到"四定一建一加强",即定题、定户、定项目、定期走访,建立业务档案,加强主动上门服务,了解用户需求,及时送去有关资料,保证资料的完整齐全,无偿提供服务。此后,图书馆将工作重心由定题服务转向情报信息咨询服务。原因有三:一是一批批乡镇图书馆逐渐建立,成为为农业生产服务的主要力量;二是由于互联网技术的发展,农村有更多渠道获取信息,图书馆为农业生产服务方式转变为情报信息咨询;三是农村富裕起来以后,对精神文化的需求越多来多,图书馆应适应新形势,逐渐扭转农村工作思路。

2. 图书馆为农业生产服务的方式

（1）送书下乡

内蒙古地区地广人稀,村庄分布比较分散,偏远地区较难获得科技图书,农民想看书没有地方借,文化站想买书没有资金,特别是有知识的青年农民急需相关科技知识来指导农业生产。为此图书馆开展定期和不定期科技图书下乡活动,尽可能使更多农牧民受益,通常分为两种方式:为人找书和为书找人。

"为人找书"是指图书馆工作人员身背大书包,脚踏自行车或乘火车、坐汽车,走遍全市 28 个乡镇、苏木,深入 300 多个村屯、嘎查,直接为生产专业户服务。"为人找书"为更多的农牧民创造利用图书馆的机会。图书馆员主动走向农村牧区,深入调查了解农牧民的生产生活情况,比如生产项目、规模以及生产中的困难和问题等,再根据季节的变换和不同的生产周期,为农牧民提供最适合的书刊资料;通过参加农村牧区举办的各种类型的农业现场会、农业技术员培训班以及召开"专业户座谈会",广泛了解农民的需要。

"为书找人",即把某一类或某一具体的图书,通过某种方式提供给需要它的用户或个人,这是提高馆藏书刊利用率的好形式,是"为人找书"的继续和发展,它进一步打破了等读者上门借阅的局限,主动地拿着书去寻找需要它的人①。

图 2 - 7　图书馆辅导部工作人员为养鱼专业户送书

图书馆为农民送去的科技图书有:《北方粮食作物蔬菜主要病虫害彩色图集》《瓜类栽培技术》《养奶牛技术》《蔬菜生产技术手册》《快速养猪法》《蛋鸡生产》《家庭养禽手册》《葡萄栽培技术 200 问》《常用农药应用技术》《杂交水稻制种和栽培技术》《水稻育秧法》《蔬菜虫草害防治》《庭院蔬菜保护地栽培技术》《保护地蔬菜病虫害防治》《蔬菜优良品种》《温室塑料棚环境管理》《棚室蔬菜生产配套技术集锦》《温室大棚蔬菜病害

---

① 陈新军. 做书与人的"红娘",更有效地为农牧民服务[J]. 图书馆学刊,1994(3):61.

防治》《蔬菜育苗技术》等。图书馆每年对乡文化站、村图书室、重点户、专业户送去的图书达千余册。

（2）代购科技图书

图书馆辅导部在农村举办小型书展的过程中,发现农民对科技图书的需求量极大,仅通过图书馆阅览室流通图书,根本无法满足广大农民对科技图书的需求,甚至通过馆际互借的方式也不能满足。实用性、通用性科技图书最受欢迎、需求量最大。辅导部在走访新华书店时发现,书店有一批因错订而积压的图书即将被处理,这些图书涵盖蔬菜、大棚、养殖业等方面,都是农民需要的图书。由此,辅导部开展代购科技图书业务。一方面,对于重点图书,农民可以人手一册;另一方面,书店积压库存得到解决。这项服务受到了农民的欢迎,对没有买到图书的农民,图书馆都做了详细的登记,以后购到同类图书优先提供。

（3）编辑信息小报和刊物

图书馆充分发挥信息灵通的优势开展信息服务工作,注重抓好"选、送、收"三个环节,精心收集和筛选信息,务求新鲜、准确、可靠、有较强的时效性和针对性,设专人收集、裁剪农牧业科技信息,按类别编辑成各种科技小报,把编辑信息资料迅速、及时、准确地传递到农民手中,为农民提供快捷的服务,并及时收集农民关于应用资料的反馈情况,进行再跟踪服务。这对广泛普及农业科学技术及生产技术,推广新的科研成果、新技术、新经验,都起着积极作用[①]。图书馆编印的信息小报和刊物有:《农牧民致富之友》《信息纵横》《决策信息快报》《致富信息快报》《农村致富信息》《农村致富文摘》等。

（4）定题跟踪

辅导部通过下乡活动,对全市乡镇、苏木做了周密的调查研究,了解各个乡镇、苏木农牧业生产情况,经过初步的筛选,结合图书馆提供信息资料的能力,选择若干农村作为图书馆为农业生产服务定题跟踪服务的重点对象。定题跟踪是一项长期性的服务,图书馆为选定的项目提供技术资料并持续跟进,随着农业生产的变化及时提供针对性强的资料;如果馆内资料不足,则通过馆际互借的方式解决。及时验收服务成果,认真总结经验,提高服务质量。

另外,建立科技咨询档案、科技图书赶集、推荐专题书目、图书展销等方式是图书馆在多年工作中创造出来的路子,经过多方努力,取得了明显的社会效益和经济效益。

---

① 潘晓光.乡级图书馆(室)为农村商品生产服务方式综述[J].图书与情报,1986(21):148 - 150.

### 3.图书馆为农业生产服务的重要成果

角干乡枕头村王喜明于1988年开始养兔,由于缺乏经验,对兔病既不能防又不能治,兔子一只只死去。一年过后,兔病有增无减,而兔子数量有减无增,30多只兔子仅剩1只种兔和3只母兔,正当他失去信心准备放弃时,图书馆给他送去了《养兔200问》一书。1989年8月,图书馆工作人员回访服务效果时,他高兴地说:"当时我得到这本书,跟得了宝似的,连着两个晚上通读了一遍,然后再一页页地看,一页一页地琢磨,现在不是我说大话,兔子在那趴着不动,我观察一下它的形态,就知道得了什么病,药到病除。"他接着说:"图书馆的同志使我重整旗鼓,激发起了我养兔的积极性。"后来,他的兔子繁殖到了70多只。

陈家店镇查干花村养牛大户孙德林、张福禄通过科学饲养,缩短了牛的出栏周期,牛膘好、出栏率高,三年出栏肉牛80多头,直接销往沈阳、大连等地;温室蔬菜生产专业户常思富,通过学习和参考图书馆提供的各种资料,并在生产中应用,仅一个生产周期就收回了成本,第二个周期收入万元以上;保护地生产户贾占山,在阅读图书馆资料后,解决了早春蔬菜生产的许多难题,获得了高收入,走上了致富路;张亚春、张云霞夫妇先后下岗,在谋求就业之际,图书馆启发他们从事家庭养兔,并为他们提供了必需的资料,于是二人在前双井子村租下了三间平房,搞起了养兔业,图书馆先后几次为他们送去《家兔饲养与兔病防治》《养兔问答》《兔病防治手册》以及图书馆自编的《农村致富文摘》养兔专辑,仅一年存栏兔已从20多只发展到300多只,效益明显。

### 4.图书馆为农业生产服务经验总结

(1)要下乡了解农业生产

预订科技书每种少则二三百元,多则三四千元,一旦订错也不能退订,这就需要工作人员对农业生产有一定的了解,要具备丰富的农业知识,能深入了解农牧民需要何种图书、需求量有多大,因此下乡成为农业服务的基本前提,图书馆每年下乡达200多人次,一年中有1/3的时间都用于下乡,深入基层走访、调查,使图书馆为农业服务的针对性更强。

(2)构建服务网络

在代购科技图书为农牧业生产服务的过程中,图书馆利用着多维的、立体的知识信息传递网络,与市农业局技术推广培训中心、市民委科学技术推广科、大中专院校图书馆等合作,这是横向的协作网;通过乡文化站图书室、村文化室图书室,为农牧业生产服务,这是纵向的图书馆网点,村图书室利用自己的藏书直接为生产服务,其作用比"送书上门"大得多;通过党政干部、科技干部和科技示范户向下传递科技图书,这构成了重点读者网络。把三者有机地组合起来,就形成了一个比较完善的、相当有效的知识信息传递网络①。

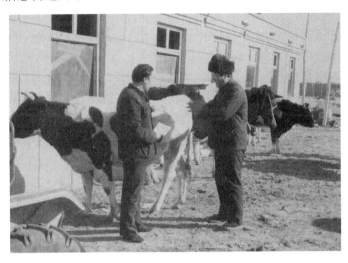

图 2 - 8　为养牛专业户送书

## 为工业生产服务

改革开放后,图书馆的思想发生了很大变化,不再坚持藏书楼式的保守运营理念,逐步树立了"读者第一"的思想,走出图书馆,主动服务。乡镇企业的发展为图书馆为科研、为生产服务提供了可能。

1. 各类工业企业的特点和服务需求

起初,图书馆为工业生产服务遇到了很大障碍,原因有以下三个方面:

(1)规模较大的工业企业,一般都有一定规模的资料室,资料相对齐全配套,技术力量也较强,基本能够满足本厂生产需要。若开展重要的生产或新的研究课题,一旦缺少资料或技术人员,往往与外省区的工厂搞"横向联系",签订生产攻关"合同",或高薪聘请技术人员来厂当技术顾问。图书馆既缺乏专业人员,又缺少专业资料,没有为之服务的资源和条件。

(2)某些小型工业企业,如街道办厂、乡镇企业等,生产项目一般是固定不变的,不会轻易转产,以维持生存为目标,不求革新、研究新课题或开展新项目,图书馆没有为之服务的突破口。

(3)图书馆的知名度不高。有些厂家对图书馆的性质及服务对象、服务内容不甚了解,图书馆的员工到厂里主动为某一个项目服务,被视为和工厂争夺利益,工厂采取回避或不信任态度。图书馆员工只能无可奈

---

① 薛丽红.图书馆为农牧业生产服务的捷径[J].农业图书情报学刊,2005(3):100 - 102.

何,根本无法进入工厂展开服务。

针对以上问题,图书馆采取两种措施找到服务门路,一是开展工会图书馆达标活动,敦促市总工会重视基层工会图书馆工作,然后由辅导部对各基层工会图书馆进行业务辅导,借助工会图书馆(室)的渠道为工厂科技生产服务;二是定向上门,提供文献、情报,不断拓宽服务面,加深服务内容,强化服务能力。

2. 图书馆为工业生产服务取得可喜成果

图书馆负责跟踪服务的馆员经常深入工厂等科研单位进行摸底调查,开展定向服务,对通辽市40多个重点技术改革项目进行了摸底分析,做了合理的安排,为选定的项目送书上门,遇到难题在馆内查不到资料就利用馆际互借,向他馆求援,千方百计解决难题。例如,县变压器厂技术员赵玉枫同志研究"节能高效采暖通风炉",图书馆送去了《采暖设计》《供热工程》《空调调试》等资料,还帮他请了其他单位的技术人员帮助设计;对通辽市第二轻工业局的"塔式吊车"项目、经委的排污工程等,图书馆都给予大力支持。

图2-9　为变压器厂技术革新提供跟踪服务

太平乡是通辽市的贫困乡之一,乡镇企业钢窗厂技术力量薄弱,工厂的六名电焊工急需培训,如果到外地参加培训,至少要花费数千元,请技术人员来现场指导也要花高薪。文化站站长找到薛增祥,薛增祥为他们提供七册《初级电焊工艺学》,在厂长的带领下,经过短短几个月的学习,工人的技术水平提高了,产品质量也相应地得到了很大提高,1988年产值仅5万元,1989年激增到12万元,1990年又提高到23万元,厂长高兴地说:"这是给我们带来了不走的师傅。"

医药原料合成的图书专业化较强,使用的读者不多,鉴于这种情况,图书馆及时将出版信息传递给通辽制药厂和爱民制药厂,为厂家解了燃眉之急。

1986 年,市政工程污水处理厂用处理的废水养鱼,由于急于求成,过早将鱼苗放入鱼塘。得知这一情况,图书馆及时将有关淡水养鱼的书籍送到了饲养人员手中,他们也正在为缺资料而发愁,感动地说:"你们真是为我们送来了及时雨。"送去资料的第二天早上,鱼塘就有几百只鱼苗上漂,由于手头有资料,及时找出病因,投放药物,几天后根治了鱼病。事后,市政工程污水处理厂给图书馆写了感谢信。

原通辽县变压器厂是图书馆的老服务对象,变压器厂在设计制造储油罐过程中遇到了难题,图书馆及时向他们提供有关资料,利用《炼油设备抢修手册》一书解决了生产中的关键环节的难题,使设计生产顺利完成,这项成果还被盟电视台做了报道。1986 年变压器厂赵工程师代表读者参加图书馆建馆 30 周年庆祝大会,并做了发言。

3. 为工业生产服务经验总结

(1)加强对服务对象的研究

研究服务对象是有针对性地开展服务工作的前提,大中小企业对科研的需求是不一样的,只有对各类企业的需求进行调研,才能有的放矢地做好服务工作。图书馆要使企业充分认识到图书馆提供情报信息的职能以及在提供科技资料方面的优势,培养企业使用图书馆资料的意识。

(2)实现资源共享

县级图书馆的资源是非常有限的,难以独自承担为工业生产服务的重任,因此加强图书馆间纵向与横向的联系和协作是非常必要的。为此,科尔沁区图书馆与北京、大连、沈阳、呼和浩特等地的大型图书馆建立了馆际互借关系,实现文献资源、人力资源、设备资源共享。另一方面,科尔沁区图书馆建立点面结合的图书馆(室)服务网——以各基层图书馆(室)为基础、以总工会为中心的协调机制,提高了服务工作的社会性和服务质量。

## 信息咨询服务

咨询工作是现代图书馆为读者服务工作的主要组成部分,它是图书馆阅览服务工作的深入发展。信息咨询服务是以信息媒体中的信息资源为工作对象,结合特定用户的信息需求,以信息开发为手段,对信息进行分析、综合、浓缩、转换与创新等一系列工作的总称,是图书馆读者服务工作的一种形式[①]。科尔沁区图书馆提供信息咨询服务的任务是:解答读者关于文献资源利用及图书馆信息服务的咨询;负责数据库资源的宣传、

---

① 杨广军,刘卓文.现代信息咨询服务如何进行[J].企业标准化,2005(6):68-70.

利用和培训及评价工作;负责馆际互借和文献传递工作以及本地区科研、论文的协助检索工作;跟踪电子资源的发展,收集各种数据库的使用数据并对其进行分析。

1985 年,图书馆利用馆藏的报纸和刊物合订本,集中建立起资料室,以资料室为基础开展咨询工作,使藏书发挥出最大效益。组织人员对资料室的资料进行了清点,对咨询工作和提高利用率起到了促进作用,取得了可喜的成果。1994 年,图书馆设置了参考咨询部,当年接待各方面读者 170 多人次,收到了明显的社会效益,受到了读者的欢迎。1999 年,图书馆扩大开放资料室,各对外服务窗口均开展咨询接待工作。此后,咨询部虽然取消,但各窗口开展咨询服务的传统一直保留下来。科尔沁区图书馆提供信息咨询服务方式包括:代购图书、查找文献、复印资料、代查代借、学术支持送书上门、定题服务、建立信息咨询服务档案等。

1. 查找文献

查找文献是最基础的信息咨询服务,是指在调查了解有关课题情况的基础上,确定解决问题的初步方案和方法,然后进行文献查找,将获得的结果直接通知用户,检验其效果,听取反映,以便修正检索方案,进行深查或再查。图书馆奉行公益服务原则,此项服务不收取服务费。

通辽市公安处机务二队唐希典,在少数民族地区工作,与少数民族群众多有接触,他为了更好地开展工作,自己研究少数民族历史和民俗风情,图书馆向他提供了《中国少数民族历史人物》《中国少数民族》等书,解决了研究过程中的资料问题。

1985 年 11 月中旬,市委书记戴刚来图书馆找参加自治区党代会的资料,图书馆资料室将相关资料复印后送过去。盟爱国卫生运动委员会主任祝广凯为通桥县地方志办公室查找与瞻桥县县名来历有关的文句"瞻桥修关忘去耕田"的出处。由于此项项目难度较大,馆长带头一起动手,大海捞针。找到相关文献后,祝主任非常感激,工作人员也接受了一次业务技能训练。

通辽市印刷厂生产科在印刷 1987 年日历时,需要搜集大量"知识小品"和"名言"等资料印在日历上,以丰富版式,美化页面,因此来阅览室提出咨询,阅览室的员工为他们提供了需要的全部资料,使 1987 年日历书印刷任务提前完成,印刷厂还写来了感谢信。

2. 复印资料

在资料室开展业务活动时,由于资料室资料不外借,为了提高资料的使用价值,图书馆于 1984 年购买一台上海产的静电复印机,为读者提供资料复印业务,解决了绝版书、珍本书复本少所带来的不能借阅的问题。当年,市电机厂急需一些技术档案图纸,时间非常紧迫,复印室工作人员加班加点,按时完成了复印工作;资料室还为盟检察院复印了一批日伪时期的法令、法规,使绝版书得以充分利用。当年图书馆只用短短半年的时间,就为读者复印急需的资料800多种、5000多份,为广大读者进行生产科研做出了一定的贡献。此后,只要有新的打印机、复印机问世,图书馆都第一时间购买,图书馆的打印、复印设备始终是通辽地区最先进的。

图2-10　图书馆第一台静电复印机

3.学术支持

图书馆是读者获取知识和信息的场所,更是读者学习中心、研究中心、交流中心、创新中心。民族地方文献是科尔沁区图书馆的特色馆藏,图书馆始终坚持为研究地方经济、文化提供信息支持。

1991年,哲里木盟民族事务处塔木扎布利用图书馆提供的资料与他人合作,编译了蒙汉文对照的《盐碱地看图种水稻》一书,由内蒙古出版社正式出版,解决了民族地区开发水稻看不懂生产技术资料的难题,为民族地区脱贫致富做出了贡献。后来这本书遍布全盟各水稻开发区,受到了好评。木里图镇、哈日干吐苏木、太平乡的水稻生产都利用了这一科技图书。

图书馆为大中专院校师生及社会各界专家、学者进行科研活动、撰写论文提供文献支持,成果显著,多次收到读者感谢信。

4.代查代借

作为县级图书馆,科尔沁区图书馆只能在有限的资金条件下扩大馆藏,而读者的需求是多元化的,为此图书馆开展了馆际互借、代查代借服务,与国内大型图书馆和相关图书情报单位建立长期、良好的合作关系。以自身资源为基础,以国内外其他图书馆和情报机构资源为外延,由专业的图书馆员代为检索,为读者提供各类全文文献的代查、代检以及文献传递服务。

例如,1988年通辽玻璃厂向图书馆所借《R410热力管道保温结构》《R104热力保温》等书,就是利用馆际互借提供的。通辽电厂总工程师何厥楧从1982年开始研究新型除氧应用问题,图书馆坚持几年帮他从北京

科尔沁区图书馆史

图书馆借书,先后向他提供了《热交换器手册》《美国机械工程学会文刊(合订本)》等资料,这些资料对他的研究起到了很大的帮助,他撰写的实验报告和论文都参加了东北电力周的学术报告会。对旗县图书馆借书也给予大力支持,如奈曼旗图书馆借的《大理石的加工》《花生种植》等书都发挥了很大作用。

5. 网络环境下信息咨询服务的新发展

随着网络环境的改变,信息技术突飞猛进的发展,读者信息咨询服务也发生了很大的变化:一是咨询参考源多元化,二是咨询服务手段自动化,三是咨询服务方式多样化,四是咨询服务内容全息化,五是咨询服务对象广域化,六是咨询服务队伍专业化,七是咨询服务观念人本化[①]。这些都促使图书馆转变信息咨询服务观念,提高参考咨询队伍的知识素养。为此,图书馆一方面提高工作人员的计算机水平,适应信息技术的发展;另一方面深入广大读者中了解读者的需求,努力开发各种文献资源,不断创新参考咨询服务方式,使图书馆在地方经济、社会、文化发展中发挥更大的作用。

## 情报信息开发整合

情报职能是图书馆的一大职能。随着改革开放的不断深入,情报信息在各个领域中起到的作用越来越重要,图书馆需要在传统服务的基础上,发挥自身的优势,进一步发挥图书馆的功能作用,尤其是情报职能作用。

所有来自外界情报信息,都需要图书馆管理人员进行大量的收集、研究、分析工作,整理出对本地区经济社会发展有价值的情报信息,再经过加工、整合,按类别保存。当读者群需要时,能够准确而迅速地检索到自己所需求的情报信息。科尔沁区图书馆在情报信息开发整合工作上取得了以下成果。

1. 科技小报和杂志

科尔沁区图书馆编印科技小报的历史可以追溯到改革开放初期,当时图书馆抓住乡镇企业经济和农牧业经济发展的大好机遇,在广泛调查的基础上建立了为农工业服务咨询档案,在整合馆藏图书、报纸、杂志的基础上,结合工农业生产的需求,编印了《信息摘编》《农村致富文摘》《农村致富快报》等科技小报,免费发放给农牧民。根据通辽市不同的生产季节、生产周期,编辑发行不同专题的信息,如"温室蔬菜生产类""禾谷类""瓜果类""养殖类""综合类"等专辑;根据不同专业户的需要,进一步编

---

① 倪俊秀. 网络环境下图书馆参考咨询服务新发展[J]. 黑龙江科技与信息,2009(31):144.

辑针对性较强的信息专辑,如"养兔""养鱼""养牛""养羊""养猪""养鸡"等。

科尔沁区图书馆编印的科技杂志双月刊《绿园》,汇编了农牧业生产的科技信息,文章通俗易懂、简单易学,具有很强的实用性。

这些信息小报和刊物在为农牧业生产服务中起到了不可替代的作用,深受用户喜爱。

2. 地方信息报纸题名索引

在当今信息时代,搜集、加工、整理、编辑、传递二次文献至关重要,情报信息开发、整合和利用工作是科尔沁区图书馆的重要课题。图书馆综合馆藏信息及网络信息,从 2000 年开始编辑出版了《地方信息报纸题名索引》,此文献每年一册,汇集了各家报刊刊载的通辽信息题名,以增强报纸的易读性。

3. 为领导决策和图书馆协作委员会服务

《信息纵横》创办于 20 世纪 80 年代初期,是为领导干部政治决策提供参考的刊物。它将中央最新精神、重大事件、重要政策及有关热点问题及时刊登出来,直接送到盟、市有关领导干部手中,供领导决策时做参考。

1992 年,通辽图书馆协作委员会成立,委员会的日常事务由辅导部负责,辅导部除了为各成员图书馆(室)做业务辅导工作以外,还组织各馆(室)之间的相互学习,取长补短,互通情报,号召各馆(室)积极参与对通辽地区图书馆事业发展前景的探讨,撰写研究论文,论文刊登在《通图通讯》上。《通图通讯》是通辽市图书馆馆刊,1995 年更名为《通辽图书馆》,2003 年更名为《情报信息资料》,《情报信息资料》为季刊,自创刊以来,深受图书馆界的关注和喜爱。图书馆界积极撰写论文,为刊物增添了光彩。此外,《情报信息资料》还为地方政府领导决策提供信息服务,在为党政领导提供政治、社会、经济信息,当好他们的参谋,在加强图书馆之间的联系沟通、交流工作经验方面都起到了一定作用,并得到专家及地方政府领导的认可与好评。

# 四、数字图书馆建设

## 科尔沁区图书馆数字化建设历程

1. 数字图书馆产生背景

21 世纪是知识经济的时代。在信息社会,信息的获取、分析、处理、发布、应用能力已经成为现代人重要的社会生存能力,更是文化水平的标志。各领域都引入了计算机管理,人们的工作、生活、学习方式发生了很大的变化,社会对信息的需求促使图书馆改变其传统服务方式,实现图书馆的数字化和自动化。

图书馆的信息化建设是指应用现代计算机技术、信息管理技术将图书馆传统的馆藏资源进行数字化处理后存储于特定的数据库中通过网络形式将其放在相应图书馆网站供用户检索、使用①。数字图书馆是伴随着互联网发展而产生的一个正在成长中的新生事物,是为了从根本上改变互联网上信息分散、无序、不便使用的现状而提出来的下一代互联网信息资源的管理模式。

1997 年 7 月,"中国试验型数字式图书馆项目"由文化部向国家计委立项,由国家图书馆、上海图书馆等六家公共图书馆参与,该项目的实施是我国数字图书馆建设开始的标志。经过十几年的探索和努力,在网络平台建设、关键技术研发、数字资源建设和数字图书馆服务等方面均取得了重要进展,初步形成了由国家级数字图书馆、行业性数字图书馆和各区域数字图书馆组成的数字图书馆建设与服务体系;积累了一批内容丰富、形式多样的数字资源,开展了各具特色的数字图书馆服务,针对中文信息处理的关键技术研发取得了重要进展,初步形成了围绕数字资源制作、管理、组织、存储、访问、服务的技术支撑环境,为进一步加快数字图书馆建设积累了丰富的经验,打下了坚实的基础②。

2.科尔沁区图书馆数字化建设原则

科尔沁区图书馆本着突出民族地方特色的原则,充分发挥馆藏文献资源优势,以翔实的文字、精美的图片、丰富的视频等多种形式进行了数字图书馆建设工作。

馆藏资源数字化,是指将图书馆印刷型文献以及其他类型文献信息数字化,制成各类数据库。在建库之初,图书馆制定了三项原则。

一是特色性原则,即对录入数据的特色文献,在字段上做重点处理,尽量突出图书馆的特色,比如对"文革"时期的书、刊、报、宣传画、手抄、民族地方文献录入要求详细,并配有摘要、作者简介等。同时馆藏建设更加注重特色化,突出馆藏特点,尽量保证其系统性、完整性和权威性,坚持做到"人有我优,独具一格",地方文献书目数据库网上开发、地方信息报纸题名数据库网上开发、过刊题名数据库网上开发是网络环境下信息资源特色化建设的一大新亮点,最大限度发挥了图书馆搜索资源的利用价值。

---

① 张永荣.图书馆信息化建设中出现的问题和对策[J].内蒙古图书馆工作,2013(2):73-75.

② 周和平.加快数字图书馆建设 全面提升城市图书馆服务水平——第六届上海国际图书馆论坛上的主旨报告[J].图书馆杂志,2012(9):2-5.

二是价值性原则,图书馆的文献大多是 1956—1989 年间的文献,具有很高的参考价值,是值得保存的文献。

三是安全性原则,严格执行有关规定,保证入库文献安全。

科尔沁区图书馆数字资源形式有两种,即书目数据库和全文数据库。根据数据来源,数据库建设任务分为新书建库任务、回溯建库任务、期刊的数据录入任务、民族地方文献建库任务、《地方报纸题名数据库》建库任务、科尔沁区图书馆馆刊《情报信息资料》的全文数据库建库任务几种。

3.图书馆信息化建设遇到的障碍

作为基层县级图书馆,虽然一直在艰苦努力,使图书馆的现代化步伐适应广大城乡用户的需要,但在数字化建设初期,仍然遇到了各种阻碍。

第一,由于资金不足,计算机硬件设备购进多年后,仍然不能购买软件,图书馆业务工作无法实现现代化管理,业务管理还仍然停留在手工操作的原始阶段,例如刻钢板编制目录卡片,这种手工刻钢板的目录卡片制作方式早已为其他所图书馆淘汰。

第二,建设数字图书馆,实现信息化管理,需要政府的资金投入,省市级图书馆的协作、协调以及资源的合理配置。

第三,电子出版物的严重匮乏,也是网络化信息服务的难点。

第四,技术人员不足,也成为制约图书馆发展的一大因素。一方面,部分人员由于年纪较大,知识更新慢,计算机操作不熟练,无法适应建设数字图书馆的工作;另一方面,图书馆难以留住成熟的网络技术人才,使图书馆的发展受到相当的限制。针对这一问题,图书馆聘请软件专家来馆对一线工作人员进行计算机业务流程培训,工作人员"忙里偷闲"学习计算机,遇到无法解答的问题通过电子邮件请教专家。

第五,尽管图书馆的工作人员是图书馆管理信息化建设的主体之一,但读者才是图书馆管理信息化建设的目标对象。如果读者对图书馆的认识还停留在借书还书阶段,那么不管图书馆数字化建设取得怎样成就都没有实际价值。因此,在建设数据库的同时,图书馆还通过多种方式对读者进行宣传教育,提高读者利用数字图书馆的能力,如通过举办讲座的方式,教会读者怎样使用计算机、怎样查询图书馆的电子资源,提高读者的检索技能。

4.科尔沁区图书馆数字化建设进程

数字图书馆的建设分为硬件设施的建设、数字资源建设、基于网络化的服务等。

在数据库建设前期,图书馆要扎实做好各项准备工作:成立建库工作小组,制定建库方案;确定适合本馆的建库方式;制定合理的工作指标和建库细则;集中培训建库工作人员;认真做好藏书清点和剔旧工作①。

传统的图书馆服务方式,远不能适应信息时代的需求,图书馆作为一个信息集散部门,迫切需要电子计算机技术和现代化的管理,以先进的技术、高速的服务传递科技文化和知识信息。为此,2001 年图书馆多方筹集资金购置的 5 台计算机,以满足图书馆数据库建设需要。

2002 年,图书馆安装 ILAS 软件系统,开始实行图书馆自动化管理。

2003 年,在技术、资金、人力等条件都不是很有利的情况下,开始了馆藏资源数字化的艰苦历程。首先启动民族地方文献数据库的建设;集中力量建设馆藏资源回溯数据库。

数字图书馆是基于高速宽带广域网环境下的计算机信息管理系统的集合。现代读者的信息需求发生了很大的变化,图书馆服务现代化也要随之转变思路,增加电子阅览室,延伸图书馆服务的领域。2002 年,在政府的大力支持下,科尔沁区图书馆设置多媒体电子阅览室,并完成了网络环境的配置,在阅览室提供可检索内外电子资源的计算机,尽可能地为读者提供便利。2003 年多媒体电子阅览室正式向社会开放。电子阅览室的开放,标志着图书馆信息服务方式的拓宽、网络信息资源的建立。有效的管理体制是保障电子阅览服务正常化的基础,为此图书馆制定了电子阅览室使用细则。

2004 年,图书馆安装了文化部的文化信息资源共享工程,建立视听室,图书馆各项业务工作开始向现代化过渡。截至 2004 年底,建成地方文献书目数据库(保存数据 1511 条)、过刊书目数据库(保存数据 7800 条)、回溯书目数据库(保存数据 36 000 条),编制完成 2003 年版《科尔沁区图书馆机读分类编目细则》,根据图书馆的发展,科尔沁区图书馆逐步对所执行细则进行修改、完善。

为了加快数字化进程,2004 年初组建了由副馆长亲自挂帅的集中建库工作小组,小组由 8 名业务骨干组成,采取"歇人不停机"的流水作业办法,加速度进行数字化建设,取得了良好效果。

2004 年,图书馆的网络数字信息服务正式起步,制作了图书馆网站,开设了八项服务项目,分别是:我们的图书馆、书目查询、期刊编目、图书通报、信息查询、联合目录、馆际互借、网上业务。当年开通运行服务的项目有书目查询、馆刊篇目、新书通报、信息查询四项。

根据图书馆馆藏特色及用户需求,图书馆对下载的网络信息,进行有序整理及二、三次深度加工。科尔沁区图书馆刊《情报信息资料》是为政府领导决策服务而编制的二次文献,通过网络服务,在"信息查询"中可

---

① 王黎.数字时代县级公共图书馆建设与服务[M].长春:吉林摄影出版社,2012:85.

查看该刊的全文数据。地方报纸题名数据库及民族地方文献书目数据库也通过网络提供查询检索服务。

2005年,图书馆编制的二次文献《地方报纸信息题名索引》由吉林音像出版社正式出版。

2006年,图书馆19万册回溯书目数据库建设完成,并举行庆祝仪式。

2007年,完善并出版了《科尔沁区图书馆机读分类编目细则》。

2008年6月,历时2年、花费19万元的计算机化建设正式完工,图书馆的主要业务流程均已实现计算机化,科尔沁区图书馆成为全自治区首家实现计算机化管理的旗县级图书馆,30万册图书的扉页都印有条形码。

图书馆网站是图书馆与读者沟通的桥梁和纽带,在为读者提供知识服务的过程中,图书馆网站起着发布图书馆动态信息、揭示馆藏资源、引导读者利用网络资源的独特作用。2009年7月,科尔沁区图书馆网站建成。网站包含资源搜索、文化动态、电子资源、科尔沁文化、读者服务、馆情介绍、党建工作、书刊推荐等多个功能模块。其中"我的图书馆"这一功能模块中包括:检索、书目浏览、网上办证、精品图书、图书荐购等多项针对读者的实用功能。读者可使用该网站的各项服务功能,在家轻松便捷地完成多项以往需要来馆才可得到的信息服务。自开通网站服务后,读者访问量明显增加,2012年,开始图书馆新版网站建设。

Wi-Fi信号强不强,这是判定图书馆服务水平的一项重要指标。2014年,馆内实现Wi-Fi信号全覆盖。

2015年,图书馆安装新型"图创"图书馆集成管理系统软件,建立多级自动化管理网络系统;歌德电子书借阅机、歌德少儿学习一体机到馆并投入使用。科尔沁区图书馆微信公众平台正式开通。

科尔沁区图书馆花费5年时间,不断对软、硬件设备设施进行完善,购买多种数据库、电子读报机,建立短信服务平台、手机掌上图书馆,着力打造资源丰富、广覆盖、无疆界的数字图书馆,为读者提供方便快捷的数字信息资源服务。

科尔沁区图书馆利用馆藏资源、购置服务资源、数字资源开展大量阅读推广活动,建立了多级自动化管理网络系统。在科尔沁区图书馆各分馆及流动点实行电子资源远程共享,手机移动图书馆扫码零门槛使用。开通手机移动图书馆服务项目,并广泛利用科尔沁区图书馆网站及微信公众平台,开展多形式、多渠道阅读服务和信息咨询服务工作,实现总分馆城乡一体化"互联网+图书馆"零门槛、多形式阅读。数字活动主要是线上线下相结合,线上服务主要是报名、稿件征集、成果发布等活动环节,线下服务主要是举办成果汇报及展示。

如今科尔沁区图书馆数字资源服务体系基本建成,形成以区图书馆为服务主体,以乡镇、社区分馆为补充的数字化网络服务体系。

## 信息化使图书馆发展出现了新气象

1. 为早日建成数据库而努力

科尔沁区图书馆是内蒙古自治区第一家引入图书馆自动化集成系统(ILAS)系统的县级公共图书馆。

数字图书馆建设的主要工作任务是回溯建库工作。建库初期,为了提高工作质量,采取流水作业的加工方式,从进书开始,配书、盖章、贴条码、分类、录入、贴标、粘胶带、对条码、将书放回书库,每个环节都做到分工具体,责任明确,相互衔接,相互配合。从 2005 年 3 月份开始,除继续采用流水作业外,还改变了工作形式,实行责任制管理。馆领导从办公室、少儿部抽调骨干人员充实到采编部,并制定了任务,上机人员每人每天加工图书 40 种,完成工作量即可下班,其他人员只要能够保证上机人员完成任务即可。

自实行责任制以来,大大调动了工作人员的积极性,提高了工作效率,2005 年与 2004 年相比,多加工了 16 069 种 32 367 册,工作人员每天都自觉完成工作任务,从不松懈,也尽量早完成任务,不给下一环节的人员带来麻烦。

由于图书馆人员短缺,借阅部吴松岩老师任务比较重,采编部人员帮助他一起抬书,每天将加工完成的图书送回书库,还要将第二天的书抬出书库,日复一日,所有人都非常主动,从不抱怨。不仅如此,还主动帮助其他员工完成工作。在加工流通本时,由于复本量大,牛永刚老师的任务较重,韩志华老师在自己的工作任务也很重的同时,主动帮助牛永刚老师贴条码。王丽燕新接触 ILAS 系统,对业务知识不了解,同事们主动帮助,有问必答,在大家的共同努力下,她较快地掌握了业务知识,用短时间就可以承担与其他人一样的工作量。

上机人员对制作书目记录的准确性并未因为抢速度而忽视,平时将遇到的疑难问题都认真做好记录,并组织业务讨论,如果解决不了,就通过电子邮件请教常作然老师,尽最大努力保证书目记录的准确性和前后一致性。

2. 图书馆服务进入了新时期

随着大范围深层次地全面投入使用 ILAS 系统,图书馆管理已经由手工操作进入了数字化、自动化时代。一方面,图书馆管理信息化、自动化使工作人员的思想发生了深刻的变化;另一方面,工作人员和读者都能享受到现代高新技术所带来的便利。

（1）大大减少了工作人员劳动量

传统中药盒式的手工卡片及纸质的索书条，所带来的劳动量非常大，而且效率非常低下。同时，检索工作非常繁复，拒借率非常高，读者对此很不满意。引入 ILAS 系统后，通过检索系统可以极为快捷而方便地实现最大限度地检索，节省工作人员和读者的时间，读者的满意度也提高了。

（2）自动化系统为学术研究提供了便利

费时费力的手工检索方式使学者将大量时间浪费在查资料上，引入自动化集成系统以后，检索非常方便，并且能查询到某一领域最新的研究成果，最大限度地避免学术研究的重复和浪费，科研人员的研究重点和方向更加清晰。

## 科尔沁区图书馆数字资源

1. 数据库

（1）e 线图情

e 线图情是图书馆学全文数据库与专业图书馆界门户网站，其宗旨是密切关注、报道、反映世界图书馆事业最新理论、最新技术、最新产品和最新实践的发展状况和趋势，帮助图书馆与世界图书馆事业保持同步，促进我国图书馆事业的发展。

（2）碧虚网

碧虚网是以企业内刊为主的优秀企业文献数据库，遴选收录了包括金融、航运、法律、城市管理、生活时尚、教育、艺术、国际组织等 24 个大类、107 个一级行业、219 个二级行业，853 个三级行业中的高品质内部出版物 50 000 多本（份），并进行连续更新。

（3）汇雅电子书

汇雅电子图书数据库共有电子图书 100 余万种，涵盖中图分类法 22 个大类的图书，是全球最大的中文电子图书资源库。

（4）读秀

读秀学术搜索是目前全世界最完整的文献搜索及获取服务平台，其后台建构在由海量全文数据及元数据组成的超大型数据库基础上。该平台以 10 亿页中文资料为基础，为读者提供深入内容的章节和全文检索、部分文献试读、参考咨询等多种功能。

（5）移动图书馆

即科尔沁区图书馆馆藏图书电子书数据库，提供"章节""图书""期刊""报纸""学位论文""网页""图片"七种查询方式。

（6）超星视频

在线播放超星公司独立拍摄制作的学术视频、高校课堂实录、讲座，目前囊括了哲学、宗教、社会学、政治、文化科学、文学、艺术、历史等系列视频,共13万余集。

(7)时夕商业领袖数据库

时夕商业领袖数据库提供了就业择业、大众创新、职场发展、职场高度、工作技巧等实用性非常高的学习知识,不管是在校大学生、初入职场人员、企业白领、公司高层抑或是普通市民都可以通过平台获取最具代表性的学习案例。

(8)时夕乐听网

时夕乐听网是一套个性化、先进技术的网络学习平台,并与国内多家版权商深入合作,保证了节目拥有合法版权;同时整合了最经典、最流行的有声读物。

(9)时夕乐学网

时夕乐学网内容涵盖计算机、考研、公务员、会计、医学、外语、建筑工程七大类别,目前本馆已购计算机类和考研类,为技能学习、知识培训、应考群体提供了一个多元化、专业化、现代化的教务教学平台。

(10)时夕乐考网

时夕乐考网具有在线学习、在线评分、在线解析以及考前练习模拟测试等功能,同时该系统汇集了各类考试的全真试题和模拟试题,是各类考生顺利通过考试的最佳帮手。

(11)上业宝宝智库

由"亲子育儿馆""幼儿启蒙馆"和"小学知识馆"三大主题馆组成,共收录2万多集视频资料,包括启蒙教育、才艺欣赏、国学启蒙、文学博览、益智教育、科普百科、产前教育、育儿指南、健康教育、家庭教育、生活文化等。

(12)上业百科视频

上业百科视频整合收录了近6000条视频资料,涵盖了最适合影像展示的学科内容:科学、文化、历史、地理、军事、经济、艺术、人物、法律、体育、综合等。其中《百科视频》为同济大学网络教育学院的精品课程,内容涵盖工程技术、管理、教育、政治、经济、法律等多媒体课程。

2.特色资源

科尔沁区图书馆有四大特色数字资源:科图讲座、党报党刊、蒙文图书、爱听书。

## 个人数字图书馆和远程服务

1.办理图书卡的读者可免费使用远程电子资源

数字图书馆海纳百川,存有大量文献信息、图书书目信息、电子图书、电子期刊、视频讲座等资源。图书馆持证读者在任何时间任何地点,通过网络远程查阅科尔沁区图书馆数字图书馆的各种文献,没有任何费用,也没有任何网络限制条件。这种做法充分满足了广大读者的阅读需求,同时极大地简化了借阅手续,取得了良好的社会效益。

2.图书馆微服务

微服务是图书馆为读者提供的细微化、个体化、差异化阅读服务,它依托于电子技术、网络技术、数字技术,发挥了图书馆特有的文献资源服务优势,符合读者最新的阅读习惯,注重对碎片化、即时化信息的收集、梳理和发布①。

截至2016年底,科尔沁区图书馆已收纳15万册电子图书,并逐步增加电子图书的种类。随着移动互联网的迅猛不断发展,年轻人更加青睐通过微博、微信的公众平台获取信息,科尔沁区图书馆正紧跟这种趋势,在拓展服务方式、服务内容方面进行研究,吸引年轻读者通过手机客户端阅读馆藏图书。

读者可以通过三种方式查找到科尔沁区图书馆微信公众平台:一是查找微信公众平台名称"科尔沁区图书馆";二是查找微信号"keqqtsg";三是扫描二维码。微信平台提供了三大功能模块,11个子栏目,通过平台,读者可以了解图书馆的概况和动态、馆藏资源利用信息、图书馆服务信息及读者借阅信息等,同时可了解图书馆最新资源发布与培训讲座信息,以及图书馆相关活动等。

## 五、阅读推广与文化共享工程

文化共享工程,是由国家支持的文化知识技术普及的社会网络工程。实施"共享工程"要依托现有的文化设施网点,以各级公共图书馆为实施主体。它应用现代信息技术,将中华优秀文化信息资源进行数字化加工与整合,依托各级公共图书馆、文化馆(站)等公共文化设施,通过互联网、广播电视网、无线通信网等新型传播载体,在全国范围内实现中华优秀文化资源的共建共享。因此,它与基层文化设施网点建设、图书馆网络化、数字化建设紧密相关,互相促进。

2004年,在区委和区政府的全力支持下,经过积极努力,科尔沁区图书馆建设了由文化部发起的文化资源信息共享网络,扩大了信息源,增加了信息量,使图书馆从原始的图书馆转变为现代化图书馆,图书馆现代管理初具规模,在本地的物质文明、精神文明、政治文明建设中起到不可低估的作用。

---

① 马育辉.微时代下图书馆微服务探析[J].内蒙古图书馆工作,2014(4):56 – 58.

图书馆的阅读推广活动需要与社会各团体、组织进行融合，即推广"图书馆＋"的活动模式，这样才能借势发力，扩大社会效益。科尔沁区图书馆正在通过开展一系列文化惠民活动，真正将"文化共享"的服务理念落实到实处，拉近与读者的距离，让群众切实体会到了公共文化服务的公益性。

### 开展"世界读书日"系列活动

"世界读书日"全称为世界图书与版权日，最初的创意来自于国际出版商协会。1995 年正式确定每年 4 月 23 日为"世界图书与版权日"，设立目的是推动更多的人去阅读和写作，希望所有人都能尊重和感谢为人类文明做出过巨大贡献的文学、文化、科学、思想大师们，保护知识产权。

多年来，为了响应党和政府"坚持以人为本，保障和实现人民群众的文化权益"的号召，充分发挥图书馆在构建现代公共文化服务体系、推进社会主义文化强国建设、提高全民道德素质和丰富人民精神文化生活等方面的作用，在全社会倡导多读书、读好书的文明风尚，科尔沁区图书馆以"世界读书日"为契机，依托自身资源，联合各单位力量，深入开展"全民阅读"工作，开展了丰富多彩的读书活动，真正使图书馆的服务触角延伸到市民生活的方方面面，营造了全民读书、终身学习的良好社会氛围，让读者切实感受到公共文化服务建设的丰硕成果，进一步促进全民族素质的提高，促进学习型社会建设。

**科尔沁区图书馆 2009—2016 年"世界图书日"期间代表性活动**

| 年份 | 代表性活动 |
|---|---|
| 2009 年 | 1. 为明仁小学和南门小学送去 200 余册儿童读物<br>2. 百名读者参观图书馆 |
| 2010 年 | 1. 与南门小学联合举办"保障阅读权利，享受阅读快乐——读精品、诵精典、取精华，在书的海洋里徜徉"为主题的诗歌朗诵会<br>2. 放映"健康知识"讲座，内容涉及如何延缓衰老、血压与健康以及疾病诊断的金标准等 |
| 2011 年 | 与科尔沁区实验高中联合举办送电影到校园活动 |
| 2012 年 | 1. 在繁华路段向过往群众发送传单，宣传"4·23 世界读书日"，介绍图书馆功能<br>2. 与科尔沁实验高中联合举办"2012 全民阅读"系列活动启动仪式<br>3. 向科尔沁区实验高中捐赠图书 100 余种 |
| 2013 年 | 1. 在繁华路段向过往群众发送传单，宣传"4·23 世界读书日"，介绍图书馆功能<br>2. 与通辽市第三中学合办的"悦读圆你中国梦之征文活动" |

| 年份 | 代表性活动 |
|---|---|
| 2014 年 | "智慧人生，与书相约——向科尔沁区党员干部推荐好书"活动 |
| 2015 年 | 1. "书香科尔沁"原创美文朗诵会<br>2. 文化阅读讲座:《谈全民阅读》<br>3. 在科尔沁区图书馆一楼举办"书香科尔沁"书展<br>4. 免费上门办证、让图书借阅服务"零距离" |
| 2016 年 | 1. 诗歌(散文)写作与欣赏讲座<br>2. 科尔沁本土作家见面会<br>3. "书香科尔沁"阅读推广活动启动仪式<br>4. 石俊荣音乐普及课<br>5. "朗读吧少年! 朗读吧中国!"朗诵文化节公益活动<br>6. "城市热读——朗读的技巧"讲座 |

科尔沁区图书馆开展的"世界读书日"系列活动,读者对象涵盖中小学生、党员干部、中老年人、文学爱好者、文艺工作者,使各个层次的读者都能广泛参与活动中。

这一系列活动,在市民中营造了浓郁的阅读氛围,引导市民"好读书、多读书、读好书",培养市民的朗读、欣赏能力。使广大市民都把阅读作为一种生活习惯和工作方式。

"世界读书日"系列活动中,针对中小学生的活动最为丰富,使广大中小学生的阅读兴趣和阅读水平得到提高。通过倡导青少年养成良好的读书习惯,引导青少年健康成长,帮助青少年在阅读中开阔视野,使青少年坚定理想信念,激发读书热情,深受教师和家长好评。

在科尔沁区"书香科尔沁"阅读推广活动中,科尔沁区图书馆还紧跟时代发展形势,利用"互联网＋",进一步整合图书馆及分馆资源,深度挖掘馆藏价值,提升服务能力,传递阅读的力量,让读者体验到图书馆的创新服务,让悦目悦心的读者服务无所不在。

### 开展"图书馆服务宣传周"活动

每年 5 月的最后一周,是文化部确定的"全国图书馆服务宣传周"。作为社会公共教育的重要阵地,科尔沁区图书馆一直致力为科技和农业生产服务,致力全民阅读推广,丰富市民文化生活。科尔沁区图书馆自1984 年开展"图书馆服务宣传周"活动,至今已坚持 30 余年。"图书馆服务宣传周"活动让更多人走进图书馆、了解图书馆、传递阅读力量,让读者体验图书馆服务,使读者充分享受到文化惠民的红利。随着地方经济、社会、文化不断发展,"图书馆服务宣传周"活动也在不同时期呈现出不同的特点。

科尔沁区图书馆历年"图书馆服务宣传周"主要活动一览表

| 年份 | 活动 |
|---|---|
| 1984 年 | 发放《读者指南》;小学生作文比赛;专题书展;读者座谈会;读者演讲会;发放书证卡片;咨询服务;销售过期书刊 |
| 1989 年 | 科技图书展 |
| 1990 年 | 期刊展(销)览、农牧业科技图书展览、送书下乡、农业科技咨询、小学生手抄文摘竞赛、读者座谈会等 14 项活动 |
| 1991 年 | 科技业务咨询;中小学生"学赖宁做党的好孩子"演讲会;以党史和领袖人物传记为主题的专题书展;与二轻大厦员工举办了迎接建党 70 周年、建市 40 周年联谊会;为农牧民送书上门;图书赶集;办理图书借阅卡;期刊和农业科技图书展销 |
| 1992 年 | 发放宣传资料、图书馆指南、两户之友专题书目等;农业科技服务成果图片展;当代中国专题书展;同市教育局联合小学生故事大王演讲比赛;业务咨询;公开发放读者登记卡;农业科技图书展销;送农业科技图书上门;编印"二五普法"专题书目;召开全体职工纪念毛主席《在延安文艺座谈会上讲话》发表 50 周年座谈会;在乡镇图书馆开展图书馆服务宣传周活动 |
| 1993 年 | 举办"美容、美发、服装、家具"书展;少儿书刊展览;公开办理借书证;书刊展销;发放读者指南和推荐书目;重点辅导基层图书馆(室);送书上门跟踪服务 |
| 1994 年 | 科技图书展销、期刊销售、送书上门、小型农业科技图书赶集等活动 |
| 1997 年 | 送书上门;业务咨询;公开办证;业务讲座;迎接香港回归图书、图片展;"迎香港回归"座谈会等 |
| 1998 年 | 三下乡活动;送书上门;科技图书赶紧;中小学生阵地活动;"少儿集邮与图书"活动日;公开办证等 |
| 1999 年 | "青少年读书俱乐部"挂牌仪式;"爱我中华"为主题的读书演讲和专题书展;"六一"少儿图书专题书展;"好书、新书"巡回书展;科技图书赶集;发放各种宣传资料;地方文献征集的宣传工作;走访为生产服务工作的专业户和重点户等 |
| 2001 年 | 科技图书赶集;走访专业户;为专业户送书;科技书展销;发放自编的科技小报等 |
| 2012 年 | 建立图书流动点、宣传、展示、讲座 |
| 2013 年 | 看望敬老院老人等 |
| 2014 年 | 馆藏特色主题展示;宝贝悦读;诗歌创作公益讲座;电影巡演;各种培训、讲座和书展等 |

| 年份 | 活动 |
|---|---|
| 2015 年 | "爱上阅读"经典分享读书沙龙;健康知识讲座;社区办证等 |
| 2016 年 | 王娟舞台表演普及课;"朗诵者的文学艺术修养"讲座;农民健康养生知识讲座;"文化养老感受幸福"文化联谊活动 |

改革开放初期,群众对图书馆的认识不充分,图书馆借助宣传周向群众宣传图书馆,详细介绍了图书藏书机构、服务方式与方法,使更多人了解图书馆、利用图书馆。当时图书馆并未全面开放,需要有针对性、有计划性地发展读者,而宣传周期间正是发展读者的有利时机,图书馆为了满足广大群众的要求,敞开发放书证,例如 1984 年图书馆服务宣传周期间发放书证 650 张,办理借书证 300 多张;1989 年,外借部全年共发展发展读者 800 名,而服务宣传周期间一周的时间就发展读者 500 名。可见,开展"图书馆服务宣传周"活动是图书馆向社会介绍自己的重要手段。

20 世纪八九十年代,为科技和农业生产服务是当时图书馆服务的潮流,图书馆将工作重心放在农村和工厂,因此宣传周的大部分活动都围绕为生产服务开展,例如向重点户、专业户送科技图书、科技图书赶集、科技图书展销等活动深受广大读者欢迎,特别是深受农业科技读者的欢迎。以 1991 年图书馆服务宣传周为例,当年活动期间共接待读者 1500 多人次,其中农业科技读者达 200 多人次;活动期间为农村送去科技图书达 600 册,为农牧业生产解决了诸多难题。据不完全统计,自 1990 年至 2000 年,每年图书服务宣传周期间,都要为农村送去 300—600 册科技图书,发放 200 份左右科技小报。1992 年以后,图书馆多次与乡镇联合举办"图书馆服务宣传周"活动,受益的农村读者更多。

图书馆全面免费开放以后,主要服务对象和工作重心由农村、工厂转移到社区街道,由为科技和生产服务为重点转变为以丰富市民精神文化生活为重点。随着经济的发展,人民的物质生活水平提高以后,对文化产品的需求更为迫切。2011 年科尔沁区图书馆全面免费开放后,图书馆服务宣传周活动多以文艺创作、养生保健、休闲娱乐为主要内容。

科尔沁区图书馆始终重视青少年阵地活动,从 20 世纪八九十年代的手抄报比赛、作文比赛、故事大赛、演讲大赛到如今的亲子阅读、朗读比赛,青少年阵地活动始终是图书服务宣传周活动的重要内容,从未缺席。

图书馆在培育和践行社会主义核心价值观、提高公民素质、丰富人民精神文化生活等方面有着重要。图书馆服务宣传周这项全国性的读书活动在促进全民阅读、提升图书馆的社会职能方面发挥了重要的作用。作为全民阅读的领航者,图书馆肩负着培养全社会阅读习惯的重要职责。宣传周也是图书馆宣传自我、展示服务的重要平台。科尔沁区图书馆发挥专业优势,通过功能融合、文化融合、智慧融合,在网络化、数字化时代,充分发挥公共图书馆保障公民基本文化权益的阵地作用,以形式多样、内容丰富的阅读推广活动普惠科尔沁区全民,使图书馆真正成为地区信息中心、科技普及基地、知识生产的工场、知识传播的桥梁和知识服务的窗口。

## 为未成年人服务

1. 阅读辅导服务

科尔沁区图书馆多年来坚持把社会效益放在首位,一直非常重视未成年人工作。1978 年成立了儿童阅览室。1980 年,图书馆搬迁后,首先将已经具备开馆条件的儿童阅览室对外开放,虽然后来由于没有供暖而被迫关闭,但仅在开放的 50 天内就接待读者 4000 余人次,借出期刊及儿童读物 12 000 册次。1981 年另设儿童借书处,图书可外借,虽然开馆时阅览室读者少,每天近 20 人次,但入冬以后前来自学的青少年剧增,座无虚席,这些读者既包括借阅读者,也包括写作业的学生,可见儿童借书处的受欢迎程度。

儿童阅览室根据儿童的阅读特点进行布置,设有大量科普读物和连环画,深受青少年欢迎。成立之初的儿童阅览室不足 6 平方米,1983 年扩展到 40 平方米,使更多的青少年读者能利用图书馆丰富的资源,当年共接待小读者 1 万多人次,流通图书 5 万多册次。

由于连环画深受青少年读者欢迎,借阅的方式已经无法满足儿童的阅读需要,1984 年图书馆将儿童连环画册由原凭证借阅改为租借租看,让优良的读物占领儿童的阅读阵地。

截至 1989 年底,儿童阅览室面积已扩张到 64 平方米。

由于房舍限制,少年儿童教育服务是图书馆多年工作的薄弱环节。使少年儿童从小养成热爱读书的习惯,是社会的共同责任。图书馆以此为切入点,于 2002 年组建了少儿工作部,集中力量抓好、抓实少儿工作,配合中小学生教学大纲,为学生提供丰富的参考书、课外读物及电子网络数据库。为了培养学生的阅读兴趣,经常为中小学送去图书。

"零岁悦读宝贝计划"是科尔沁区图书馆推出的专门为准妈妈和 0—3 岁儿童及其家庭阅读提供阅读指导的服务,通过鼓励家长与孩子共同阅读,分享故事和儿歌的方式,培养孩子对阅读的终身爱好,建立良好的阅读习惯,让阅读真正成为孩子生活中的一部分。由此建立起孩子们与图书馆之间的良好感情,图书馆意识也将在孩子早期的教育中得以萌发。

2. 丰富青少年课余生活

科尔沁区图书馆始终重视青少年素质教育,开展富有时代特点的各种活动。如 20 世纪八九十年代多次聘请原内蒙古民族师范学院政治系教师郭崇涛讲授"日本侵华史"，讲座使学生们受到了深刻的爱国主义教育。

图书馆坚持面向未成年人、服务未成年人的宗旨，充分发挥寓教于乐、寓教于学的教育功能，针对未成年人特点，结合实际，推出一系列服务活动。1998年11月27日，图书馆与市关心下一代工作委员会、华龙中学联合举办了以"青少年与图书馆"为主题的联谊活动，此次活动得到了市关工委领导的大力支持，相关部门的领导以及华龙中学的100多名师生参加了这项活动。

2000年以后，多次以爱国主义教育为主线，开展读书活动。如"红领巾读书报"演讲会、故事会；开展专题活动，如法制教育专题、环保教育专题等多种形式的读书活动，培养少年儿童读书的兴趣。开展寓教于乐的活动，是少儿工作部最具特色的一项服务，采用少年儿童喜闻乐见的、生动活泼的教育形式，让少年儿童在有趣的活动中愉快地接受教育。如组织观看儿童电影电视，举办影评征文活动，举办针对少年儿童的少儿小制作、作文大赛、主题班会等，使儿童在娱乐中增长知识，在学到知识的同时得到娱乐，同时有组织、有计划地安排中小学生参观图书馆，培养学生们从小就利用图书馆的意识。

2003年，少儿工作部成为承办各类大型读者宣传活动的中心服务部门。新馆开馆伊始，就抓住通辽地区尚无一家少儿图书馆这一现实，并以此为工作切入点，制定行之有效的措施，延长开馆时间，举办丰富多彩的读书活动，创建主题阅览室，开设教你利用图书馆的实验课堂。

每年高考期间，图书馆都开办讲座，对考生进行考前心理辅导，为考生解答填报志愿等疑问。

配合素质教育，在少儿工作部设立免费阅读课堂，开展读书网络学习活动，提高读者信息素质，使中小学生阅览室成为中小学生节假日的"第二课堂"。2004年少儿部与北京四中网校通辽分校联合举办《助你成才》系列讲座；针对学校不再要求高中生上晚自习，学生流向社会的情况，积极组织馆内职工专门为青少年读者开辟了5个自习室，缺少桌椅板凳就自己维修或到旧物市场购买，全馆上下一起努力，刷油漆、维修桌椅，在短短的一周内，配置了400套桌椅，满足了青少年读者学习的需要。

图书馆积极开展未成年人阅读推广活动，精心策划寒暑假阅读推广活动。利用文化信息资源共享工程资源，开展电影马拉松巡演、"三字经"讲座和诵经典活动。开展"快乐分享，读书分享""动物总动员""寒假小影院"等活动，为小读者提供一个自我才艺展示的平台，不仅让青少年成为活动的主角，更能通过活动学习知识、掌握技能、增强自信、提高对生活和艺术的审美能力。

3. 关注青少年安全和健康

科尔沁区图书馆积极关心未成年健康和安全。针对未成年人安全意识薄弱这一问题，在深入开展群众路线教育实践活动中，开展了安全知识进校园活动，意在帮助学生树立安全意识，掌握安全知识，提高自我保护能力，让学生们知道如何在有安全隐患的场所逃生自救。

针对青少年沉溺于网吧、迪厅等场所的现象，图书馆多次举办各种讲座，教育青少年文明上网，合理利用网络；另外还用报纸期刊阅览方式吸引青少年读者，了解认识图书馆，走进图书馆，远离网吧、迪厅等场所，为社会、为家庭赢得了一份安定。

由于青少年学习压力大，用眼习惯不好，戴眼镜的学生人数逐年增加，并且已戴上眼镜学生的眼镜度数也在年年升高，图书馆多次开展了"珍爱光明　珍惜读书"专题讲座。为青少年现场讲解爱眼、护眼知识。讲座增强了同学们对眼睛保健知识的了解，激发了同学们关爱自己、关爱健康的自我保健意识。

## 为老年读者服务

随着老龄化社会的到来，老年人已经成为科尔沁区图书馆一个数量庞大的读者群体。图书馆是政府公共文化服务体系重要组成部分，为老年读者提供周到、体贴的服务是图书馆的一项重要工作。热心为老年读者服务，使老年读者能体会到社会的关爱，帮助老年人"老有所学，老有所为，老有所乐"，使老年人能在愉悦、温馨、祥和的环境中安享晚年。

1. 阅读活动

为了丰富和活跃离退休老干部的文化生活，图书馆于1983年成立了内部阅览室和借书处，这是图书馆最早为老年读者提供的服务项目。内部阅览室的设立极大了方便了离退休老干部查阅资料。

随着我国开放程度不断加深，内部借阅室已经没有存在必要，老年阅览室合并到成人阅览室中，图书馆开辟了新的老年活动阵地，如开办书画长廊，举办"三八老年书画展"，把他们的作品收为馆藏，这些活动丰富了老年读者业余文化生活，取得了很好的社会效益。

老年读者因时间较为充裕，来图书馆频繁，阅读时间比较长，是一支稳定的读者队伍，所以，老年读者群在图书馆的地位不可忽视。一些老年读者属于研究型读者，虽然已经离开工作岗位，但仍有发挥余热的愿望，来图书馆看书看报的目的是更新知识、武装头脑、开拓新知识领域，是图书馆读者群中的重要组成部分，为此图书馆专门为老年读者提供了饮水、老花镜、纸笔、休息设施，保证他们的正常阅读。

老年读者渴望得到尊重的心理非常强烈，因此图书馆工作人员给予他们细心、周到、热情的服务，尽力满足他们的要求，让老年读者感到身心愉悦。

2006年,《情报信息资料》开辟出专栏,为老年人提供健康知识,开辟为老年读者服务创新方式。

有些年纪较大的老年读者行动不便,不能来图书馆阅读,针对这一群体,图书馆精选精品书刊,送书送报进养老院、进社区,使老年读者和社区居民足不出户就可以看到优秀书刊,并组织专业人员定期为福利院更换书刊、报纸;另外,科尔沁区图书馆本着"公平享有图书馆文化资源"的理念,在通辽市社会福利院建立图书流动服务点,把图书馆办进福利院,使老年读者足不出户就可以享受精神食粮,让老年读者充分感受到图书馆服务的公益性和普惠性。

2. 人文关怀

老年人退休以后,经常感到寂寞,强烈地渴望得到关爱,渴望拥有新的社交活动。为此,科尔沁区图书馆每年派人去敬老院慰问老年人,举办"创文明城·行孝文化""感恩中国,敬老爱老""文化养老,感受幸福"等主题活动,继承和发扬爱老、敬老的传统美德。为老人带去了一系列精心准备的节目,虽然没有专业团队参加表演,但每一个节目都用爱、用敬、用深深的祝福博得老人们笑容。多年来,图书馆人每逢节假日都会以各种形式与老人们欢聚一堂,意在让不能出行,不能与家人团聚的老人们也能够享受到天伦之乐,有个较为幸福的晚年生活。

科尔沁区图书馆经常为敬老院送书、送电影,使老年人的闲暇生活不再寂寞,另外还与老年大学、老干部协会、老年作家协会等单位联合举办各种文化讲座、书画展览、诗歌创作研讨会等活动,丰富了老年人的文化生活,受到了普遍赞誉。

为了增强中老年人的自我保健、防病强身的意识和能力,树立科学健康的生活方式,营造人人享受健康的氛围,科尔沁区图书馆利用全国文化信息资源共享工程为多年来支持图书馆工作的老年读者举办健康知识讲座,深得老年读者的欢迎。中老年人健康知识讲座,普及了健康知识,同时也进一步增强了中老年人对健康知识的了解。

图书馆利用文化信息资源共享平台,为老人们免费送书送报、放映电影、举办讲座等活动得到了媒体和社会的支持,通辽电视台、科尔沁区新闻中心、都市报等媒体多次报道了科尔沁区图书馆为老年读者服务的各项活动。

### 为文学爱好者服务

1. 变革借阅方法

1982年初,通辽市图书馆首先做了延长开馆时间和增加半开架借阅两项工作,文学图书是第一批纳入半开架书库的图书。半开架借书是指将图书按照类别陈列在玻璃书柜中,读者可透过玻璃窗看到图书的书脊,如果需要进一步翻阅图书,则需要图书管理员从玻璃板间的空当中取出图书,并将代书卡与借书证暂时放在一处,如读者确定借阅则办理正式借书手续。采用半开架借阅后,读者省去了查阅目录、填写索书单、等候取书的麻烦,闭架借书往往需要半个小时,而半开架借书只需要三五分钟,因此深受读者欢迎。当年7月,又改文学半开架借阅为全开架借阅,读者可直接进入流通书库从书架上选取图书。

文学借书处自全开架以来,深受读者的欢迎,但也出现了不少问题,如图书损坏、书卡丢失等,因此1984年图书馆对文学借书处进行了整顿,做了清理、剔旧、修补、入账等工作,进一步完善了管理制度。

1987年,本着一切为读者的宗旨,通过学习外地经验,将文艺书籍半开架借阅改为全开架借阅。

由于图书破损率较高,图书馆于1991年将全开架借阅改为半开架借阅,在人员调整后,责任感增强,管理上较原来有所改变,服务态度服务质量有所提升,图书破损率下降。

1995年先后两次增加半开架的图书类别,由原来单一的通俗小说半开架增加为报告文学、散文、诗歌、小说、中外名著等半开架,方便了读者,减少了拒借率。

1999年,变文学图书半开架为全开架借阅,读者可以在架上自行选择图书,同时简化办证手续,适当地放宽借阅范围。

2002年,文学图书开架借阅室已成为单独服务窗口。

2003年,设立文学主题阅览室,环境更加高雅,服务设施更加完善。

2.组织多种形式的交流活动

科尔沁区图书馆以举办讲座、研讨会等形式与地方本土作家进行深入交流,吸纳文学爱好者都能参与公共文化志愿者队伍中,在图书馆博览群书,寻找创作灵感的同时,积极参与图书馆的各类公益服务。

科尔沁区图书馆多次邀请了科尔沁区作家协会主席、爱之声朗诵团团长冯庆祺作"写作与欣赏"专题讲座。冯庆祺在讲座中阐述了创作的灵感来自于生活,写作不仅需要想象力,更要贴近生活,并分享了自己多年的诗歌写作经验以及对诗歌的感悟。冯庆祺经常与读者探讨了读书的乐趣和重要性,并鼓励读者感受读书的力量,将读书视为"一种生活方式"。

科尔沁区图书馆一直致力本土作家资源的开发,多次举办作家与读者见面会。作家的学术魅力和个人魅力会在与听众共享本土文化的平台上充分地展现。本地知名作家纷纷鼓励读者多读书、读好书。在本土文化平台上,作家与听众的智慧得以交汇、思想得以碰撞。面对面的交流、现场提问激发了听众的智慧和灵气。作家与听众相互学习、享受知识共鸣的快感,台上台下互动频繁,作家和读者都畅所欲言、互相勉励,气氛十分活跃,读者对这种活动赞不绝口。作家与读者见面会缩短了两者的距离,是一种双赢的过程,一方面培养了读者的阅读兴趣,提高了读者的水平,另一方面使作者深入读者群中,了解读者的需求,为作者的创作提供灵感。

为文学爱好者服务是"书香科尔沁"春天阅读季阅读推广活动的一部分,意在促进读书交流,传播读书文化,营造浓厚的阅读氛围,提高科尔沁市民素质和社会文明程度。

## 为残疾人服务

对残疾人实行法律保障是人权方面的必要内容,满足残疾人阅读需要是图书馆工作宗旨之一。科尔沁区图书馆一直通过多种方式为残疾人提供服务。

2006 年图书馆馆刊《情报信息资料》开辟专栏,为残疾人介绍相关的优惠政策。

2015 年 7 月,图书馆与科尔沁志愿者协会联合举办残疾作家赵亚军长篇历史小说义卖活动,将全民阅读工作进一步延伸。

2015 年 12 月,建立中国盲文图书馆科尔沁区支馆,专门在图书馆一楼的开架借阅处设立了视障阅览室。视障阅览室设有特制的盲文馆藏书目供视障读者查询,其中盲文图书 200 册、大字版图书 500 册;图书馆还配有安装了语音读屏软件的盲人专用电脑,供视障读者上网。

2016 年,王黎馆长参观了中国盲文图书馆,学习经验,结合科尔沁区图书馆的实际条件,进一步改善为残疾人服务。

1. 营造环境良好的阅读空间

与图书馆其他图书阅览室相比,视障阅览室虽然只是一个小空间,但这里是视障读者享受阅读的大舞台。自 2015 年开设视障阅览室后,有许多视障读者在这里查阅资料、阅读名著,这里已经是他们必不可少的一个活动场所。来自科尔沁区的视障群体在盲文阅览室"阅读"盲文书籍、通过读屏软件上网,借助阅读扩视器浏览各类书籍,做到了真正意义上的无障碍阅读,使图书馆成为残疾人终身教育的平台,丰富了他们的文化生活,保障了他们的正常文化权益。

2. 提供全面周到的阅读服务

盲文图书馆支馆成立以来,为广大视障读者提供了方便、周全、人性化的阅读和学习服务。针对这一人群读者行动不便的困难,图书馆开展了上门办证、电话咨询、电话借阅、送书上门、邮寄借书等服务,如有特殊需求,可拨打热线电话或在科尔沁区图书馆网站主页上留言,工作人员将在网上解答咨询并尽快答复读者的问题。

图 2-11 视障阅览室

开展为残疾人免费送书上门服务活动,是图书馆为社会弱势群体做好事、办实事的一项重要举措,体现了图书馆公益性、均等性的服务原则,对促进残疾人多读书、读好书,丰富残疾人文化生活,提高其自身的思想道德水平和科学文化素质起到了积极的推动作用。

3.建立流动的盲文阅览室

为进一步方便残障人士借阅图书,科尔沁区图书馆准备与科尔沁区残联共建"盲文流动阅览室",除了为视障人士免费送书上门、提供计算机培训服务外,还将提供心理、经济、法律、教育等各方面专业咨询服务。盲文流动阅览室通过开展文艺沙龙活动,为视障人士提供交友和相互交流的平台。同时,图书馆正利用目前已有的社区图书室资源,把盲文阅览室"搬进"社区,并计划购置新的盲文图书和光盘,并安装有声读物软件,进一步满足视障人士网上阅览的需求。

## 积极开展科尔沁文化普及活动

1.科尔沁文化内容

科尔沁,蒙语意为"带弓箭的人们",最初是成吉思汗护卫队的名称,后来演变为成吉思汗二弟哈布图·哈萨尔的后裔所属各部的部落名称。千百年以来,蒙古族不断迁移,科尔沁的含义也不断延伸,直至今日成为以内蒙古自治区东部通辽市为核心的辽阔地域的统称。

通辽市处于科尔沁草原的腹部,既是科尔沁文化的发祥地,也是著名的"辽文化"和"鲜卑文化"的发祥地之一。科尔沁文化底蕴深厚、源远流长。科尔沁素有"中国民间文化艺术之乡""中国民族曲艺之乡""中国荞麦之乡""中国安代艺术之乡""中国版画之乡""中国民歌艺术之乡""黄牛之乡"等美誉。改革开放以来,科尔沁文化以独特的风格、气派和魅力展示在世人面前。科尔沁文化作为一种具有鲜明的地域特色的文化,其内涵可概括为以下子文化系列。

（1）科尔沁蒙古萨满文化

萨满教是蒙古族原始宗教，后因藏传佛教兴起而逐渐衰落，但这一文化在科尔沁地区却得到了很好的保存。

（2）科尔沁叙事民歌文化

浩如烟海的科尔沁叙事民歌在我国民歌艺术史上占有重要的地位。《安代传奇》已被文化部命名为科尔沁"蒙古剧"。由科尔沁民歌改编而成的经典音乐作品还有《赞歌》《思乡曲》《嘎达梅林》等。

（3）科尔沁说书文化

说书即"胡仁乌力格尔"。科尔沁说书文化是蒙古族古老"朝尔"故事文化和汉族历史演义文化有机结合的产物。说书文化的曲调、唱法、表演、乐器等是来源于蒙古族文化艺术传统，而说书故事的题材内容除蒙古族历史以外，绝大多数来源于汉族的历史演义文化①。

（4）科尔沁历史名人文化

科尔沁人杰地灵，人才辈出，主要名人有：科尔沁人的先祖哈布图·哈萨尔、政治家孝庄文皇后布木布泰、清代科尔沁博多勒噶台亲王僧格林沁、以抗垦著称的嘎达梅林、近代著名文人卜和克什克、克兴额等。

（5）历史文化遗存

开鲁元代佛塔、奈曼清代王府、库伦兴源寺、福缘寺等，都是国家或自治区级重点文物保护单位。

独具特色的科尔沁文化对地方经济社会发展产生了深刻的影响，弘扬科尔沁文化是社会主义精神文明建设的必然要求。作为地方文化服务单位，科尔沁区图书馆有责任、有义务弘扬这一地方特色文化，为科尔沁乃至全区的经济发展和社会全面进步提供智力支持。

2. 弘扬科尔沁文化的意义

2002 年初，通辽市按照自治区创建"民族文化大区"的要求，适时提出了"弘扬科尔沁文化、打造科尔沁文化品牌，逐步创建科尔沁文化大市"的宏伟目标，引起社会各界的广泛关注。作为公共文化服务的提供者，科尔沁区图书馆充分发挥自身的功能，发展民族地方文献特色馆藏，积极开展科尔沁文化普及活动，为打造科尔沁品牌文化不断努力。

科尔沁文化内涵丰富，科尔沁区图书馆是宣传科尔沁文化的一大平台。图书馆具有资源和宣传优势，能够整合、加工散乱的文化信息资源，把科尔沁文化与经济发展紧密地结合起来，科尔沁文化与创建旅游大市紧密地结合起来，把科尔沁文化与现代城市建设结合起来，把科尔沁文化

---

① 苏和. 论蒙古族科尔沁文化［J］. 黑龙江民族丛刊,2005(6):100－104.

与文化艺术事业结合起来,产出系统的科尔沁文化产品①。开展科尔沁文化普及活动,体现了图书馆的公益性、服务型,也是国家文化信息资源共享工程的一部分。宣传科尔沁文化,让更多的人了解科尔沁文化,使科尔沁文化形成通辽地方特色文化品牌,是科尔沁区图书馆的使命之一。

3. 主要活动品牌

"书香科尔沁"科尔沁文化普及系列活动是科尔沁区图书馆品牌活动之一。为了弘扬科尔沁文化知识,让广大居民更加了解科尔沁区传统文化的魅力,科尔沁区图书馆开展了一系列活动。

(1)文化讲座

图书馆邀请本地文化名人开展各种文化讲座,如:"稷下学宫,百家讲坛"系列讲座围绕中外历史展开;"国学讲坛"系列讲座以中华传统文化为主要内容;"科尔沁文化大讲堂"系列讲座涉及科尔沁历史、古迹、名人、艺术、风俗等内容。

举办文化讲座目的在于丰富市民的文化生活和提高市民的文化修养,同时使图书馆真正成为地区信息中心、科技普及基地、知识生产的工场、知识传播的桥梁和知识服务的窗口。

科尔沁区图书馆还把讲座延伸进分馆,并将讲座制作成公开课视频上传至科尔沁区图书馆官方网站及微信公众平台共享,让更多人受益。

(2)"通辽百年回眸"大型图片展

2014 年是通辽建镇 100 周年,为全面反映通辽百年的发展历程,讲述百姓记忆中的通辽历史变迁,科尔沁区图书馆在西门街道团结社区会展中心承办了"通辽百年回眸"大型图片展。图片展以"百年通辽"为主题,共分为"荒原小镇""风雨沉沦""改天换地""走向复兴""继往开来"五大部分,讲述了通辽从 1913 年开放镇基掣签招领备案,到 1914 正式称镇、1931 年日本侵占通辽、1945 年抗日战争胜利、1947 年通辽解放、1978年改革开放,直到今天的草原新城的百年历史进程。图片展通过 200 多幅图片及大量的史实资料,全景式地再现了通辽的历史风云变幻,为广大干部群众的市情、区情教育提供了生动教材;对重温历史,更好地珍惜现在,展望未来,奋发图强具有十分重要的意义。

自 2014 年 7 月首次展出以后,科尔沁区图书馆已接待从中央到自治区、市、区级领导及各级社会团体参观"通辽百年回眸"史实图片展百余场,对传承中华传统文化、弘扬科尔沁历史、传递正能力,践行社会主义核心价值观具有现实意义。

(3)"孝庄故里·魅力通辽"展览

"孝庄故里·魅力通辽"是集通辽市民族地方文献、书法、美术摄影

---

① 王明义.建设科尔沁文化大市[J].实践,2004(8):41-42.

作品于一体的综合性展览。首次展览于 2016 年 5 月 7 日在北京民族文化宫举办,科尔沁区图书馆选出了关于科尔沁区的地方文献以及科尔沁区书法家的书法作品、少儿版画作品参展。展览得到了国家民委的肯定,国家民委主任巴特尔、国家民委办公厅主任张京泽、文化宣传司司长武翠英、人事司副司长张湘冀、民族文化宫党委书记、主任宫兆强等都参观了展览。展览使科尔沁文化走出了通辽,走出了内蒙古,让更多的人了解科尔沁文化。

(4)马玉祥展馆

"最可爱的人"——马玉祥,1931 年 2 月 13 日出生在黑龙江省青冈县;1947 年 7 月,参加中国人民解放军;1950 年 10 月参加抗美援朝战争;1951 年春,在朝鲜的汉江南岸,勇救烈火中的朝鲜孤儿,成为著名作家魏巍笔下《谁是最可爱的人》一文中的英雄。老英雄马玉祥在科尔沁大地上生活 50 载,曾被评为全国老干部先进个人、全国关心下一代先进个人。他被誉为通辽市未成年人思想道德建设的典范,2007 年 7 月,马玉祥荣获首届感动内蒙古人物奖。作家魏巍曾再次亲笔题词:"你永远是最可爱的人。"

为使马玉祥英雄精神永远在科尔沁大地传承,科尔沁区图书馆在马玉祥家人及记者的帮助下,搜集马玉祥英雄照片百余幅,于 2016 年 7 月 26 日在图书馆举办"忆身边马玉祥 传承英雄精神"宣讲报告会暨马玉祥展馆落成仪式。展馆以老英雄马玉祥和著名作家魏巍生前的渊源为主线,以马玉祥生前参加的抗美援朝战争等经历为背景,分六部分,详细地展示了"最可爱的人"——英雄马玉祥的爱国主义情怀和无私奉献的精神。

## 全民阅读

1. 推荐阅读

阅读推广,顾名思义就是推广阅读;简言之就是社会组织或个人为促进人们阅读而开展的相关活动,也就是将有益于个人和社会的阅读活动推而广之;详言之就是社会组织或个人,为促进阅读这一人类独有的活动,采用相应的途径和方式,扩展阅读的作用范围,增强阅读的影响力度,使人们更有意愿、更有条件参与阅读的文化活动和事业[1]。

开展"全民阅读"活动,是中共中央宣传部、中央文明办和新闻出版总署贯彻落实党的十六大关于建设学习型社会要求的一项重要举措。自 2006 年活动开展以来,在中共中央宣传部、中央文明办、新闻出版总署、文化部、国家广电总局、教育部、解放军总政治部宣传部、共青团中央、全

---

① 张怀涛.阅读推广的概念与实施[J].河南图书馆学刊,2015(1):4-7.

国总工会、全国妇联等部门的共同倡导下，全民阅读活动在全国各地蓬勃发展，活动规模不断扩大，内容不断充实，方式不断创新，影响日益扩大。

在 2006 年开展"全民阅读"活动以前，科尔沁区图书馆就已经开展多种形式的推荐阅读活动，促使读者多读书、多接触一些有益身心的图书。

图书馆按读者水平进行推荐，调查读者爱好，推荐图书。利用宣传阵地和有利环境进行宣传，如在阅览室挂名人名言录，启发读者努力读书、多读好书。

设立"读者园地"专栏，内容包括读者心得体会、书评、新书介绍、新书推荐等项目，在工作人员积极努力及读者的热情支持下，读者纷纷寄来稿件，如诗歌、散文等。

1996 年开展"我与好书交朋友"读者读书活动。在图书馆馆藏图书中选取 50 本可读性强、积极健康、政治意义强又具有趣味性的图书，推荐给广大读者阅读。为使这次读书活动开展得深入扎实，图书馆举办专题演讲和读书演讲会，演讲和讲座内容均围绕推荐图书进行，演讲稿件优秀和演讲优秀者均获得奖励。

多年来，图书馆利用一年一度的服务宣传周活动，走上街头宣传馆藏，介绍焦点书目，利用广播电视等媒介吸引读者视线，取得了较好的社会效益。

2. 免费开放

科尔沁区多年来始终坚持公益性服务方向，积极探索各种免费惠民的服务模式，自 2009 年大力推进基本服务的免费开放。目前图书馆免费服务项目有办证、电子阅览、书刊检索、网络资源检索下载、借阅、讲座、展览、参考咨询、基层业务指导等文化部规定的所有免费"规定动作"，全面实现了向社会公众的免费开放。图书馆实施免费开放后，到馆人数明显增加，更多的市民走进图书馆，享受图书馆优质文化服务。

# 六、公共文化服务体系建设

公共文化服务是政府公共服务的重要内容。它是指以政府部门为主的公共部门提供的、以保障公民的基本文化生活权利为目的、向公民提供公共文化产品与服务的制度和系统的总称，包括公共文化服务设施、资源和服务内容，以及人才、资金、技术和政策保障机制等方面内容。公共文化服务体系建设是改革开放以来，特别是党的十六大以来，中国特色社会主义文化建设理论创新、实践创新和制度创新的重要成果，深刻反映了我国文化体制改革不断推进的发展历程。

通辽市将公共文化服务体系建设作为建设文化强市的重要内容，加大投入、锐意进取、改革创新,从结构、服务、体制等多角度着手,不断丰富公共文化服务体系内涵,创造了多个具有鲜明地区和民族特色的公共文化服务品牌。

公共图书馆是公共文化服务体系中的重要组成部分,在推进公共文化服务体系建设方面具有重要职责。

科尔沁区图书馆自建立以来一直肩负着地方公共文化服务体系建设的重任。1956年9月,图书馆挂牌成立,馆名为哲里木盟图书馆,6月13日,图书馆由哲里木盟移交通辽市,因而更名为通辽市图书馆。直至1984年9月,在哲里木盟建立区馆之前,图书馆一直是哲里木盟地区图书馆事业的领头羊,起着业务中心作用,对本地区公共图书馆、高校图书馆等进行业务辅导。

改革开放以后,图书馆事业发展进入新的时期,以"坐堂行医"为服务模式的传统图书馆,已经远远不能满足社会发展和读者的需要。科尔沁区图书馆不但革新服务方式,探索新的工作方法、工作领域,经过几十年的实践,总结出一套系统的提供公共文化服务的经验,并取得了一系列成就,在业务辅导、分馆建设、民族地方文献建设等方面形成了自身的特色。

## 政府信息公开

根据2008年5月1日颁布实施的《中华人民共和国政府信息公开条例》:"各级人民政府应当在国家档案馆、公共图书馆设置政府信息查阅场所,并配备相应的设施、设备,为公民、法人或者其他组织获取政府信息提供便利。行政机关应当及时向国家档案馆、公共图书馆提供主动公开的政府信息。"

作为从事情报信息资源整合与服务的社会信息服务机构,图书馆是公众获取信息的重要窗口,因此做好政府信息整合工作,为社会大众提供所需要的各种信息资源,是图书馆的职能之一。在政府信息公开制度中,图书馆所扮演的角色非常重要,为社会大众提供高质量的信息服务、满足公众对信息的需求,是图书馆的核心业务能力之一。如果社会公众在图书馆中获取政府信息不充分,那么图书馆的服务也是不全面的,不完整的,政府信息公开制度的公正性、公开性和公平性就不能得到保证。图书馆信息资源必须包括政府信息资源,图书馆也必然是政府信息公开制度的一部分。因此,公共图书馆并不仅仅是一个借阅场地,还被赋予了另一个重要的使命,成为向公众提供政府公开信息的平台之一。图书馆必须转变角色,适应大众的需求,在社会政治生活中发挥作用。

纵观国际社会,公共图书馆引入政府信息公开服务已经成为一种潮流和趋势,科尔沁区图书馆对于这项新职能采取积极适应的态度,一方面将政府公开信息放在期刊阅览室提供阅览,另一方面在图书馆网站首页

科尔沁区图书馆史

开辟政府信息公开专栏,方便读者查询政府信息。在图书馆网站首页搜索栏下,共设有四级政府信息公开链接,分别是"科尔沁区信息公开""通辽市信息公开""内蒙古信息公开""国务院信息公开"。虽然这些措施仍然是初级的、浅层次的,与读者的需要仍有一定的差距,但科尔沁区图书馆正在努力进行更加深层次的政府信息公开咨询服务。

## 民族文献和特色馆藏

1. 收集民族文献的意义

蒙古族文献有 1000 多年的历史,是中华文化中重要的一部分。蒙古族民族文献是科尔沁历史发展过程中形成的包括政治、经济、文化、地理、历史、物产等各个方面以各种形式保存下来的文化遗产,在学术研究方面有独特的学术价值和史料价值。蒙古族文献记录了蒙古族的历史、文化、经济、社会发展脉络,也记录了蒙汉文化相互交融、相互融合的过程。蒙古族建立的元朝对东西文明的交流起到了重要作用,因此征集和整理蒙古族地方文献对保护和了解蒙古族发展历史、生产生活方式以及中国民族融合乃至世界文化交流都有重大意义。

随着民族出版事业蓬勃发展,出版物急剧增多。如蒙文图书出版机构原来只有中央民族出版社、内蒙古人民出版社、内蒙古教育出版社等几家出版机构,现在原来的基础上又增加了十几家。内蒙古的六个出版社每年出版 300 多种蒙文图书。在国内的蒙文出版物逐渐增多的同时,各图书进出口公司每年还引进大量斯拉夫蒙文图书①。

通辽市科尔沁区地处内蒙古自治区东部,坐落在西辽河、教来河冲积平原中部,辖 10 个镇(苏木)、5 个国有农牧场、11 个街道,居住着蒙古、汉、满、回、朝鲜等民族,历史悠久,人文荟萃,拥有丰富的地方文献资料。征集、管理和利用好这些文献,对于保存地方史料、传承科尔沁文化、促进本地区的建设和发展,具有十分重要的意义。

收集民族地方文献是保护和传承科尔沁非物质文化遗产的需要;是科尔沁地区文化产业发展的需要;是发展科尔沁地区图书馆的需要;是研究科尔沁文化的需要②。

20 世纪 80 年代,通辽市公共图书馆系统开始收藏科尔沁民族地方文献,并以市政府的名义出台了《通辽市地方文献征缴办法》③。

---

① 钢山.办好馆藏,建设内蒙古东部区蒙文图书资料中心[J].内蒙古民族师范学院学报:哲社版,1993(1):83-85.

② 阿拉坦格日乐.论科尔沁文化文献建设的重要性[J].内蒙古民族大学学报:社会科学版,2012(1):24-26.

③ 王莉君.论科尔沁民族文献的个性特点与抢救[J].内蒙古科技与经济,2011(8):127-128.

　　为了更好地服务广大读者和相关研究人员，进一步弘扬科尔沁地方文化，科尔沁区图书馆组建了科尔沁区民族地方文献资料室，致力将分散的地方文献进行征集、整理、归类，形成较为完整的地方文献收藏体系，并面向社会开放，以期促进地方经济建设和各项社会事业又好又快发展。

　　科尔沁区图书馆肩负着保藏和传承地方文献等本土文化的历史使命，有责任也有义务做好地方文献工作。多年来，科尔沁区图书馆在征集民族地方文献方面做了很多努力，并取得了一系列成果。

　　2.收集民族地方文献的途径

　　（1）复制

　　复制是指在遵守版权的前提下，通过抄录、翻拍、复印等方式进行复制。由于多方面原因，民族地方文献，尤其是古籍流失十分严重，有些珍贵的文献是买不到的。鉴于此，图书馆从各文献收藏单位复印了大量资料，仅1984年就复印了《内蒙古游牧记》《察哈尔通志》等100多种珍贵的线装书。有的书是读者寻求多年都未借到的，如《皇朝藩部要略》《皇朝藩部世系表》，复印的书还没有到，读者就通过新书消息预约这套书，借阅后发挥了很大的作用。

　　（2）访求

　　访求指派人上门，向有关单位、个人征集。有些珍贵的文献遗落在民间，由于不被重视而存在失散的危险，为了更好地收集这些文献，图书馆专门派人到民间访求，从一些收藏者手中收集了一批有价值的文献。例如，2015年，馆长王黎曾带领孙童妹、王艳萍、李莉到诗人王磊家征集地方文献。

　　科尔沁草原这方文化沃土哺育了各民族作家，图书馆密切保持与当代本土作家、专家、学者的联系，每当这些专家发表或出版作品时，都第一时间上门访求，争取他们的理解和支持，说服他们将自己的新作品或者相关资料纳入图书馆馆藏，确保本土作家、学者作品收藏完整。1996年，采编部了解到内蒙古民族师范学院李崇堂老师编了三种图书，但没有正式出版，只是油印几套以留后世。经过几次接触，李老师无偿赠送了两种图书，每种各3套，丰富了图书馆馆藏。

　　（3）代征

　　代征是指利用协作关系，委托其他单位和个人代理，在文献持有者或文献持有机构中征集。征集民族地方文献是一项系统性工程，工作繁重，涉及多个出版单位、收藏单位。由于民族地方文献的传播范围大多有限，部分文献甚至为非正式出版物、内部资料，很多资料的流通渠道狭窄，无法通过采购的渠道获取，因此时时追踪出版单位的动态非常必要，科尔沁区图书馆常年与市、旗（区、县）公共图书馆以及本地区的地方史志办、党史办、科委、政协文史委、学术团体、研究机构、教育行政部门、大中专学校、大中型企事业等单位和部门加强协作,密切联系,保证民族地方文献的来源。例如,2001年派专门人员上门征集,分别到通辽市电视台、通辽市文联、通辽晚报社、老干部局等单位,共征集地方文献1000余册,补充地方文献的入藏。同时指派专人利用《内蒙古日报》《通辽日报》《通辽晚报》三种报纸编辑地方文献索引,为地方文献收编工作打下了基础。

(4)采购和收购

馆员外出参加学术活动、培训及竞赛时,代表图书馆购买专业用书和内部资料,这样做既丰富了图书馆馆藏,也节省了采购经费。

大量散落在民间的文献由于不被重视而被当作废纸处理,使文献不能发挥应有的价值,针对这一情况,图书馆委托专人收购被忽视、丢弃的图书资料,并给予一定的物质补偿,在很大程度上挽救了一批珍贵地方文献。

(5)积累

科尔沁区图书馆自建馆之初就注意积累民族地方文献,以《通辽日报》(前身为《哲里木日报》)为例,图书馆自1956年建馆之初就订购每一期《哲里木日报》。报社迁址时,大量过报被当作废纸处理,图书馆得知这一情况后,立刻与报社联系,争取收藏、留存报社积压的旧报纸,如今在整个通辽市,科尔沁区图书馆是收藏《通辽日报》最全的单位。

(6)受赠

受赠是指接受个人、机构、团体的捐赠。一些热心的市民读者将自己的藏书无条件捐给图书馆,使更多的人能利用文献,使文献发挥了更大的价值。

2016年,图书馆向全社会发出公告,征集民族地方文献,征集范围包括:科尔沁区各级党政机关、社会团体、学校、企事业等单位及个人编撰或绘制、涉及本地内容的具有保存价值的各类出版物、资料,包括地方史志(包括市县志、乡镇志、村志、部门行业志)、党史、年鉴、地图、画册、图像、地名录、文史资料、年报、简报、通讯、统计、会议资料及相关著述、资料汇编等文献及音像、电子制品等;民间流传的通辽地区谱录(家谱、族谱、宗谱等)、各类民俗景观图片、历史场景图片、金石拓片、书法、绘画作品、古籍、旧版图书、历史实物、歌册、账本、地契、反映科尔沁区非物质文化遗产的文字、音像资料等;原籍通辽或曾在通辽任职、居住的各个时代具有一定影响力的人士著述、日记、信函、传记、字画、回忆录、著作手稿、声像资料等。征集文献的类型包括公开出版物和非正式出版物,形式包括印刷型出版物和非书资料,如光盘、磁带、图书等,以及稿本、抄本等。

为了鼓励群众捐赠文献,图书馆提出了一套奖励、激励措施:凡捐赠者,都发给收藏证书,凭证可优先使用馆藏文献;个人捐赠地方文献100册(件)以上(复本不超过5本),将赠送图书馆借书证一张;捐赠者名单

及捐赠情况将定期在图书馆网站、宣传栏上公布;对个人著作的捐赠者,
图书馆网站予以推介。

图 2 - 12    地方文献征集

3. 民族地方文献的管理

为了使民族地方文献充分发挥作用,为本地区的经济建设和文化建
设做贡献,图书馆还对征集来的文献进行系统整合、发掘和研究,以形成
新的文献成果。

科尔沁区图书馆有良好的典藏保管条件,有蒙汉兼通的人员管理蒙
文图书,建立了从采购、加工到流通的业务机构,外借处设有蒙文图书专
架,借阅处向蒙文图书读者发借书证,如此馆藏蒙文图书也能发挥很大的
作用。

1984 年,内蒙古蒙医学院学生哈斯塔娜写关于蒙医方面的毕业论
文,苦于没有资料,来图书馆借了《蒙医史》《蒙医大辞典》等书,解决了资
料问题,完成了写作。内蒙古民族师范学院的毕力格在图书馆借阅大量
蒙古族文学发展方面的资料,完成了蒙古族文学发展史的毕业论文。

1988 年,黑龙江省史志办的同志来图书馆查找有关伪满洲国税务方
面的资料。图书馆为他们提供了大量的参考资料,终于在《哲里木实剂》
这本书中找到了他们所需的资料,他们高兴地说:“我们已经查遍了东北
三省,都没有找到,没想到在你们这个小图书馆找到了。”

此例之多,不胜枚举,都说明重视民族地方文献的收集整理工作是图
书馆重要的办馆方向之一。

为了适应新时期图书馆事业的发展,民族地方文献数字化建设已经
提上日程。2003 年 5 月 28 日,图书馆采编部正式启动民族地方文献数据
库的建设。2016 年着手筹划蒙文数据库建设。

4. 特色馆藏

《万有文库》(1931 年，收藏时间，下同)

《万有文库》是 20 世纪上半叶我国最有影响的大型现代丛书，它是由王云五先生策划整理出版的。王云五先生编写这部旷世之作的目的是"使得任何一个个人或者家庭乃至新建的图书馆，都可以通过最经济、最系统的方式，方便地建立其基本收藏"。这一番雄心壮志，被美国《纽约时报》称赞为"为苦难的中国提供书本，而不是子弹"，当时是战火纷飞的年代，他的这种忠诚于文化的行动是一个了不起的行为，是"在界定和传播知识上最具野心的努力"。

王云五在《万有文库第一二集印行缘起》中明确提出："《万有文库》之目的，一方在以整个的普通图书馆用书贡献于社会；一方则采用最经济与适用之排印方法，更按《中外图书统一分类法》刊类号于书背，每种附书名片。除解决图书供给之问题外，将使购书费节省十之七八，管理困难，亦因而减少。"

第一集收 13 种丛书：《国学基本丛书初集》100 种、《汉译世界名著初集》100 种、《百科小丛书》300 种、《新时代史地丛书》80 种、《工学小丛书》65 种、《学生国学丛书》60 种、《国学小丛书》60 种、《师范小丛书》60 种、《农学小丛书》50 种、《商学小丛书》50 种、《算学小丛书》30 种、《医学小丛书》30 种、《体育小丛书》15 种，计 1000 种 2000 册。附大本参考书 10 种12 册。

第二集收 4 种丛书：《国学基本丛书二集》300 种、《汉译世界名著二集》150 种、《自然科学小丛书初集》200 种、《现代问题丛书初集》50 种，计 700 种 2000 册。附大本参考书《十通》《佩文韵府》共 11 种 28 册。包括古今中外各门学科。

《万有文库》种类丰富，覆盖面广，在普及知识方面发挥了很大的作用，当时全国众多图书馆都收录了《万有文库》。

《历代纪事本末》(1931 年)

《历代纪事本末》是上海捷记书局 1931 年石印的，总计有 42 册 239卷。纪事本末体与纪传体、编年体是我国古代史书的三大体裁。纪事本末体克服了纪传体和编年体的不足，先把重要的事件分门别类，形成独立的篇章，然后按时间顺序，详述事件的整个经过。《历代纪事本末》包括《左传纪事本末》《宋史纪事本末》《辽史纪事本末》《西夏纪事本末》《辽史纪事本末》《金史纪事本末》《六史纪事本末》《明史纪事本末》《三藩纪事本末》《通鉴纪事本末》。

《朝日新闻》(1931 年)

《朝日新闻》是日本三大综合性报纸，由木村滕、村山龙平于 1879 年1 月 25 日在大阪创刊。1888 年实行产业化管理，以《东京朝日新闻》打进东京出版。《朝日新闻》在日本有很大的影响力,1930年前后,与《读卖新闻》《每日新闻》在东京形成三报第一次鼎立竞争的局面。1940年9月1日在各地出版的报纸统一名称为《朝日新闻》。

《每日新闻》(1931年)

《每日新闻》是日本全国性大报之一,最早的历史可追溯到1872年2月21日在东京创刊的《东京日日新闻》和1888年创办的《大阪每日新闻》。《每日新闻》最初以农民为目标读者,遵循"争论之下,真理显现"的办报宗旨。1911年《大阪每日新闻》兼并《东京日日新闻》,但仍然在两地分开出版,报纸名称亦没有改变。1943年1月,经过几次合并,报名统一使用《每日新闻》。

《东北日报》(1949年)

《东北日报》是中国共产党在东北解放区创办的第一张地区报纸。从1945年11月1日创刊,到1954年8月31日止,它经历了整个解放战争时期,迎来了中华人民共和国的诞生,参加了50年代初期的经济建设。漫画是《东北日报》最鲜明的特色。当年,漫画占据了《东北日报》90%以上的篇幅,漫画是我国著名漫画家华君武先生画的。《东北日报》在中国共产党新闻史上占有相当重要地位,作为中共中央东北局的机关报,《东北日报》在其发行的八年零十个月的时间里,向东北人民进行爱国主义教育,介绍中国共产党的历史,揭露美蒋的反革命丑恶嘴脸,宣传解放军节节胜利的大好形势以及土地改革政策,指导东北解放区的生产和经济建设,支援全国第三次国内革命战争,都起了很大的作用。

《西满日报》(1949年)

《西满日报》于1946年11月在齐齐哈尔市创办,于1947年8月随西满分局撤销而停刊,是中国共产党西满分局机关报。日出4开2版1张,以刊载新华社电讯稿为主,共出300期。

《长春新报》(1949年)

《长春新报》是在抗日战争结束,第三次国内革命战争即将开始的时期创办起来的,创刊初期,《长春新报》是以"民办"名义出版的报纸,在发刊词中明确宣布,"以维护人民利益,反映人民的要求为出发点,以人民的呼声为呼声,以和平、民主、团结、建设和加强中苏两国人民的友好为奋斗目标"。《长春新报》通过宣传党的路线、方针和政策,揭露了国民党的造谣诬蔑,使人民群众有了明辨是非的标准。1945年11月14日,根据当时的战略部署,在长春的中共机关、群众团体和公开暴露身份的中共方面的工作人员全部撤出长春,《长春新报》随之停刊。1946年4月20日复刊,5月20日,与《东北日报》合并,《长春新报》第二次停刊。此后,《长春新报》又两停两复,直到1952年,《长春新报》更名为《长春日报》,并一直沿用至今。

《生活报》(1949年)

早期的《生活报》由中共中央东北局宣传部主办,于1948年5月1日在哈尔滨创刊,为五日刊,由生活报社编印、光华书店发行,社址在哈尔滨市地段街56号。1948年底,中共中央东北局迁到沈阳,办公地址即现今的辽宁省政府,《生活报》也随之迁到沈阳。《生活报》设置了"时事述评""自由谈""地理常识""读者顾问"等栏目;文章体例有评论、问题讨论、学习与检讨、通讯、报告、文艺散文、诗词、评介等。1949年1月16日,《生活报》在沈阳复刊,出版了第45期报纸,由东北书店发行。《生活报》前后共出版了85期,最后在沈阳终刊。

## 加强对兄弟图书馆的业务辅导

图书馆业务辅导工作是指一个地区或一个系统内大型馆或中心馆对本地区、本系统的中小型馆进行业务帮助和指导,目的是通过组织交流、学习、研讨及多种形式的协作协调活动,促进一个地区或系统内的图书馆平衡发展、共同提高,以利于整体优势的发挥。业务辅导工作的任务包括:培养图书馆专门人才,提升图书馆管理服务水平,促进图书馆事业发展等。业务辅导要遵循政策性、目标性、针对性、科学性、指导性、实践性、协作性的原则,针对图书馆业务的特点,提供有针对性的辅导,提高图书馆整体效益①。

科尔沁区图书馆业务辅导工作辐射全市各旗(县)。1958年至1984年,哲里木盟(现通辽市)一直没有地区级图书馆,科尔沁区图书馆一直起到全盟图书馆业务中心的作用。特别是1980年以后,科尔沁区图书馆曾多次对兄弟旗(县)图书馆以及驻通辽市大、中专院校图书馆进行业务辅导。1986年以后,业务辅导工作重点从城市的机关单位转向了社区和农村。2000年以后,业务辅导的对象主要为市内社区图书馆(室)、乡镇图书馆。

1.定期举办业务培训班

1956年,党中央提出了"向科学进军"的口号,这一年也是我国图书馆函授教育的开始之年,北京大学响应国家号召,率先创办图书馆学函授专修科。继北京大学图书馆学系之后,武汉大学图书馆学系于1960年3月开办了三年制的图书馆学函授专修科。

"文革"中,图书馆学教育一度受到影响,停滞了十年。十一届三中全会后,图书馆学教育终于受到重视,发展的步伐加快,并展现出新的特

---

① 陈培琪.论图书馆业务辅导的若干原则[J].江苏图书馆学报,1993(5):63 – 64.

点。当时,图书馆专业人才缺乏,与新时期总任务对图书情报工作的要求有很大的差距,因此发展图书馆事业的当务之急就是培养一支专业的人才队伍。为了适应四个现代化建设的需要,全国各地高校相继开设图书馆学函授专修科,吉林省图书馆专业函授学校就是其中之一。1980年、1985年图书馆承担了两届吉林省图书馆函授学校辅导站工作,共计为全市培养图书馆专业人员(中专)160名;1985年又开办了内蒙古电视大学哲盟分校图书馆专业班,毕业学生30名,这些学员分散在全市各级、各类图书馆(室),成为全市图书馆界的业务骨干。

图 2 - 13　图书馆(室)培训班

2.重点辅导与巡回辅导相结合

图书馆业务辅导工作的基本任务是促进本地区图书馆事业的发展。早在20世纪七八十年代,图书馆就探索出了重点辅导和巡回辅导相结合的办法,点面结合,对业务上有一定基础的单位进行巡回辅导,随时随地解决一些业务难题;对于图书馆选择的重点辅导对象,则办班培训,深入图书馆(室),亲自操作指导。

在一般辅导中注意从中学习好的经验并进行推广,如铁路俱乐部图书室根据自己藏书特点、读者借阅情况,在用《中图法》分类的基础上,采用拼大类排架的方法,很有特色,非常适用,经过推广为许多图书室所接受,公卫处图书室注重阅读辅导的方法,也被许多图书(室)所采用,成效很大。

进入21世纪后,图书馆强化对本地区企事业单位、学校、社区及农村图书馆业务基础知识和基本技能方面的指导,坚持理论辅导与实践指导相结合,做到理论辅导有教案,实践指导有记录,并定期巡回辅导,建立业务辅导档案。

### 3. 以点带面,建设图书馆网络

图书馆在坚持集中辅导、重点辅导和巡回辅导的同时,积极创新和探索新的工作方法,进一步开拓辅导工作的新领域。采取业务辅导与生产服务相结合的方法,分别在农村和城市做了较有成效的工作。

在农村,采取"滚雪球"战术,使村村图书连成网络,方便图书馆为农业生产服务①。

在城市(对工矿企事业单位),则采取"以点带面"的方法,所谓"点"是指市总工会,它是联系各基层工会的基地;所谓"面"就是全市的318个基层工会,是职工进行政治教育的重要阵地,也是职工学习科学文化知识,提高业务素质和技术能力的重要场所。图书馆经常为市总工会提供有关工会图书馆业务讲座、工会图书馆业务介绍等资料,使工会领导开阔眼界,引起他们对工会图书馆事业的进一步重视。以市总工会之"点"带基层工会之"面",是图书馆开展工会图书馆服务,打开为生产科研服务的重要一环,发展工会系统图书馆事业是图书馆与总工会之间共同的愿望和责任。在这个前提下,图书馆还认真研究讨论通辽市工会图书馆事业发展的现状,进而制定发展通辽市工会图书馆(室)的规划,与市总工会协作,开展"基层工会图书馆(室)业务达标活动"②。通过这项活动,密切了与工会图书馆(室)的关系,加强了相互之间的联系,从而为各工矿企事业单位提供生产科研服务打开了新局面。

### 4. 重视规范化建设

20世纪90年代,工会图书馆(室)已经成为图书馆事业的一个重要组成部分,是发挥工会教育职能的阵地之一,在活跃职工的业余文化生活、提高职工的文化素质、指导科研和生产等方面,都有着不可低估的作用。由于领导不重视,管理人员不专业等原因,工会图书馆(室)普遍存在着图书不分类、图书不建账、制度不健全等问题,致使有书不敢外借,图书馆(室)成为只是一个空架子。针对这种情况,图书馆与通辽市总工会决定在全市工会图书馆(室)中开展达标竞赛活动。通过达标活动,使工会图书馆(室)成为工会工作考核的一项重要内容,使图书馆工作得到重视,规范化建设迈上一个新的台阶。

进入21世纪以来,分馆和社区图书室发展较快,各社区图书室图书的馆藏量逐步增加。为了保证所捐图书的质量及各社区图书室的图书得到有效利用,科尔沁区图书馆多次到分馆和社区图书室进行业务规范辅导。在深入各社区分馆进行巡回业务辅导时,首先从图书室的图书登记、盖章、分类、贴标、排架、设置架标等一系列规范化管理工作开始,将室内

177

---

① 全市基层图书馆业务辅导有新进展[J].通图通信,1990(1):1.

② 对通辽市318个基层工会调查的报告[M].通辽:通辽图书馆,1990:1-8.

图书分类、排架、架标设置、设立图书借阅登记簿等几项业务,进行科学、规范、统一、标准化的辅导,同时开展各种类型的阅读推广活动。

5. 物资帮助

20 世纪八九十年代,在对各图书室开展的辅导中,一方面辅导图书室改善管理方法,另一方面帮助各图书室解决一些具体困难,例如市内没有经营图书室用品的商店,需用时还要到外地采购,但是用量不大,派人采购不划算。图书馆在导购本馆用品的同时,额外订购了一些目录卡片、书内卡、目录指导卡、账页、书证等,解决了很多图书室的困难。为基层图书馆(室)提供目录卡、书内卡、目录指导卡、账页、书证、铁书架、目录柜、报刊架等业务设施设备,只收取成本和少量的管理费,比市场价格低45%,为基层图书室的发展做出了一定的贡献。

## 草原书屋和乡镇分馆

1. 建设乡镇图书馆的最初尝试

在建设乡镇图书馆方面,科尔沁区图书馆在全国处于领先地位,分别于 1991 年和 1992 年建立了大林镇、余粮堡镇图书馆。

为了建立乡镇图书馆,辅导部与乡镇文化站站长一同到基层进行摸底调查,着手组建村级和学校图书室,其主要目的是要逐渐形成以乡镇图书馆为中心,以村、学校图书室为纽带,连接用户的服务网络,增强服务能力,扩大服务面。为了进一步发展乡镇图书馆事业,辅导部还经常去木里图、余粮堡等地宣传建立乡镇图书馆的必要性和重大意义,并把大林镇建馆的经验传授给他们,调动乡镇建馆的积极性。

科尔沁区图书馆连续三年举办了"大林镇图书馆服务宣传周"活动。期间,开办了科技讲座、农业科技图书展销、科技书赶集等活动,深受当地群众欢迎。

大林镇、余粮堡镇两馆各具特色。由于各种原因,两馆正常开馆只分别持续 5 年和 3 年,在 1995 和 1996 年分别停止了向社会开放。1997 年河西镇创建了第三个镇级图书馆,河西镇科技图书馆藏书 1 万册,并进行了科学的分类编目,馆藏图书全部是农业科技用书。由于馆舍的原因,两年之后关闭。虽然这三个乡镇的图书馆由于各种原因都夭折了,但科尔沁区图书馆在失败的案例中总结经验教训,为新时期大规模建立乡镇图书馆打下了基础。

2. 建设"草原书屋""农家书屋"

以"促进科教兴区步伐,推动农牧区两个文明建设"为宗旨,以"深化送书下乡、服务农牧区"为主要内容,1997 年 11 月,内蒙古开始实施了"草原书屋"工程。"草原书屋"工程是党中央制定的文化惠民工程、民心工程、德政工程,满足了农牧民"看书好,看好书,好看书"的愿望①。"草原书屋"的建立对促进自治区两个文明建设产生了巨大的推动作用。

2009 年,内蒙古自治区党委、政府将"草原书屋"工程列为重点实施的"十项民生工程"之一,多次召开专题会议部署。按照"政府资助建设,鼓励社会捐助,农民自我管理,市场运作发展"运作方式,使"草原书屋"覆盖每一个行政村。

为了让国家投入的文化资源能更好地为百姓所用,使更多的人享受到国家文化惠民的红利,科尔沁区图书馆坚持为"农家书屋""草原书屋"巡回辅导工作日常化,对推进文化工程服务人民、服务社会,发挥了重要作用。

3. 坚持对基层图书馆(室)进行摸底调查

科尔沁区图书馆常年坚持对基层图书馆(室)开展调查,规模较大的几次调查有:1981 年对市内各单位基层图书室做全面调查;1990 年同总工会联合举办了"全市基层工会图书馆业务"达标方案而走访调查了全市 50 多个基层工会图书馆(室);1994 年为筹备图书馆协作组织而对全市图书馆进行了调查摸底,印发了建立图书馆协作组织的统计表;2003 年上半年对科尔沁区范围内 10 个街道 88 个社区图书室及乡镇(苏木)图书馆(室)现状进行了实地调查研究,写出了《关于科尔沁区图书馆(室)现状的调查和思考》。这些调查为筹备乡镇图书馆提供了大量一手资料。

4. 全面建设乡镇图书馆

科尔沁区图书馆坚持把公共文化服务体系建设的重心放在乡村,以建设幸福社区和美丽乡村为契机,以农家书屋为阵地,开展丰富多彩的公共文化阅读推广活动。业务辅导工作制度化,不断提高"农家书屋"和基层图书室管理员的专业素质和管理水平。

科尔沁区图书馆以建分馆做引领,带动基层图书室服务工作最大化。科尔沁区图书馆作为内蒙古自治区总分馆制建设试点单位,自 2010 年就开始尝试总分馆建设,2014 年是重点建设年。

科尔沁区图书馆每年都对辖区的文化站图书室进行调查及巡回辅导,并在整合"农家书屋""草原书屋"的基础上,在基础较好的乡镇、村、社区图书室建分馆。2014 年,图书馆对科尔沁区管辖内的 11 个乡镇、5 个国有农牧场的 338 个村的图书室逐一进行规范辅导,这一年也是科尔沁区图书馆建立分馆的高峰期。在建设过程中,要求只要是图书馆的流动点或分馆,都要坚持专业化,从分类、编目、制度到书标、书立、架标等都要进行图书馆的规范化操作。经过几年的努力,初步形成了以乡(镇、苏木)文化站为中心点,辐射带动周边村委会的文化格局。图书馆分馆的建

179

① 白金丽. 发展繁荣草原书屋,惠民工程功在千秋[J].内蒙古图书馆工作,2013(4):8-11.

立,解决了城乡居民特别是农村群众看书难、看报难等问题,切实保障了人民群众的基本文化权益,推进基层文化服务均等化,为乡镇经济社会发展提供文化保障和智力支持。

科尔沁区图书馆部分乡镇分馆建设情况(截至 2014 年底)

| 乡(镇、苏木) | 村 | 人口 | 分馆总面积(平方米) | 图书室面积(平方米) | 藏书(册) |
|---|---|---|---|---|---|
| 莫力庙苏木 | 魏家窑村 | 1833 | 982.73 | 50 | 1300 |
| | 小街基村 | 362 | — | 40 | 1200 |
| | 李家围子村 | 823 | 959 | — | 500 |
| 丰田镇 | 溪水塘村 | 1400 | 891 | 20 | 1000 |
| | 胡家园子村 | 1632 | 1217.71 | 84 | 2595 |
| | 辽阳村 | 1400 | 891 | 24 | 1000 |
| | 建新村 | 1760 | 1217.71 | 50 | 2500 |
| 敖力布皋镇 | 好老营子村 | 987 | 856 | — | 1800 |
| | 东喜村 | 1120 | 959 | 100 | 1900 |
| 大林镇 | 青龙山村 | 1720 | 959 | 130 | 1583 |
| | 盖力庙村 | 1227 | 900 | 170 | 550 |
| | 乌斯土村 | 343 | 930 | 45 | 800 |
| 木里图镇 | 东风村 | 830 | 891 | — | — |
| | 薛家街村 | 1042 | 956 | — | — |
| | 西花灯村 | 976 | 982.73 | — | — |
| 钱家店镇 | 四方地村 | 1598 | 808.68 | — | — |
| | 后腰村 | 1930 | 946.81 | 50 | 1000 |
| | 兴隆村 | 1370 | 200 | 24 | 1300 |
| | 太平村 | 1200 | — | — | — |
| 余粮堡镇 | 李成湖村 | 905 | 856 | 150 | 2000 |
| 育新育新镇 | 哈拉呼村 | 1995 | 894 | 140 | 2000 |
| 庆和镇 | 永和屯村 | 850 | 856.51 | 42 | 1300 |
| 清河镇 | 保安村 | 967 | 856.51 | — | 1500 |
| 红星街道 | 新立屯村 | 906 | 1500 | — | 1200 |
| | 帮统窝堡村 | 1874 | — | — | — |
| | 同德店村 | 1789 | 600 | 70 | 2800 |
| | 大草房村 | 1680 | 1700 | 50 | 1300 |

截至 2016 年 8 月,科尔沁区图书馆已建立分馆及流动点 133 个(已

经挂牌并进行图书流转),有 5 家分馆实行计算机统一分编、"一卡通"通借通还服务模式。

图 2 - 14 胡家园子村分馆

5. 加强对乡镇图书馆业务规范化建设

在总分馆建设中,坚持图书馆分馆的专业性是实现公共文化服务标准化、均等化基础,这也是基层图书馆工作人员必须坚持的专业底线。

分馆建立后,如果不进行专业化的培训和科学化的管理,分馆将重蹈 20 世纪 90 年代的覆辙。为贯彻落实通辽市在 700 个行政村(嘎查)实施"十个全覆盖"工程,提高乡镇图书馆管理人员的业务水平,科尔沁区图书馆还举办了村(嘎查)图书室管理员培训班。

在业务方面,乡镇图书馆严格执行规范化操作,所有图书都要加盖藏书章,图书分类按照《农家书屋管理员实用手册》执行,每一册图书都要编号并贴书标。另外,图书登记、图书排架及架标设置都有严格规定。为了及时解决乡镇图书馆运行中的业务问题,科尔沁区图书馆还提供远程服务和上门服务,指导乡镇图书馆业务规范化建设。

近几年,图书馆服务宣传周的启动仪式都在乡村、社区举办。乡村是公共文化服务标准化、均等化的重要阵地。为了让村民能共享城市人的文化生活,科尔沁区图书馆在清河镇永盛隆村文化活动广场举办了"书香科尔沁"2015 图书馆服务宣传周启动仪式。启动仪式上,村民们扭起了秧歌,唱起了歌,由衷地表达了对党、对祖国的拥护与热爱之情。

## 为社区服务和社区分馆

1. 建设社区分馆的必要性

社区是城市化的产物,是经济社会发展的结果,社区作为人们学习工作和生活的场所,日益成为人们社会活动的中心,因此开展社区图书室建设,是县级公共图书馆建设社区文化的一个重要组成部分。建设社区图书室是社会发展的需要,无论是完善公共图书馆本身布局结构,延伸公共图书馆服务领域及激活馆藏资源,扩大图书馆的吸引力和社会影响力,还是加强社区文化服务功能,促进整个地区精神文明建设和文化事业的发展,都有十分重要的作用①。

科尔沁区图书馆社区分馆是在整合原社区图书室的基础上建立起来的。对社区分馆的建设模式和运行策略经历了漫长探索。

几十年来,科尔沁区图书馆一直坚持对社区图书室开展业务辅导,并建立辅导档案,同时还开展对社区图书室的调查,整理调查报告。例如,1998 年在对基层图书馆(室)进行调查时发现,七个街道的办事处上没有一个图书室,"经费"一栏内全填"无",即使有三五十本书也没有发挥作用。2003 年,科尔沁区图书馆对 10 个社区图书室进行了一次调查,并撰写《关于科尔沁区部分社区图书馆(室)现状的调查和思考——科区十个社区图书室情况的调查》。调查结果表明:已纳入国家社区建设发展的"星光计划"的图书室,上级有关部门有一部分资金投入,建有面积在40—50 平方米不等的图书室、文化室、游艺室等综合性的活动场所,配有书架或书柜、阅览桌椅,配置图书 300—600 册,报刊 20—30 份,设有兼职管理人员管理,定期不定期开展活动。没有纳入"星光计划"的社区,则是文化工作的"盲区"。作为社区文化重要组成部分的社区图书室,无论是发展速度还是发展规模,都滞后于社区经济发展,满足不了人民群众日益增长的精神文化需求,存在图书流动周期长、辐射面窄、对居民缺乏吸引力的问题。此外,社区图书室建设存在较浓重的依赖性,缺乏通盘规划和必要的资金投入,缺少自我发展的机制和活力②。这些调查表明,加快建设社区图书室步伐,丰富社区居民精神生活,是一项紧急而迫切的任务。当年 9 月,科尔沁区图书馆第一个社区分馆在施介街道办事处平安西区建立,图书馆采取流动服务方式,定期开馆,由社区设兼职人员负责。此后,陆续建立了若干社区分馆,比较重要的有:2012 年 5 月建立的永清街道瀚博一品社区图书馆分馆、2013 年 6 月建立的西门街道团结社区图书馆分馆等。

2.巩固和发展社区分馆

发展社区分馆要统筹规划,将社区分馆作为适应经济和信息时代要

182

① 王黎.数字时代县级公共图书馆建设与服务[M].长春:吉林音像出版社,2012(12):121.

② 苏艳秋.关于科尔沁区部分社区图书馆(室)现状的调查和思考——科区十个社区图书室情况的调查[G]//许斌.图书馆工作实践与探索.长春:吉林音像出版社,2005:132 - 134.

求的一项基础设施,纳入社区的政治、经济、文化协调发展总体布局,逐步把社区图书馆建成普及文化科技知识、传播先进文化、推动全民终身学习的重要场所。为了巩固和发展社区分馆,科尔沁区图书馆做了以下几项工作:

(1)加强对社区分馆管理人员的业务指导

通过举办培训班、定期或不定期到分馆进行现场指导等方式,对图书分类、编目、整理、上架、借阅及共享工程系统维护等方面进行了耐心、细致的讲解,帮助分馆管理人员解决工作中遇到的实际问题和各种疑点,同时开展提高图书利用率,让更多居民走进图书馆、利用图书馆,多读书、读好书的阅读推广活动。科技辅导部每年都派专人到各社区分馆进行业务规范化辅导,采编部则到分馆进行分馆书目数据库建设工作,实现总馆与分馆通借通还服务模式。经过各方面的齐心合作,分馆的图书整齐有序地排列在书架上,电子阅览室、共享工程基层服务点的运行也趋于规范有序。

(2)帮助分馆实现正规化管理

科尔沁区图书馆在搬迁后,更新了一批阅览桌椅,将旧的书架阅览桌椅送给分馆,帮助分馆解决经费缺少、购置设备难的问题。

为了使社区分馆实现制度化管理,特制定管理员工作制度、图书借阅制度、阅览室制度、文明公约、免费开放服务项目等图书馆管理制度。

(3)帮助分馆扩大藏书量

在文献资源方面,科尔沁区图书馆给予各分馆很大支持,充分利用自身闲置或复本多的图书流转到社区图书室,帮助分馆扩大馆藏,例如:2009年10月为明珠社区图书室送书600册;2014年7月16日,全国百家社区图书阅览室启动仪式在科尔沁区团结社区举行,市委常委、宣传部部长李永刚将2000册机关干部职工捐献的图书赠给了团结社区;2014年8月为潘家社区送书300本等。

随着全市、区辖各单位落实"三个一百工程"捐书赠书活动的不断深入,各社区图书室的馆藏量都在增加。为了保证所捐图书的质量及各社区图书室的图书得到有效利用,贯彻"让图书流动起来、利用起来"的指示,科尔沁区图书馆配合落实促进基层图书馆(室)管理工作规范化,在基层社区开展各类主题的阅读推广活动,促进全民阅读。

2014年,科尔沁区图书馆按照市委部署,在主城区101个社区建立流动图书阅览室的同时,与市委宣传部、市文明办、市直属机关党工委和市文化局联合发出倡议,号召全市机关干部捐赠图书与社区百姓分享。捐赠图书采取包联的方式,包联单位保证对接社区图书阅览室新增图书2000册以上。机关干部职工所捐书籍主要以社会科学类、管理类、文学类、艺术类、生活类和法律类为主,充分考虑到社区居民的实际阅读需求,还有一定比例的蒙文图书,保证了捐赠图书的可读性。

(4)参与社区文化建设

科尔沁区图书馆通过各种方式参与社区文化建设,协调资源配置,根据社区的经济条件、地理位置、自然优势,确定各分馆是活动内容和形式,只有如此才能真正体现"因地制宜、各显特色"的建设目标。组织开展有特色的读书活动,使社区图书室成为社区信息资源开发、利用、传播的中心,不断提高社区居民的科学文化素质。例如,2013 年 10 月 31 日,科尔沁区图书馆在永清街道瀚博一品社区举办了幸福生活书画展,精美的书画作品吸引了众多居民踊跃参观。该社区着力加强民生文化工程建设,新建社区文化活动中心 20 个,同时开展丰富多彩的文化活动,满足了群众就近参与文化活动的需求。此外,科尔沁区图书馆还在社区举办书画联谊创作活动、"通辽百年回眸图片展"、文化系统工作会、"双城同创"劳动、"春季养生"讲座、"世界卫生日、预防糖尿病"主题宣传活动等丰富多彩的社区活动。

3. 乡镇分馆和社区分馆运行情况

科尔沁区图书馆克服分馆建设中人员不足、经费短缺的问题,截至2017 年 6 月,共建立分馆 49 个、图书流动服务点 363 个,初步形成了科尔沁区"一个总馆 + 若干个分馆 + 若干个流动点"的资源共享基层服务网络体系。2016 年底,在网络条件较好的分馆建设馆藏资源数据库,率先推出身份证注册,总分馆"一卡通"通借通还借阅模式。

为使总分馆资源得到有效利用,科尔沁区图书馆总分馆均延长开馆时间,总馆每周开馆时间 70 小时,各分馆每周开馆时间 40 小时,实现无假日图书馆。利用馆藏资源开展总分馆同时推进的阅读推广活动,开通手机移动图书馆服务项目,实现总分馆城乡一体化"互联网 + 图书馆"零门槛、多形式阅读。

科尔沁区图书馆总馆与各乡镇、社区分馆之间图书每半年流转一次,乡镇及社区分馆每次流动图书 1000 册。为便于流动和管理,将乡镇设为流转组,每组原则上将辖区内的农家书屋设为一个图书流转交换组,各乡镇分馆根据实际情况进行协调分配,并将分配结果报送总馆备案。流转图书时,总分馆双方须认真填写《科区图书馆分馆借书单》和《科区图书馆分馆还书单》,一式两份,各自备案留档。在一个流转、交换组内图书不重复。通过流转、交换,改善农村图书室新书少、品种单一的现状。

总分馆统一业务规范,制定了六项分馆管理制度、分馆图书分类细则以及分馆图书著录细则,使分馆业务实现规范化、科学化。

# 第三部分　科尔沁区图书馆统计数据

## 一、图书馆发展年表

表 3－1　图书馆发展年表

| 时间（年） | 面积（平方米） | 馆藏量（册） | 工作人员（名） |
|---|---|---|---|
| 1956 | 462 | 45 700 | 3 |
| 1957 | 462 | 50 300 | 3 |
| 1958 | 462 | 54 000 | 3 |
| 1959 | 462 | 58 500 | 4 |
| 1960 | 462 | 60 500 | 4 |
| 1961 | 462 | 70 000 | 5 |
| 1962 | 462 | 80 100 | 6 |
| 1963 | 462 | 87 500 | 6 |
| 1964 | 126 | 91 100 | 7 |
| 1965 | 126 | 99 000 | 7 |
| 1966 | 126 | 105 000 | 7 |
| 1967 | 462 | 50 300 | 3 |
| 1968 | 462 | 54 000 | 3 |
| 1969 | 462 | 58 500 | 4 |
| 1970 | 462 | 65 000 | 4 |
| 1971 | 462 | 70 000 | 5 |
| 1972 | 462 | 80 100 | 6 |
| 1973 | 462 | 87 500 | 6 |
| 1974 | 126 | 91 100 | 7 |
| 1975 | 126 | 99 000 | 7 |
| 1976 | 126 | 105 000 | 7 |
| 1977 | 126 | 109 000 | 8 |
| 1978 | 126 | 115 000 | 11 |
| 1979 | 126 | 120 000 | 20 |

续表

| 时间（年） | 面积（平方米） | 馆藏量（册） | 工作人员（名） |
|---|---|---|---|
| 1980 | 1300 | 156 500 | 21 |
| 1981 | 1300 | 134 000 | 22 |
| 1982 | 1300 | 140 000 | 27 |
| 1983 | 1300 | 150 000 | 27 |
| 1984 | 1300 | 180 000 | 30 |
| 1985 | 1300 | 180 000 | 29 |
| 1986 | 1300 | 180 000 | 25 |
| 1987 | 1300 | 230 000 | 30 |
| 1990 | 3000 | 274 000 | 29 |
| 1991 | 3000 | 275 000 | 29 |
| 1992 | 3000 | 276 000 | 29 |
| 1993 | 3000 | 276 000 | — |
| 1994 | 3000 | 278 000 | — |
| 1995 | 3000 | 278 000 | — |
| 1996 | 3000 | 278 000 | — |
| 1997 | 3000 | 278 000 | — |
| 1998 | 3000 | 280 000 | — |
| 1999 | 3000 | 280 000 | 30 |
| 2000 | 新建馆舍 | 280 000 | 30 |
| 2001 | 新建馆舍 | 280 000 | 30 |
| 2002 | 3200 | 300 000 | 30 |
| 2003 | 3200 | 300 000 | 30 |
| 2004 | 3200 | 300 000 | 30 |
| 2005 | 3200 | 300 000 | 30 |
| 2006 | 3200 | 300 000 | 30 |
| 2007 | 3200 | 300 000 | 30 |
| 2008 | 3200 | 300 000 | 30 |
| 2009 | 3200 | 300 000 | 30 |
| 2010 | 3200 | 300 000 | 30 |
| 2011 | 3200 | 300 000 | 30 |
| 2012 | 3200 | 300 000 | 30 |
| 2013 | 3200 | 300 000 | 30 |

| 时间（年） | 面积（平方米） | 馆藏量（册） | 工作人员（名） |
|---|---|---|---|
| 2014 | 3200 | 300 000 | 30 |
| 2015 | 3200 | 300 000 | 30 |
| 2016 | 3200 | 300 000 | 30 |

## 二、图书馆经费统计

表 3-2　图书馆经费表

| 时间（年） | 经费（元） | 购书经费（元） |
|---|---|---|
| 1956 | 4400 | 2900 |
| 1957 | 4400 | 2100 |
| 1958 | 3300 | 700 |
| 1959 | 6300 | 1300 |
| 1960 | 5200 | 2000 |
| 1961 | 8000 | 3100 |
| 1962 | 10 100 | 4600 |
| 1963 | 12 200 | 5100 |
| 1964 | 10 400 | 5000 |
| 1965 | 11 900 | 5900 |
| 1966 | 13 000 | 6400 |
| 1967 | 4400 | 2100 |
| 1968 | 3300 | 700 |
| 1969 | 6300 | 1300 |
| 1970 | 5200 | 2000 |
| 1971 | 8000 | 3100 |
| 1972 | 10 100 | 4600 |
| 1973 | 12 200 | 5100 |
| 1974 | 10 400 | 5000 |
| 1975 | 11 900 | 5900 |
| 1976 | 13 000 | 6400 |
| 1977 | 10 700 | 4600 |
| 1978 | 14 600 | 6100 |

续表

| 时间(年) | 经费(元) | 购书经费(元) |
|---|---|---|
| 1979 | 36 000 | 14 800 |
| 1980 | 43 000 | 15 000 |
| 1981 | 41 000 | 13 000 |
| 1982 | 51 000 | 15 000 |
| 1983 | 50 000 | 16 000 |
| 1984 | 52 000 | 15 000 |
| 1985 | 85 000① | 20 300 |
| 1986 | — | — |
| 1987 | — | — |
| 1988 | 214 000 | 33 000 |
| 1989 | 219 000 | 95 000 |
| 1990 | 177 000 | 60 000 |
| 1991 | 297 000 | 65 000 |
| 1992 | 220 000 | 32 000 |
| 1993 | 237 000 | 14 000 |
| 1994 | 255 000 | 21 000 |
| 1995 | 272 000 | 18 000 |
| 1996 | 299 000 | 20 000 |
| 1997 | 397 000 | 74 000 |
| 1998 | 421 000 | 41 000 |
| 1999 | — | — |
| 2000 | — | — |
| 2001 | — | — |
| 2002 | 550 000② | 60 000 |
| 2003 | 600 000 | 60 000 |
| 2004 | 600 000 | 60 000 |
| 2005 | 600 000 | 60 000 |
| 2006 | 600 000 | 60 000 |
| 2007 | 600 000 | 60 000 |
| 2008 | 600 000 | 60 000 |

① 其中购书费18251.83元。

② 其中供热费6.8万元,公务费2.4万元,业务费6万元,其余为职工工资。

| 时间(年) | 经费(元) | 购书经费(元) |
|---|---|---|
| 2009 | 600 000 | 60 000 |
| 2010 | 600 000 | 60 000 |
| 2011 | 600 000 | 60 000 |
| 2012 | 600 000 | 60 000 |
| 2013 | 600 000 | 60 000 |
| 2014 | 600 000 | 60 000 |
| 2015 | 600 000 | 60 000 |
| 2016 | 600 000 | 60 000 |

## 三、图书馆服务统计

表3-3　图书馆服务统计表

| 时间(年) | 接待量(人次) | 借阅图书(册次) |
|---|---|---|
| 1956 | 14 800 | 15 300 |
| 1957 | 5600 | 6300 |
| 1958 | 5300 | 5800 |
| 1959 | 5100 | 5700 |
| 1960 | 6800 | 7200 |
| 1961 | 7900 | 8300 |
| 1962 | 7800 | 10 600 |
| 1963 | 10 100 | 10 800 |
| 1964 | 停馆 | 停馆 |
| 1965 | 停馆 | 停馆 |
| 1966 | 停馆 | 停馆 |
| 1967 | 5600 | 6300 |
| 1968 | 5300 | 5800 |
| 1969 | 5100 | 5700 |
| 1970 | 6800 | 7200 |
| 1971 | 7900 | 8300 |
| 1972 | 7800 | 10 600 |
| 1973 | 10 100 | 10 800 |

| 时间(年) | 接待量(人次) | 借阅图书(册次) |
|---|---|---|
| 1974 | 停馆 | 停馆 |
| 1975 | 停馆 | 停馆 |
| 1976 | 停馆 | 停馆 |
| 1977 | 停馆 | 停馆 |
| 1978 | 停馆 | 停馆 |
| 1979 | 停馆 | 停馆 |
| 1980 | 停馆 | 停馆 |
| 1981 | 40 000 | 63 000 |
| 1982 | 51 000 | 97 000 |
| 1983 | 112 000 | 129 000 |
| 1984 | 140 000 | 160 000 |
| 1985 | 93 875 | 131 943 |
| 1986 | 110 000 | 160 000 |
| 1987 | 120 000 | 140 000 |
| 1988 | 154 710 | 180 010 |
| 1989 | 76 215 | 170 000 |
| 1990 | 156 800 | 196 010 |
| 1991 | 154 710 | 180 010 |
| 1992 | 120 000 | 150 000 |
| 1993 | 80 000 | 10 0000 |
| 1994 | 80 000 | 100 000 |
| 1995 | 79 160 | 89 791 |
| 1996 | 150 600 | 97 463 |
| 1997 | 159 718 | 101 334 |
| 1998 | 54 600 | 53 820 |
| 1999 | 100 000 | 60 000 |
| 2000 | — | — |
| 2001 | — | — |
| 2002 | — | — |
| 2003 | 150 000 | 100 000 |
| 2004 | — | — |
| 2005 | 100 000 | 120 000 |

续表

| 时间(年) | 接待量(人次) | 借阅图书(册次) |
|---|---|---|
| 2006 | — | — |
| 2007 | — | — |
| 2008 | 120 000 | — |
| 2009 | — | — |
| 2010 | — | — |
| 2011 | 133 600 | 108 000 |
| 2012 | — | — |
| 2013 | — | — |
| 2014 | — | — |
| 2015 | — | — |
| 2016 | — | — |

# 四、图书馆部门发展

表3－4　图书馆部门发展表

| 时间(年) | 部门 |
|---|---|
| 1956—1970 | 成人阅览室、儿童阅览室、借书处 |
| 1971—1975 | 借书处、文艺组、美术组、财会室等 |
| 1976—1977 | 借书处、文艺组、美术组、财会室、摄影暗室 |
| 1978—1979 | 成人借书处,成人、儿童两个阅览室 |
| 1980 | 图书借阅室、报刊阅览室、儿童阅览室 |
| 1981 | 采编组、辅导组、借阅组、办公室、宣传组等 |
| 1982 | 采编组、借阅组、办公室、宣传组、科技组等 |
| 1983—1989 | 采编组、借阅组、办公室、宣传组、科技组、资料库等 |
| 1990—1191 | 采编部、外借部、参考咨询部、蒙文部、办公室、服务部(第三产业) |
| 1992—1996 | 采编部、外借部、阅览部、科技辅导部、办公室 |
| 1997 | 办公室、辅导部、采编部、外借部、阅览部、蒙文部、参考咨询部 |
| 1998 | 办公室、辅导部、采编部、外借部、阅览部 |
| 1999—2001 | 办公室、辅导部、采编部、外借部、阅览部、青少年读书俱乐部 |
| 2002—2004 | 综合办公室、采编部、借阅部、少儿工作部、辅导部 |

续表

| 时间（年） | 部门 |
|---|---|
| 2005—2009 | 综合办公室、采编部、借阅部、少儿工作部 |
| 2010—2016 | 科技辅导部、综合办公室、采编部、借阅部、未成年人、少儿工作部 |

# 五、图书馆馆级领导

表 3-5　馆长任职年表

| 姓名 | 职务名称 | 任职时间 | 备注 |
|---|---|---|---|
| 丁世中 | 哲里木盟图书馆馆长 | 1956 年 9 月—1958 年 6 月 | |
| 丁世中 | 通辽市文化馆馆长 | 1958 年 6 月—1964 年 | 1958 年 6 月 13 日，图书馆由哲里木盟移交通辽市，通辽市图书馆与通辽市文化馆合署办公 |
| 李洪庆 | 通辽市文化馆馆长 | 1965 年—1967 年 | 1965 年 9 月，通辽市图书馆、文化馆、通辽县文化馆分开，通辽市图书馆与通辽市文化馆合署办公 |
| 阿力亚 | 负责图书馆工作 | 1967 年—1969 年 | |
| 白　屹 | 负责图书馆工作 | 1969 年—1971 年 | |
| 孙　祥 | 负责图书馆工作 | 1971 年 | |
| 兰尚直 | 通辽市文化馆馆长 | 1972 年 | |
| 于沛水 | 通辽市文化馆馆长 | 1973 年—1976 年 | |
| 刘喜蓉 | 负责图书馆工作 | 1975 年—1977 年 | 任通辽市文化馆支部书记 |
| 刘喜蓉 | 通辽市图书馆馆长 | 1978 年—1986 年 11 月 | 1978 年，通辽市图书馆单独挂牌 |
| 张文琴 | 通辽市图书馆馆长 | 1986 年 11 月—1989 年 | 1986 年底，原通辽市与通辽县合并，县图书馆并入原市图书馆 |

| 姓名 | 职务名称 | 任职时间 | 备注 |
|---|---|---|---|
| 许　斌 | 通辽市图书馆馆长 | 1989 年 9 月—1999 年 | |
| 许　斌 | 科尔沁区图书馆馆长 | 1999 年—2012 年 7 月 | 1999 年，撤盟改市，更名为科尔沁区图书馆 |
| 王　黎 | 科尔沁区图书馆馆长 | 2012 年月— | 兼书记 |

表 3－6　副馆长任职年表

| 姓名 | 职务名称 | 任职时间 | 备注 |
|---|---|---|---|
| 曹景山 | | 1962 年 | |
| 刘喜蓉 | 通辽市文化馆支部书记 | 1975 年—1977 年 | 兼管图书馆工作 |
| 刘喜蓉 | 通辽市文化馆支部书记 | 1978 年—1983 年 | 兼任馆长 |
| 薛增祥 | 通辽市图书馆副馆长 | 1984 年—1986 年 11 月 | |
| 许　斌 | 通辽市图书馆副馆长 | 1986 年 11—1989 年 | |
| 薛增祥 | 通辽市图书馆副馆长 | 1989 年 9—1997 年 9 月 | |
| 刘士新 | 通辽市图书馆副馆长 | 1997 年 9 月—2002 年 6 月 | |
| 贾　敏 | 通辽市图书馆副馆长 | 1997 年 9 月—2002 年 6 月 | 1999 年，撤盟改市，更名为科尔沁区图书馆 |
| 刘士新 | 科尔沁区图书馆副馆长 | 2002 年 6 月—2014 年 4 月 | |
| 王　黎 | 科尔沁区图书馆副馆长 | 2002 年 6 月—2012 年 7 月 | |
| 孙童妹 | 科尔沁区图书馆副馆长 | 2014 年 5 月— | |

表 3－7　书记任职年表

| 姓名 | 职务名称 | 任职时间 | 备注 |
|---|---|---|---|
| 刘喜蓉 | 通辽市文化馆支部书记 | 1975 年—1977 年 | 兼管图书馆工作 |
| 刘喜蓉 | 通辽市图书馆支部书记 | 1978 年—1989 年 | 1978 年，通辽市图书馆单独挂牌 |
| 许　斌 | 通辽市图书馆支部书记 | 1989 年 9 月—2012 年 7 月 | 1999 年，撤盟改市，更名为科尔沁区图书馆 |
| 王　黎 | 科尔沁区图书馆支部书记 | 2012 年 7 月— | |

表 3 - 8　副书记任职年表

| 姓名 | 职务名称 | 任职时间 | 备注 |
|------|---------|----------|------|
| 刘士新 | 通辽市文化馆支部副书记 | 1997 年 9 月—1999 年 | 1999 年,撤盟改市,更名为科尔沁区图书馆 |
| 刘士新 | 科尔沁区图书馆支部副书记 | 1999 年—2014 年 4 月 | |
| 王艳萍 | 科尔沁区图书馆支部副书记 | 2014 年 5 月— | |

# 六、图书馆职工名录

表 3 - 9　图书馆职工名录表

| | | | | |
|------|------|------|------|------|
| 丁世中 | 曹景山 | 阿力亚 | 白 屹 | 刘根敌 |
| 刘喜蓉 | 李凤珍 | 刘春砚 | 周素琴 | 张志杰 |
| 张文琴 | 薛增祥 | 许 斌 | 刘永生 | 牛永刚 |
| 石玉芝 | 苏艳秋 | 郭 宏 | 韩志华 | 程淑华 |
| 焦万贵 | 孟庆英 | 李连志 | 谭桂芬 | 于春兰 |
| 贾 敏 | 王永梅 | 关桂香 | 吴松岩 | 刘士新 |
| 任洪顺 | 张桂芝 | 杨丽杰 | 张洪禹 | 金淑子 |
| 王云霞 | 王 黎 | 吴桂香 | 薛丽红 | 洪 波 |
| 李宪国 | 高经群 | 香 花 | 宣 伟 | 王艳萍 |
| 孙童妹 | 李雪飞 | 姚慧艳 | 陈新军 | 李 莉 |
| 王丽燕 | 李晓红 | 关丽萍 | 张小东 | 白清文 |
| 张怀连 | 王秀珍 | 包亚东 | 张彩虹 | 程增山 |
| 潘秀英 | 陈小霞 | 刘辛宇 | 马海然 | |

# 七、图书馆获奖情况

表 3 - 10　集体获奖表

| 获奖时间 | 颁奖名称或者原因 | 颁奖单位 |
|---------|----------------|---------|
| 1982 年 7 月 | 先进党支部 | 通辽市文化局党委 |
| 1982 年 10 月 | 在青少年、儿童工作中成绩显著 | 内蒙古自治区文化局 |

| 获奖时间 | 颁奖名称或者原因 | 颁奖单位 |
|---|---|---|
| 1982 年 12 月 | 先进少儿图书阅览室 | 通辽市文化处 |
| 1983 年 3 月 | 1982 年市先进集体 | 通辽市委、市政府 |
| 1983 年 7 月 | 通辽市民族团结先进集体 | 通辽市委、市政府 |
| 1983 年 12 月 1 日 | 先进集体和民族团结先进集体 | 通辽市政府 |
| 1984 年 1 月 | 1983 年图书馆工会委员会先进集体 | 通辽市总工会 |
| 1984 年 2 月 | 文明单位 | 通辽市委、市政府 |
| 1984 年 3 月 | 先进图书馆 | 哲里木盟文化处 |
| 1984 年 5 月 | 综合治理社会治安先进集体 | 通辽市委、市政府 |
| 1984 年 7 月 | 文明卫生科普橱窗评比展览一等奖 | 内蒙古自治区爱国卫生委员会、卫生厅 |
| 1984 年 7 月 | 1984 年先进党支部 | 通辽市委 |
| 1984 年 9 月 | "全国卫生科普宣传栏展览"获奖 | 中央爱国卫生委员会、国家卫生部、中国科学技术学会 |
| 1984 年 12 月 | 文明卫生科普橱窗屏蔽展览一等奖 | 内蒙古自治区爱国卫生运动委员会,内蒙古自治区卫生厅 |
| 1985 年 2 月 | 全盟卫生宣传橱窗一等奖 | 哲里木盟爱国卫生委员会 |
| 1985 年 3 月 | 三八红旗集体 | 通辽市妇联 |
| 1985 年 12 月 9 日 | 自治区文化工作先进集体 | 内蒙古自治区文化厅 |
| 1986 年 1 月 | 1985 年两个文明建设先进集体 | 通辽市委、市政府 |
| 1986 年 1 月 | 全区文化工作先进集体 | 哲里木盟文化处 |
| 1986 年 3 月 | 卫生先进单位 | 哲里木盟爱国卫生委员会 |
| 1986 年 3 月 | 1985 年消防卫生先进单位 | 通辽市政府 |
| 1986 年 7 月 | 先进党支部 | 通辽市委 |
| 1986 年 7 月 | 先进党支部 | 通辽市委宣传部 |
| 1989 年 5 月 | 文明图书馆 | 中华人民共和国文化部 |
| 1990 年 | 先进集体 | 全国公共图书馆为社会主义精神文明建设服务经验交流会 |

| 获奖时间 | 颁奖名称或者原因 | 颁奖单位 |
|---|---|---|
| 1991 年 1 月 | 金牛奖 | 内蒙古自治区群众文化工作经验交流暨表彰大会 |
| 1991 年 | 全国文明图书馆 | 中华人民共和国文化部 |
| 1992 年 | 团体三等奖 | 哲里木盟公共图书馆图书分类竞赛 |
| 1993 年 9 月 | 规范服务竞赛优胜单位 | 通辽市委,通辽市政府 |
| 1994 年 5 月 | 盟级文明单位 | 哲里木盟文化处 |
| 1994 年 5 月 | 团体项目拔河第一名、男女混合 800 米接力赛第三名 | 通辽市文化系统党委组织的"五四"职工运动会 |
| 1995 年 6 月 | 先进党支部 | 通辽市党委 |
| 1999 年 3 月 | 巾帼文明示范岗 | 通辽市"巾帼建功"活动领导小组 |
| 1999 年 7 月 | 先进基层党组织 | 通辽市委 |
| 1999 年 10 月 | 一级图书馆 | 中华人民共和国文化部 |
| 1999 年 | 先进党支部 | 科尔沁区文化广播局党委 |
| 2000 年 11 月 | 团体总分第五名 | 全区第三届公共图书馆业务竞赛 |
| 2001 年 | 团体第二名 | 通辽市市公共图书馆第二届业务竞赛 |
| 2003 年 7 月 | 先进党支部 | 科尔沁区文化广播局党委 |
| 2005 年 7 月 | 先进党支部 | 科尔沁区文化广播局党委 |
| 2006 年 7 月 | 先进党支部 | 科尔沁区文化广播局党委 |
| 2006 年 11 月 | 全区十佳图书馆 | 内蒙古自治区文化厅 |
| 2008 年 12 月 | 组织奖 | 通辽市委宣传部、通辽市文化局 |
| 2009 年 3 月 | 人口与计划生育工作先进集体 | 科尔沁区明仁街道工作委员会、科尔沁区明仁街道办事处 |
| 2010 年 1 月 | 一级图书馆 | 中华人民共和国文化部 |
| 2011 年 6 月 | 先进基层党组织 | 中共通辽科尔沁区委员会 |
| 2011 年 7 月 | 先进基层党组织 | 科尔沁区文化广播局党委 |
| 2011 年 7 月 | 市级卫生先进单位 | |
| 2011 年 10 月 | 市级文明单位 | 通辽市文明办 |
| 2012 年 6 月 | 先进集体 | 中共通辽市科尔沁区委员会,通辽市科尔沁区人民政府 |

| 获奖时间 | 颁奖名称或者原因 | 颁奖单位 |
|---|---|---|
| 2013 年 | 文化文艺工作先进集体 | 科尔沁区党委宣传部 |
| 2013 年 6 月 | 先进基层党组织 | 科尔沁区党委 |
| 2013 年 10 月 | 一级图书馆 | 中华人民共和国文化部 |
| 2013 年 | 市级文明单位 | 科尔沁区党委 |
| 2014 年 | 市级文明单位 | 科尔沁区党委 |
| 2014 年 12 月 | 科级行政、事业单位工作实绩突出领导班子 | 科尔沁区委组织部 |
| 2015 年 9 月 | 2010—2014 先进集体奖 | 内蒙古自治区图书馆学会 |
| 2016 年 | 唯一一家县级图书馆推荐到中国图书馆学会参评 2016 年全国最美基层图书馆 | 内蒙古文化厅 |

表 3-11 个人获奖表

| 时间 | 获奖人 | 奖项 | 颁奖单位 |
|---|---|---|---|
| 1995 年 11 月 | 郭宏 | 分类第三名 | 第二届盟市级图书馆业务知识竞赛 |
| | 牛永刚 | 编目优胜奖 | |
| 2000 年 11 月 | 薛丽红 | 文献编目第二名 | 全区第三届公共图书馆业务竞赛 |
| | 王黎 | 计算机编目第三名 | |
| | 郭宏 | 优胜奖 | |
| 2001 年 10 月 | 王黎 | 文献编目第二名 | 通辽市公共图书馆第二届业务竞赛 |
| | 薛丽红 | 文献分类第一名 | |
| 2003 年 7 月 | 刘士新 | 先进党务工作者 | 科尔沁区文化广播局党委 |
| | 王黎 | 优秀党员 | |
| | 吴松岩 | 优秀党员 | |
| 2005 年 7 月 | 吴松岩 | 优秀党员 | 科尔沁区文化广播局党委 |
| | 金淑子 | 优秀党员 | |
| 2006 年 7 月 | 刘士新 | 优秀党务工作者 | 科尔沁区文化广播局党委 |
| | 吴松岩 | 优秀党员 | |
| 2007 年 9 月 | 王黎 | 突出贡献中青年专业技术人员 | 科尔沁区人事劳动和社会保障局 |
| 2007 年 9 月 | 王黎 | 个人论文三等奖 | 内蒙古自治区图书馆界学术研讨会 |
| | 姚慧艳 | 个人论文三等奖 | |

| 时间 | 获奖人 | 奖项 | 颁奖单位 |
|---|---|---|---|
| 2008 年 6 月 | 王黎 | 劳动模范 | 中共通辽市委员会、通辽市人民政府 |
| 2008 年 8 月 | 许斌 | 通辽市"突出贡献中青年专业技术人员" | |
| 2008 年 9 月 | 王黎 | 三等奖 | 内蒙古自治区(东部)图书馆学术研讨会征文活动 |
| 2011 年 6 月 | 刘士新 | 先进党务工作者 | 科尔沁区文化广播局党委 |
| | 王黎 | 优秀共产党员 | |
| 2013 年 6 月 | 王黎 | 先进文化工作者 | 科尔沁区文化广播局党委 |
| | 吴松岩 | 先进文化工作者 | |
| 2013 年 6 月 | 刘士新 | 优秀党务工作者 | 科尔沁区文化广播局党委 |
| | 李莉 | 优秀共产党员 | |
| 2014 年 6 月 | 李雪飞 | 业务技术能手 | 科尔沁区文化广播电影电视局 |
| | 李莉 | 优秀共产党员 | |
| | 张晓东 | 爱岗敬业标兵 | |
| 2014 年 6 月 | 魏军 | 二等奖 | 科尔沁区文化广播电影电视局"我是谁,为了谁,依靠谁"主题演讲比赛 |
| | 孙童妹 | 三等奖 | |
| | 王艳萍 | 优秀奖 | |
| 2014 年 10 月 | 王黎 | "科尔沁之光"优秀人才 | |
| 2015 年 9 月 | 王黎 | 先进个人 | 内蒙古自治区图书馆学会 |

# 第四部分　附录

## 一、入馆须知

一、科尔沁区图书馆的职能、服务理念与服务对象

1. 职能:科尔沁区图书馆是公益性文化服务机构,以保障每一个公民自由获取知识和信息的权利为己任,通过提供各种形式的资源与服务来满足个人和团体在终身教育、自主决策、文化发展和休闲娱乐等方面的需要。

2. 服务理念:奉行普遍均等、惠及全民的思想,向各类人群提供"平等、免费、无障碍"的图书馆服务。

3. 服务对象:科尔沁区图书馆向所有在科尔沁区工作、学习与生活的个人、机构、团体提供服务。

二、电子阅览设备的使用

电子阅览设备需按规定使用。

● 电子阅览设备读者免费使用,但要服从工作人员的管理,不得将便携式设备携带出电子阅览室;

● 在使用电子阅览设备过程中,如遇技术难题,应及时向工作人员求助,切勿私自处理。

三、损坏赔偿及违约责任

读者免费借阅的文献资料如出现下列情况需支付一定的费用:

1. 文献资料污损:读者借阅时发现文献资料有污损、缺页,应向工作人员说明并加盖污损章以明责任。文献归还时,如发现有污损,将按文献价格的 30%—50% 赔偿;文献污损严重无法再次借阅的文献,按文献遗失办法处理。

2. 文献遗失:以完全相同版本抵赔,读者须另付条码加工费 0.5 元、RFID 芯片工本费 2 元;如在 40 天内无法赔偿完全相同版本的图书,则按以下细则处理:

● 单卷纸本文献遗失,10 年内出版的,按定价的 2—5 倍赔偿;10—15 年前出版的,按定价的 5—8 倍赔偿;早于 15 年前出版的,按定价的 8—10 倍赔偿。

● 多卷纸本文献遗失其中之一者,原则上按全套文献的总价赔付,余书留存图书馆。如该套书中每册文献有单独的 ISBN 号和价格,也可按单册文献的价格赔偿,具体赔付办法参照单卷纸本文献赔付标准赔偿。

- 连续出版物遗失其中之一者,单独赔付,具体赔付办法参照单卷纸本文献赔付标准赔偿。
- 丢失视听文献总量在 4 片以下(含 4 片),按定价 2 倍赔偿。
- 丢失视听文献总量在 4 片以上,按成套定价 2—5 倍赔偿;如丢失部分不足光碟总量的 20%(不含 20%),可由读者自行刻录,并加付条码工本费每条 0.5 元。
- 视听文献外包装盒损坏或丢失,每个赔偿 2 元,条码丢失每条赔偿 0.5 元,RFID 芯片丢失每片赔偿 2 元。

3. 耳机损坏:读者借用听音设备时发现有损坏,请勿再用并及时告知工作人员以明责任。因使用不当造成损坏但尚可使用的,按原价的 50% 赔偿;无法再使用的,则按原价赔偿。

4. 对批划、涂改、污损特藏文献者,按以下标准赔偿:

保存本、民国时期出版的文献、珍贵文献按批划、涂改、污损普通文献赔偿标准的 2 倍赔偿。

5. 撕割:割页、撕扯等严重损坏馆藏文献者,按遗失文献的赔偿办法赔偿。

6. 未办理借阅手续将文献带出馆外:未办理借阅手续,将馆藏文献藏于身上、书包或其他物品内带出馆外,一经发现,除追回文献外,还将按文献原价的 2—5 倍交纳违约金。

7. 有以上违规行为,且拒不交纳违约金、赔偿金者,本馆将暂停其借书证的借阅功能,并将其违约记录上传至科尔沁区图书馆网站。

四、文明阅读

1. 进入图书馆应注意言谈举止文明,着装整齐;不穿拖鞋、背心入馆。

2. 图书馆是重点防火单位,请勿在馆内吸烟、用火;请勿携带易燃、易爆以及有腐蚀性化学物品入馆。

3. 私人物品(书包、随身包、物品、雨具等)请寄存于存包处。个人证件、钱款等贵重物品请自行保管,如有遗失,责任自负。

4. 请勿携带食品、饮料进入阅览室和书库。

5. 请保持馆内清洁卫生,勿随地吐痰、乱丢垃圾。

6. 爱护公共书刊资料、设施设备,不得随意涂抹刻画和人为损坏。未经许可,不得在馆内张贴或散发广告及其他宣传品。

7. 请勿用物件空占阅览座位,图书馆对占位物品不负保管责任。

8. 读者未办借阅手续,不得擅自将书刊携出阅览室外,否则按窃取书刊处理。

9. 保持馆内安静,不要大声喧哗。入馆后请将手机调至振动,各阅览室内不得拨打或接听手机。

10. 10 岁以下儿童需在成人陪同下入馆。

11. 不得任意触摸、按动消防设施。如消防设施遭到人为损坏,对责任人送公安部门处理。

12. 严禁将宠物带进馆区。

## 二、借阅须知

本馆实行免证、免费阅览,办理借阅证免注册费、工本费。

科尔沁区图书馆借阅证简介:

1. 使用范围:在科尔沁区图书馆开架借阅处、社会科学书库、自然科学书库使用。

2. 借书册数:普通图书 1 册;合订过刊 1 册;单册过刊 3 册;武侠小说 3 册。

3. 借书期限:15 天。读者年内外借书(刊)一次超期 7 天或累计超期 3 次,停借一周;一次超期 15 天或累计超期 5 次,停借一个月;一次超期 1 个月或累计超期 10 次,停借一年。

4. 有效期:自办证日起一年内有效。期满需验证注册,未验证注册的,关闭借阅功能。

注意事项:

1. 每人限办一卡,仅供本人使用。

2. 借阅证要远离磁性,不要与硬物放在一起,以免损坏。

3. 请将押金收据妥善保管,退证时需要使用。

本规定由科尔沁区图书馆负责解释。

## 三、对外开放窗口

综合图书借阅处:

凭借书证(卡)免费借阅社会科学、自然科学及综合性图书资料,借阅方式实行全开架借阅,开展集体借阅、邮寄借阅、预约借阅等服务项目,承担一般性咨询业务。

民族地方文献资料室:

本室收藏地方文献、蒙文图书、普通社科、自科图书及报纸、期刊合订本。室内收藏的全部文献资料可凭借书卡或其他有效证件查阅,民族地方文献室同时还承揽课题咨询和一般性咨询业务。

报刊阅览室:

本室凭有效证件免费开架阅览,承担一般性业务咨询。

未成年人借阅室：

免费为读者提供学习或阅览报纸、期刊场所,承担少儿活动和一般性咨询业务。

自学室：

免费为读者提供学习或阅览本室报刊资料场所,承担一般性咨询业务。

多媒体电子阅览室：

本室为读者提供网上浏览、馆藏文献书目数据查询、地方文献数据查询、电子阅览等服务、同时承办网络打印、扫描、光盘刻录等项目,举办网上教学、电脑培训等服务。

## 四、机构设置

| 部门 | 下设部门 |
|---|---|
| 综合办公室 | |
| 采编部 | |
| 借阅部 | 综合图书借阅处 |
| | 报刊阅览室 |
| | 民族地方文献资料室 |
| | 文献档案室 |
| 少儿工作部 | 多媒体电子阅览室 |
| | 自学室 |
| | 未成年人借阅室 |
| | 儿童智能体验馆 |
| 科技辅导部 | |

## 五、读者阅读调查表

尊敬的读者：

科尔沁区图书馆自免费开放以来,读者的借阅情况发生了一定的变化。为了使我馆的采访工作与服务工作更有针对性,更能满足您的需求,特开展本次阅读调查,请在对应的栏目内打"√",感谢您的配合。

1. 您的年龄：

☐8—16        ☐17—35        ☐36—45

☐46—55       ☐55 以上

2. 您的职业

☐学生　　　　　　　　☐教师　　　　　　　　☐公务员

☐企事业单位员工　　　☐外来务工人员　　　　☐下岗退休人员

☐技术研究人员　　　　☐管理人员

3. 您平时喜欢阅读何种载体的图书?

☐纸质图书　　　　　　☐电子图书

4. 您平时多久来一次图书馆?

☐每天　　　　　　　　☐每星期(　)次　　　　☐每月(　)次

☐偶尔一次　　　　　　☐随意　　　　　　　　☐基本不

5. 您利用图书馆阅读的目的是什么?

☐学习　　　　　　　　☐获取信息　　　　　　☐科研

☐休闲　　　　　　　　☐交流　　　　　　　　☐其他(请说明):

6. 您对图书馆的馆藏资源分布是否熟悉?

☐熟悉　　　　　　　　☐基本熟悉　　　　　　☐不熟悉

7. 您对图书馆馆藏资源的满意程度?

| 报纸 | 中文图书 | 中文期刊 | 多媒体视听资料 | 电子图书数据库 |
|---|---|---|---|---|
| 满意 | | | | |
| 基本满意 | | | | |
| 不满意 | | | | |

8. 您平时最喜爱阅读哪一类图书?

☐人生观、人生哲学　☐个人修养(励志)　☐成功学

☐政治　　　　　　　☐法律　　　　　　　☐军事

☐经济　　　　　　　☐金融投资　　　　　☐教育辅导

☐体育锻炼　　　　　☐收藏鉴赏　　　　　☐文化科学

☐外语类　　　　　　☐外国小说　　　　　☐社会言情小说

☐武侠小说　　　　　☐神幻小说　　　　　☐反腐小说

☐恐怖、侦探小说　　☐史传小说　　　　　☐军事小说

☐科幻小说　　　　　☐报告文学　　　　　☐儿童文学

☐散文　　　　　　　☐绘画、书法、摄影　☐插花

☐戏剧、影视　　　　☐外国历史　　　　　☐人物传记

☐中国历史　　　　　☐地理　　　　　　　☐生物科学

☐中国医学　　　　　☐家庭保健、养生　　☐电工技术

☐无线电电子、电信技术　☐建筑装修设计　☐化工技术

☐计算机自动化技术　☐家庭生活管理服务　☐营养卫生

☐其他_____

# 六、职工工作感悟汇编

## 图书馆工作回望

李莉（综合办公室　主任）

李莉,女,蒙古族,中共党员。

我于2003年调入图书馆工作至今,思想进步,忠诚于党的图书馆文化事业,我刚来图书馆是在办公室工作,2004年至2006年我参加了图书馆回溯建库工作,那时我每天都埋在书海里,工作虽然苦、累,但我在那里学到了很多图书馆的业务知识,在各位同事的精心指导下,我熟悉了借阅工作,掌握了图书分类、编目、排架等基本技能;得到领导和同事们的赞赏。

2006年6月担任办公室主任一职,同时担任会计、政工工作,前者是从事事务性工作,而后者是专业性较强地岗位,干好这两项工作都不容易,也是锻炼自己综合能力的好机会,这使自己所学的专业知识能够得到应用。两种岗位,对我来说收获都很丰富,尤其是近几年的办公室工作经历,感觉自己的视野开阔了许多。

办公室主任是一个非常能锻炼人的岗位,对工作中的办事能力、组织能力、活动能力、协调能力等要求很高。虽然感到自己能力一般,但是我努力做好。对工作的各个环节有了细致的了解,对办公室管理业务知识有了更系统的接触和研究,同时也在工作的实践中不断丰富和完善自己的工作经验,从而,除按岗位要求完成自己的本职工作,还能协助各部门同志较好地完成了后勤服务等其他工作。

能够从实际出发,注意细致性的做好工作并及时完成领导交办的各项任务。作为办公室的一员,工作上就要多想,善于全方面思考问题,做事情实实在在。

具有较强的自觉服务意识。大家都知道办公室工作比较"杂",不好干。在处理问题时,我始终注意把握以下三个环节:首先要待人热情,哪怕是一件微小的事情。其次是服务真诚。办公室的工作性质决定自己不仅要服务好领导,同时也要服务好各个业务部门。这种服务不是被动的,而是自觉的,发自内心的。

为了强化单位财务管理,以服务为导向,多办实事。实行事业单位预算外资金外收支两条线管理。在执行过程中,严格执行会计制度,搞好会计核算,严格控制支出,确保了单位收支的及时到位和资金的有效使用。全心全意为全馆职工服务。再次要注意从繁杂的工作中提高服务规范化水平。如在工资发放等方面做出比较详细的计划,基本达到了规范、合理、有序。

要严格要求自己。我觉得大家能在同一个单位工作，那是一种缘分，我很珍惜。因此，在日常工作和生活方面我都注意以诚相待，深有感触的是我如此待人，大家更是如此待我。我的工作得到了单位领导和同事的关心、帮助和支持。

当然，自己身上还有许多与领导的要求和办公室工作不相适应的缺点，具体反映在文化学识、财务管理专业知识，现代化办公技能等诸多方面，有待于在今后的工作中不断地学习、提高。

2008 年至今，先后在《新科教》等刊物中发表了几篇论文，得到了好评。做到"三勤"，即"眼勤""脑勤""手勤"，应在第一时间将本部门的工作干好。真不知道我在工作中怎么会有那么大的劲头，一直以来，我都是俯仰勤耕耘，执着求精益。正是以我满腔的工作热情、认真的工作态度、无私的奉献精神、勇于创新的改革思想得到了班子成员的认同、同事们的赞许。

## 为追梦少年献上源头活水

李雪飞（少儿工作部　主任）

敬爱的周恩来总理曾号召国人"为中华崛起而读书"，成为隽永的名言，激励了无数中华儿女，以天下为己任，认真读书、奋发图强。

书是哺育心灵的乳汁，铸就人格的营养，启迪智慧的钥匙。读书学习，使人精神充实，生命富有，人生绚丽。有诗为证："半亩方田一鉴开，天光云影共徘徊。问渠哪得清如许，为有源头活水来。"

崇尚学问、博览群书是中国先贤的文化传统。荀子《劝学》篇倡言读书上进，流传千古。理学大师朱熹教导学子"博学之、审问之、慎思之、明辨之、笃行之"，激励学人多读书、勤思考、敢质疑、重实践，

要说"架多书籍"，莫过于我所从业的图书馆了。

我能在图书馆未成年人部为小读者服务，我幸运，我骄傲！我希望少年朋友们一定要珍惜大好时光，多读好书，向自己的青春献礼。收获知识和智慧，创造多彩的人生！

如今，匆匆而来的脚步和渴望阅读的眼神使我感到图书馆人使命的神圣。少年读者们通过阅读开启心智、眉飞色舞的神情使我感受事业的荣耀。而闭馆时刻小读者们慢腾腾地离开座位和意犹未尽的唏嘘使我感念职业人生的脚步匆匆，从而不断地激励我的职业精神。少年追梦人的自强不息，使我对国家富强和民族振兴更加充满了信心。

曾经，初涉职业人生，进入眼帘的是一个个天真无邪、质朴无华的面孔。天天如此，不曾改变。曾经，每天送走的背影也同样都是活力无限、含苞欲放的花蕾，不曾改变。如今，我的眼界却发生了很大变化：每天迎

来的虽然也还差不多是同样稚嫩的面孔,但从送走的背影中我仿佛看到了品学兼优的时代精英、满怀报国之志少年英才,看到了技能大师、大国工匠的后备军,看到了引领中国大农业的新型农民,文韬武略的疆场英豪,维系国计民生健康运转的商界才俊,看到了爱国敬业、诚信友善的中国公民。

于是,作为未成年人部的工作者,我每一次送走少年读者都特别有成就感,每天都感到特别充实。我从心底里愿意在从业之年的每一天都为少年读者提供最好的服务,为渴望成才的追梦少年们献上营养丰富的源头活水。作为一名图书馆人,我幸运,我骄傲!

## 我与科尔沁区图书馆的不解之缘

王艳萍(副书记)

光阴似箭,日月如梭,科尔沁区图书馆迈着坚实的脚步,走过了六十年的历程。在科尔沁草原上,它就像潺潺的河流,滋润着无垠的草原,它宛如缕缕清风,吹拂着人们的心田。

非常庆幸,在科尔沁区图书馆 60 年的历程中,也留下了我的足迹。1999 年五月的一天,我怀着十分激动的心情来到科尔沁区图书馆报到,从那一刻起我就与图书馆结下了不解之缘,转眼已经有 18 年了。

当我走进图书馆的第一天,就深深地爱上了这个神圣的殿堂。一排排书架,整齐地排列着古今中外的书籍,我感觉自己来到了知识的海洋,像蜂蝶飞过花丛,像泉水流经山谷。我感觉在图书馆 18 年的生活,恰似一幅流光溢彩的画卷,也似一阕跳跃着欢乐音符的乐章。

2004 年 7 月,经过党组织的考验,我光荣地加入了中国共产党,成为一名共产党员。我时刻提醒自己,作为一名合格的共产党员,要尽职尽责做好本员工作,严格要求自己,要多关心同事的工作和生活,有苦先吃,有累先受,有难先上,要给大家带个好头。

2004 年 9 月,担任少儿部主任,我和少儿部的同事们千方百计地为小读者们服务,和这些祖国的花朵在一起,我觉得又回到了少年时代,也觉得肩上的担子更重了,一定要让小读者们读到更多的好书,让他们在知识的海洋中茁壮成长,他们是祖国的未来!

2010 年 10 月,担任采编部主任,采编部是馆里最重要的业务部门。工作要求数量化,我担负着图书分类工作,大家都十分忙碌,为了保证到馆的期刊当日录入完成、上架,使其尽快到达读者手中,我经常加班。当工作完成那一刻,想着读者很快就能看到这些书籍,心里感到十分欣慰。

2015 年 5 月,任命图书馆副书记,主抓党务工作和科技辅导部工作。工作虽然繁忙,经常加班,但是,我想,接受了组织安排,就绝不辜负党和领导对我的信任,时刻牢记党的教导,提高自己的思想政治觉悟和业务技能水平。

走进科尔沁区图书馆以来,我早已把这里当成自己的第二个家,我和图书馆共同走过了十八年的风雨历程。这里的一草一木,一砖一瓦,一间阅览室,一扇窗,一本书都是那么亲切……

我将牢记党对我的教导,做好本职工作,为把科尔沁区图书馆建设得更加美好,充分发挥科尔沁区图书馆的作用贡献自己的力量。

科尔沁区图书馆,我为是你的一员而无比骄傲、自豪,让我们一起前进吧!

### 图书馆
#### ——美丽人生的幸福驿站
魏军(借阅部 主任)

2009 年 10 月,我满怀着无限的向往与新奇,迈入了科尔沁区图书馆的大门,开始了新的工作历程。光阴似箭、岁月如梭,弹指一挥间,我来到科尔沁区图书馆工作已经七年多的时间了。这七年多来,从为读者递上一本本精美的图书,到参与组织各类讲座、图书推荐及"元宵节猜灯谜"等大型活动,我已经从一个对图书馆工作知之甚少的"门外汉",成长为了一名身心融入、乐在其中的图书馆工作者。七年多的工作实践,也让我深切地感受到了图书馆工作春风化雨、浸润洗涤读者心灵的深深内涵与无穷魅力,更真切地见证了图书馆工作人员服务社会、服务读者的辛勤工作与真诚付出。图书馆的工作是平凡的,但把每项平凡的工作做好就是不平凡。每天上班,同事们便开始拖地、擦桌子,把单位卫生打扫得干干净净,然后面对读者热情地发出声声问候,"您好""需要我帮忙么"一句句饱含真情的话语温暖滋润着读者们的心灵。我们工作人员微笑的脸庞、温情的话语和优雅干净的读书环境,使图书馆真正成了人们工作之余静心看书的温馨港湾,成了学生们课余时间放下书包愉悦心灵的温情驿站。今年,我们即将迎来"国家一级图书馆"的考评验收,这是县级图书馆系统内最高荣誉,这种荣誉来之不易。工作的背后,蕴含着同事们的满腔热忱和无私奉献,其中也有我的点滴努力与付出。这是我孜孜不倦的人生追求,更是身为图书馆人的骄傲与自豪。愿我们图书馆事业不断繁荣发展,愿广大读者永远幸福快乐!

### 图书馆工作感悟
吴松岩(科技辅导部 主任)

也许,这就是缘分,从 1980 年分配工作那一刻起我就选择图书馆,到现在已经 37 个年头了。从陌生到熟悉,我已深深地爱上了图书馆这份平凡的工作。37 年来,我不断努力地学习着,认真踏实地工作着,挖掘日常工作中的潜力,默默无闻地为图书馆事业奉献着。

服务是图书馆职业的根本属性,也是图书馆职业价值的核心。那么图书馆人想要实现自己的个人价值当然是和图书馆的服务理念分不开的。作为一名图书馆人,在工作中不但要铭记自己的工作责任,还要心怀服务的理念,并对这种理念抱有平常心,在服务的时候忘记自己是在奉献,37 年来我由一个年轻力壮的小伙子变成了一个两鬓斑白的老头,我把我的青春和热血全部都献给了我热爱的图书馆事业。回想起这些年来我所走过的路,真是让我百感交集,从 1980 年开始我在读者部门一干就是九年。这九年来每天早来晚走,默默无闻地为读者服务着。由于工作的需要从 1989 到 1992 年我被调到后勤部门工作,四年来为图书馆各个部门提供了后勤保障,解决各个部门的工作需要。之后从 1993 年到 2002 年集中建库之前我又回到了读者部门工作,

2002 年我们开始了集中建库工作,当时我们图书馆的藏书是二十八九万册,我们共用三年的时间就完成了集中建库工作,三年来的艰苦工作,图书的搬进、搬出和排架,这二十八九万册藏书我每册图书都亲手摸了三遍,被馆领导誉为图书馆集中建库工作的推土机。为图书馆事业建设做出了巨大的贡献。2010 年我被安排到业务辅导部工作,负责科尔沁区各乡镇、村基层图书馆(室)业务辅导和图书馆分馆建设工作,几年来共建立科尔沁区图书馆分馆四十多个,举办图书馆业务培训 30 多次,培训农家书屋和草原书屋和街道社区图书室管理员 1000 多人。

在回顾已经过去的 37 年的工作历程。我有很多的体会和感悟。作为一名图书馆人,必须树立全心全意为读者服务思想。积极主动向读者提供准确、到位的服务,做读者的知心人,方能体会实现自身工作价值的喜悦。我们的服务形式也要变得更加多种多样,为了做好这些新形式的服务,我们需要不断加强自身建设,更新自己的知识体系,才能让自己职业素养得到提高,与时代俱进,才能得到读者的认可。

### 博览群书,博览天下
薛光(采编部 主任)

人们都说"放眼世界,博览天下",图书馆就是实现这个理想的地方。我内心一直渴望我能成为一名图书馆员,在 2011 年末我有幸调转到科尔沁区图书馆工作,找到了我内心憧憬的工作天堂。

刚刚来到图书馆工作时,对图书馆的业务不是很熟悉,领导首先把我安排在了书库,主要负责图书的借阅与上架,这样慢慢地我就掌握了图书馆的业务基础工作,学会了图书借阅与排架,对于图书编目分类工作有了基本的认识。工作中对待读者热情、礼貌,增强了自身的服务意识,日常

工作生活中,我与同事团结友爱,互帮互助,得到了读者朋友与同事的认可。

2014年初,我被调到了采编部任职,采编部是保证图书馆工作正常开展的业务重心,也是各部门业务流程工作的基础。主要负责新书加工、分类及计算机数据库的建设。采编工作需要细致和强烈的责任心、才能保证图书加工的准确率,以及图书馆的借阅服务的正常运行。由于我自身的业务能力与工作能力的薄弱,内心感觉压力很大,有了领导的鼓励与同事的支持,我把压力转化为动力,积极认真工作,努力学习知识,很快适应了采编工作。而且还赢得了领导的信任,同年又让我担任了采编部负责人,有了这份信任,我深知这份责任重大,因此我会更加的努力工作,提高自己,努力完成工作。

经过在图书馆工作的锻炼与成长,我收获太多太多,自己的世界观与价值观有了更高的提升,视野开阔了许多,组织能力与业务能力得到了很好的提高,这些我所收获的丰硕果实都离不开图书馆这广阔的大舞台。所以这份工作我非常珍惜,珍惜与图书馆的缘分,珍惜与同事的缘分,对于这份"珍惜与热爱",这也将成为我日后工作生活的动力与奔头,我会以更加高昂的工作激情,更加认真的工作态度,更加精致的业务水平,努力寻求创新突破,把图书馆业务工作做到更好,更强、更精。

## 七、通辽市图书馆"七五"规划

"七五"时期是我市经济、社会发展和新旧体制转换的关键时期,是实现三年规划、四大目标、建设高标准文明城市的决战时期,也是为90年代经济的振兴积蓄后劲奠定物质,技术基础的准备时期。为了实现"七五"期间我市各项工作任务,按照建设有中国特色的社会主义的总要求和对内搞活,对外开放的总方针。发扬实事求是、扬长避短、量力而行、奋发进取的精神。坚持改革开放;加强科学管理,搞好综合开发,增添后续能力。为建设政治稳定、经济繁荣、文化发达、民族团结、环境优美、生活方便的高标准文明城市奠定坚实的基础。按照这一要求;图书馆工作必须加强组织建设、增设服务场所,扩大读者面,以适应"七五"期间我市形势发展的需要而努力奋斗。

一、基础工作

基础工作包括馆舍建设、设施建设、藏书建设、人才培养等,"七五"期间重点抓好基础工作,为各项工作的顺利开展打好基础。

1.馆舍建设

现有馆舍书库已经饱和,是我馆最突出的问题。根据自治区关于"图书事业发展的意见"要求,计划建新书库 800 平方米,预算需经费 25 万元,请上级有关部门解决资金问题。

2. 设施建设

根据通辽市人口逐年增加,文化、经济的迅速发展及对图书馆现代化的要求,设立视听室。要求逐渐增加视听设备(摄像机等)及资料。

还需要增加流动图书车一台,以满足郊区各乡及单位的需求。增加其他各种设备 150—200 件。以满足广大读者的需求。

3. 藏书建设

藏书是图书馆的重要物质基础,是开展图书业务工作的工具,"七五"期间每年平均增加图书资料 15 000 册,在原基础上藏书总数要达到 20—24 万册;购书经费年平均达到 3—3.5 万元,总事业费达到 12 万元左右。

4. "七五"期间随着职工队伍的扩大,业务量的增加,进行机构调整,将现有的组需改为部,增设科技服务部、蒙文部、增设科技阅览室和蒙文阅览室。

5. 加强对业务人员的培训,办好中央广播电视大学图书馆专业班及吉林图书馆函授中专班。要求中专毕业率达到 90%,大专达 70%。

为适应社会发展对图书馆的要求,努力提高职工的文化素质和文化水平。使馆内现有职工文化水平都达到中专水平。

二、加强各项业务工作

1. 完善图书馆的各项制度,执行国家标准,为科学管理的现代化打好基础。

2. 增加阅览座位 200 个、发展有证读者 3000 名,共计达到 8000 名,年平均接待读者 16 万人次,借阅量达 18 万册次。

3. "七五"期间逐步实现借书处部分图书的全开架借阅。

4. 为保证图书资料的完整,1987 年对书库进行一次全面的清点。

5. 加强市内图书馆(室)的业务培训工作、年平均办两次业务学习班。

6. "七五"期间建设起以市图书馆为中心的全市图书馆网,成立协调组织(名称为:通辽市图书馆协会或其他名)开展各种业务活动,工作研究、学术活动等,使我市图书馆工作有个新飞跃。

三、重点抓好工厂、街道、农村的服务工作

改变传统式的方法,向图书馆多功能方向迈进,把图书馆这一知识宝库变为知识的源泉,把丰富的图书馆资料源泉通过开发、传递、利用转化为生产力。"七五"期间加强参考咨询和定题服务的力量,设置专门机构,为我市工业、农业生产贡献力量。

1. 城市:重点工作放在工厂,确定服务项目 200 项左右,加强对中小型企业及第三产业服务工作。

2. 农村:重点是乡镇企业、专业户及个体户,确定服务项目为 300 项左右。

我们珍惜过去,更向往未来。在知识爆炸的今天,有许许多多新任务要求我们去完成,所以我们必须坚定"面向社会、面向现代化、面向未来、不图虚名、多干实事"的基本方针,为促进我市图书馆事业的发展,为两个文明建设做出更大的贡献。

此规划制定在市县合并之前,有些具体数字即工作重点,带合并后还需适当调整。

# 八、办馆理念

## 守护文明

图书馆除了收藏文献及读者阅览工作之外,还承担着守护人类精神文明成果,使之代代相传的重任。科尔沁区图书馆老一代图书馆人,如刘喜蓉、阿力亚等,为守护、发展图书馆事业鞠躬尽瘁。

"文化大革命"中,图书馆在曹景山、阿力亚等领导的带领下,决定迎风上行,面向群众,坚持开馆,阅览室报刊对外开放。执行上级文件"开放的图书大胆借",没有开放文件的书一律不借。事先与军管会打招呼,打着"军管会"旗号说:"军管会有通知:未经军管会批准任何人不准进入书库。"另一方面,发现有人夜间入书库偷书,就舍己为公,夜间经常睡在书库里不灭灯,防治小偷。不勾引外界,防治打砸抢。但是,造反派还有来要《草原》刊物,要批判"毒草"。图书馆对外声称:"没有《草原》这本刊物,放阅览室都给偷走了,一个都没剩。"

"文化大革命"中,两馆多年文书档案全部被毁,但图书馆书没有遭到破坏,主要是几位老同志责任心强,有预防,文攻智斗,临危不惧、敢于抵制,保护了国家图书财产。关于"文革"中图书保护得好一事,《通辽日报》曾采访报道。

## 爱岗敬业

从事任何职业都要有爱岗敬业的精神,只有发自内心地热爱自己的事业,才能做出一番成就。图书馆是服务型单位,更要求职工有爱岗敬业、无私奉献的精神。科尔沁区图书馆的职工将爱更是将敬业记在了心里、做到了实处。

通辽地区地广人稀,送书上门一项就是苦差事,送书中唯一的代步工具就是自行车,有时每次要往返几十里路,风吹日晒雨淋是常事,馆内要求送书职工不能给读者添麻烦,自己带饭。即便这样,送书的同志无一人叫苦,并以优质的服务、较高的信誉得到了读者的好评。年过半百的薛增祥在服务的征途上,时刻用自强不息无私奉献的精神激励自己,在图书馆事业比较困难的情况下,凭一辆自行车、两条腿,背着大书包,自己带饭,经常是一包干粮、几条咸菜、一壶凉开水,他亲手送资料,传递信息,培育出的黄瓜、西红柿成千上万斤,他从来没动过一口,拿过一样,农牧民群众说:"薛老师,只讲奉献不讲索取,义务送出送材料,是任劳任怨的老黄牛,是新时期的活雷锋。"薛增祥的事迹被报道后,成为通辽市各行业学习的先进楷模。

## 团结一致

团结一致,首先是思想的一致,奋斗目标的一致。虽然图书馆分为不同的部(室),每个部门的职责和任务不同,但大家共同的目标只有一个——服务读者,使图书馆的资源得到充分利用,为地区经济、社会发展提供智力支持。为了实现这个总目标,全馆职工之间、部门之间都能够做到互相帮助,尤其是在几次搬迁劳动中,充分体现了全馆一盘棋、各部门之间协调合作的精神。以1999年搬迁为例,当时女职工偏多,年龄偏高,而搬迁工作的时间要求紧、劳动量大。然而经过馆领导班子经过周密的安排,充分调动和发挥全体职工的积极性和创造性,群策群力,劳逸结合,团结协作,相互支援,仅用了半个月的时间就全面完成了搬迁工作。在搬迁工作中,涌现出了陈新军、石玉芝、李宪国等多个受伤后仍坚持劳动,年龄大而主动为职工做服务工作的感人事迹,从不同的侧面反映出了图书馆职工所特有的高贵品质和特别能工作的风格。艰苦的工作干在前,重活、脏活抢在前,全体工作人员形成了一股干劲,通过一身尘土,一身汗水的艰苦劳作,按质准时地完成了搬迁工作。

虽然各部门工作都有专业性,但在人手不够、任务紧的情况下,其他部门的人员也现学现上,尽自己的能力协助工作。此类事例,不胜枚举,充分体现了全馆职工团结一致的精神。

## 勤俭持家

图书馆是个清水衙门,本身并不营利,资金短缺必然影响图书馆事业的发展,因此图书馆的每一分钱都必须花在刀刃上,能不花的不花,能少花的少花。

图书馆运营需要购置大量图书和设备,为了保证充足的购书费,就必须要压缩购置设备的费用。因此,诸如粉刷墙壁、清理室内线路、增加采暖设施、维修室内灯具、为阅览室安装电风扇、打造桌椅板凳、修理路面、美化环境等工作都由内部职工承担,可谓"一专多能""自己动手,丰衣足食"。更可贵的是,职工在做这些职责之外的工作时,没有一句抱怨,牺牲自己的休息时间却不要一分报酬。每年在基础设施建设上节约的资金达几千元。

节流的同时要开源。图书馆开展了复印、打印、书写牌匾、售书、开办中小学补习班、开设台球室、家具城等服务和业务,实现"以文补文",缓解了图书馆经费紧张的问题。开展"以文补文"活动的资金用于购置图书、设备、改善职工福利。由于"以文补文"业绩突出,1989 年 11 月被内蒙古自治区文化厅、财政厅评委"以文补文"先进集体。

## 争创先进

长期以来,科尔沁区图书馆一直是通辽地区的业务中心,承担市内业务辅导和馆际业务交流的重任。另一方面,强烈的使命感和职业道德,使科尔沁区图书馆有强烈的争创一流意识。在全区乃至全国县级图书馆中,科尔沁区图书馆争创了很多先进。如,经历了"文革"十年浩劫,藏书仍在增加;以县级图书馆的身份参加市级图书馆业务竞赛;在全区县级图书馆中第一个引入计算机编目;以县级图书馆的身份参加市级图书馆评估,并获得"一级图书馆"称号;在全国县级图书馆中,率先编印职工论文集等。

科尔沁区图书馆能取得今天的成就,是一代代图书馆人努力的结果。守护文明、爱岗敬业、团结一致、勤俭持家、争创先进,是一代代图书馆人在无数平凡、琐碎、繁复的工作中培育出来的精神。几十年来,默默无闻的图书馆人在细小的工作中寻求崇高生活的意义,将自己的工作与读者的需求联系在一起。他们的努力后人永远铭记,他们的精神将一代代传承下去。

# 参考文献

1. 郭嵩焘. 伦敦与巴黎日记[M]. 长沙:岳麓书社,1984.
2. 李致忠. 中国国家图书馆史 1909—2009[M]. 北京:国家图书馆出版社,2009.
3. 王子舟. 图书馆学基础教程[M]. 武汉:武汉大学出版社,2003.
4. 索娅. 内蒙古图书馆事业 100 年[M]. 呼和浩特:内蒙古出版集团,2010.
5. 史桂玲. 历届民族地区图书馆会议回顾[C]//吴贵飙. 民族图书馆学研究:第九次 全国民族地区图书馆学术研讨会论文集. 沈阳:辽宁民族出版社,2006.
6. 王黎. 数字时代县级公共图书馆建设与服务[M]. 长春:吉林音像出版社,2012.
7. 中共通辽市科尔沁区委地方志编纂委员会. 通辽市志[M]. 北京:方志出版社,2002.
8. 华玉玲. 民族地区图书馆长和业务骨干进修班在京开学[J]. 图书情报工作,1985(3).
9. 白俊明,常作然. 全区第三届公共图书馆业务竞赛述评[J]. 内蒙古图书馆工作,2001(1).
10. 陈培琪. 论图书馆业务辅导的若干原则[J]. 江苏图书馆学报,1993(5).
11. 倪俊秀. 网络环境下图书馆参考咨询服务新发展[J]. 黑龙江科技与信息,2009(31).
12. 白金丽. 发展繁荣草原书屋,惠民工程功在千秋[J]. 内蒙古图书馆工作,2013(4).
13. 钢山. 办好馆藏,建设内蒙古东部区蒙文图书资料中心[J]. 内蒙古民族师院学报(哲社版),1993(1).
14. 阿拉坦格日乐. 论科尔沁文化文献建设的重要性[J]. 内蒙古民族大学学报(社会科学版),2012(1).
15. 王莉君. 论科尔沁民族文献的个性特点与抢救[J]. 内蒙古科技与经济,2011(8).
16. 张永荣. 图书馆信息化建设中出现的问题和对策[J]. 内蒙古图书馆工作,2013(2).
17. 梁双. 构建内蒙古区域性数字图书馆联盟的建议和对策[J]. 内蒙古图书馆工作,2013(4).
18. 马育辉. 微时代下图书馆微服务探析[J]. 内蒙古图书馆工作,2014(4).
19. 苏和. 论蒙古族科尔沁文化[J]. 黑龙江民族丛刊,2005(6).
20. 王明义. 建设科尔沁文化大市[J]. 实践,2004(8).
21. 张怀涛. 阅读推广的概念与实施[J]. 河南图书馆学刊,2015(1).
22. 达胡勒巴彦尔. E 环境助推下的图书馆服务与管理转型研究[J]. 内蒙古图书馆工作,2015(4).
23. 陈新军. 做书与人的"红娘",更有效地为农牧民服务[J]. 图书馆学刊,1994(3).

24. 潘晓光. 乡级图书馆(室)为农村商品生产服务方式综述[J]. 图书与情报,1986 (Z1).

25. 薛丽红. 图书馆为农牧业生产服务的捷径[J]. 农业图书情报学刊,2005(3).

26. 杨广军,刘卓文. 现代信息咨询服务如何进行[J]. 企业标准化,2005(6).

27. 哲里木盟志[M]. 北京:方志出版社,1998.

28. 苏艳秋. 关于科尔沁区部分社区图书馆(室)现状的调查和思考——科区十个社区图书室情况的调查[M]//许斌. 图书馆工作实践与探索. 长春:吉林音像出版社,2005.

# 后　记

　　中华民族一直有着记录历史的优良传统,几千年来,祖先为我们留下了浩如烟海、卷帙浩繁的史书,使得中华文明源远流长,传承几千年而没有中断。

　　图书馆作为公益性知识文化服务机构,保存文化、传承文明是其天然的职责。在长期发展过程中,图书馆在这方面做出了积极的贡献,这是自不待言的。在为社会、为当地、为读者保存文献资料的同时,图书馆还应重视自身文献资料的保存,因为图书馆的历史也是历史的一部分。可是,遗憾的是,由于种种因素的影响,一些图书馆对于自身资料的保存往往重视不够,更谈不上馆史的编修了。这不能不说是图书馆事业发展的一种损失。

　　随着图书馆事业的发展,上述情况正在越来越引起图书馆界人士的重视。盛世修史,继往开来。《科尔沁区图书馆史(1929—2016)》的编修正是在图书馆事业大发展、大繁荣背景下提上日程的。从1929年算起,到2016年,科尔沁区图书馆已经走过了88年的历程,耄耋之年,也算是饱经沧桑了,但是科尔沁区图书馆又是充满活力的青壮年,正在昂首挺胸、充满自信地前进着。这样一段曲折绚烂的历史,反映了时代的变迁与进步,从中我们可以发现科尔沁区图书馆人不懈的奋斗精神以及人民群众对于美好生活的向往。

　　我国古代史书编修一直存在着纪传体与编年体两种基本范式,通过与王黎馆长充分沟通、思考,本书的编纂体例继承了我国史书编修的两大优良传统,并将其有机结合起来,形成"以编年为经,以专题为纬,以表和附录为补充"的馆史编修格局,从而充分有效地反映了科尔沁区图书馆88年的历史风貌。过去,比较多见的是省级图书馆和国家级图书馆编修馆史,而地市级以下的图书馆尤其是县级图书馆编修馆史者较为少见,本书的出版可以说引领风气之先,并多少弥补了这一方面的缺憾。

　　目前,我国正在推行以县级公共图书馆为总馆的总分馆体系建设,而《公共图书馆法》也于2018年1月1日施行,我国公共图书馆事业迎来了前所未有的发展契机,本书的出版恰逢其时,谓之盛世修史,恰如其分。一滴水可以折射出太阳的光辉,科尔沁区图书馆的发展历程充分反映了我国公共图书馆事业发展的辉煌历史。

　　是为记。

刘锦山

2018年1月1日